PSYCHOLOGIE UND GESELLSCHAFT

PSYCHOLOGIE UND GESELLSCHAFT

Herausgegeben von Prof. Dr. Michael Stadler, Münster i. W.

BAND 1

RELEVANZ UND ENTWICKLUNG DER PSYCHOLOGIE

DR. DIETRICH STEINKOPFF VERLAG
DARMSTADT 1977

RELEVANZ UND ENTWICKLUNG DER PSYCHOLOGIE

Die Krisen-Diskussion in der amerikanischen Psychologie, Probleme einer psychologischen Technologie und die Suche nach einem neuen Paradigma

Von

Dr. phil. Falk Seeger, Dipl.-Psych.
Münster i. W.

Mit 7 Abbildungen

DR. DIETRICH STEINKOPFF VERLAG
DARMSTADT 1977

Falk Seeger, Jahrgang 1943, Studium der Soziologie und Psychologie in Bonn und Münster, 1971 Diplom in Psychologie in Münster, 1971–1974 Verwalter einer wissenschaftlichen Assistentenstelle an der Uni Bielefeld, 1974–1976 Promotion mit GFG-Stipendium, 1976 Promotion zum Dr. phil. in Münster

CIP-Kurztitelaufnahme der Deutschen Bibliothek

Seeger, Falk
Relevanz und Entwicklung der Psychologie: d. Krisen-Diskussion in d. amerikan. Psychologie, Problem e. Psycholog. Technologie u. d. Suche nach e. neuen Paradigma. – Darmstadt: Steinkopff, 1977.
(Psychologie und Gesellschaft; Bd. 1)
ISBN-13: 978-3-7985-0467-7 e-ISBN-13: 978-3-642-95959-2
DOI: 10.1007/978-3-642-95959-2

Das Foto auf dem Umschlag wurde dem Bildband „Magritte", herausgegeben von David Larkin vom Verlag Bellentine Books, New York, entnommen.

D6

Umschlagentwurf: Ulrich Fleischer, Darmstadt
Gesamtherstellung: Mono-Satzbetrieb, Darmstadt-Arheilgen

Ziel und Inhalt der Reihe

In der Reihe *Psychologie und Gesellschaft* sollen gesellschaftliche Aspekte psychologischer Probleme und psychologische Aspekte gesellschaftlicher Probleme behandelt werden. Die Reihe dient damit der Grundlagendiskussion in der Psychologie und ihrer Praxis. Die einzelnen Beiträge sollen über ihren engen fachwissenschaftlich-methodologischen Begründungszusammenhang hinaus die historisch-gesellschaftliche Genese des Problems, seine erkenntnis- und wissenschaftstheoretischen Voraussetzungen und die gesellschaftlichen Auswirkungen der Ergebnisse seiner Erforschung berücksichtigen. Die in den einzelnen Bänden behandelten Probleme können sowohl der theoretischen als auch der praktisch psychologischen Tätigkeit entstammen wie auch die Bedingungen dieser Tätigkeit selbst thematisieren.

Die genannten Zielstellungen bedingen eine vorwiegend theoretische Orientierung dieser Reihe. Dabei sollen in der Regel Theorien größter Reichweite und Integrativität wie die Handlungs- oder Tätigkeitstheorie und die Systemtheorie den allgemeinen Rahmen bilden. Empirische Arbeiten sollen jedoch nicht ausgeschlossen sein, insbesondere wenn sie paradigmatischen Charakter für die genannten Theorien besitzen oder wenn sie sich gemäß den Zielen dieser Reihe mit den gesellschaftlichen Bedingungen wissenschaftlicher und praktischer psychologischer Tätigkeit auseinandersetzen.

Die Reihe *Psychologie und Gesellschaft* wendet sich an wissenschaftlich und an praktisch tätige Psychologen, Pädagogen, Soziologen, Sozialarbeiter und Therapeuten, aber auch an gesellschaftspolitisch aktive Bürger, die auf der Suche nach wissenschaftlichen Grundlagen ihrer Arbeit sind. Studierende finden in den einzelnen Bänden wesentliche Informationen, die in den herkömmlichen großen Lehrbüchern meist notgedrungen zu kurz kommen müssen.

In der Reihe können monographische Darstellungen, kritische Übersichten und Sammelbände, Studientexte und Reader erscheinen. Auf eine möglichst verständliche Darstellung wird Wert gelegt.

Prof. Dr. *Michael Stadler*
Psychologisches Institut
der Universität Münster
Prinzipalmarkt 36
D-4400 Münster i.W.

Vorwort

In Zeiten einer beschleunigten und zugleich als krisenhaft erlebten Entwicklung der Psychologie als Wissenschaft nimmt auch das Bedürfnis zu, diese Entwicklung selbst wissenschaftlich zu rekonstruieren. Es erwächst aus der augenfälligen Notwendigkeit, vom augenblicklichen Stand der Entwicklung ausgehend, mögliche und vielversprechende zukünftige Entwicklungsrichtungen zu bestimmen. Diese Notwendigkeit ist selbst ein Ergebnis der neueren Entwicklung der Wissenschaft: die Entstehung neuer wissenschaftswissenschaftlicher Disziplinen ist Ausdruck dieser Notwendigkeit. Daß sie überhaupt entstanden sind, mag den Kritikern der Notwendigkeit metawissenschaftlicher Ansätze als starkes Argument entgegengehalten werden: ihre Entstehung ist Beweis genug für ihre Notwendigkeit.

Ihre institutionalisierte Unabhängigkeit als wissenschaftswissenschaftliche Forschungsinstitute und Studiengänge markiert aber zugleich eine ihrer grundlegenden Schwächen. Ihre potentielle inter- und infradisziplinäre Bedeutung für die Grundlagendiskussion aller Einzelwissenschaften wird gerade dadurch eingeschränkt, daß sie als bloß zusätzliche „neue" Einzeldisziplin, als eine Disziplin unter anderen erscheint (vgl. *v. Hentig* 1972). Um die potentielle Fruchtbarkeit einer metawissenschaftlichen Perspektive zur Entfaltung gelangen zu lassen, erscheint es aber erforderlich, diese zum integralen Bestandteil der Grundlagendiskussion in den Einzelwissenschaften zu machen. Das größte Hindernis für die Entfaltung der Fruchtbarkeit dieses Ansatzes ist dabei wohl ihre Ablehnung durch die Einzelwissenschaftler. Die Bedingungen der Entwicklung ihrer Wissenschaft wissenschaftlich zu untersuchen, scheint vielen Psychologen beispielsweise ganz und gar unnötig, mitunter sogar dieser Entwicklung selbst abträglich: sie sind der Meinung, bereits im Besitz der Kenntnis dieser Bedingungen zu sein.

Dieser Beitrag versucht aufzuzeigen, daß dieses naive Vertrauen, diese „paleoscientific attitude" (*Bunge* 1967, I, 382) weniger denn je am Platz ist. Schon ein flüchtiger Überblick über die Diskussion, die in Kapitel 2 dargestellt ist, zeigt, daß sie von metawissenschaftlichen Problemen beherrscht wird. Dies bloß als einen Zustand hochgradiger Verwirrung unter den Psychologen-Wissenschaftlern anzusehen, scheint eine höchst unbefriedigende Erklärung zu sein. Vielmehr ist es plausibel anzunehmen, daß die verstärkte Diskussion metawissenschaftlicher Probleme in der Psychologie das Hauptproblem ihrer augenblicklichen Entwicklung, dessen Lösung oder Nicht-Lösung die Zukunft der Psychologie bestimmen wird, gut zum Ausdruck bringt.

Dieses Hauptproblem ist nun nicht allein in der erforderlichen Klärung innerwissenschaftlicher, psychologisch-theoretischer Fragen zu sehen, sondern vor allem auch in der Klärung des Verhältnisses der Psychologie als Wissenschaft zu den ihr scheinbar äußeren, gesellschaftlichen Anforderungen.

Es stellt sich heraus, daß die Klärung dieser Fragen in der metawissenschaftlichen Diskussion zu einer Voraussetzung für eine vielversprechende Entwicklung der Psychologie wird und damit nicht länger als ein der psychologischen Grundlagendiskussion fremder Gegenstandsbereich, als nicht-legitimer Gegenstand psychologisch-wissenschaftlicher Tätigkeit angesehen werden kann.

Für Perioden krisenhafter wissenschaftlicher Entwicklung ist allgemein die Zunahme metawissenschaftlicher Diskussion kennzeichnend. Die Entwicklung der Psychologie als Wissenschaft scheint durch eine Abfolge von Krisen-Diskussionen charakterisiert werden zu können. In Kapitel 1 dieser Arbeit wird ein kurzer und selektiver Überblick über die Geschichte der Krisen-Diskussion in der Psychologie gegeben. Die Darstellung in diesem Kapitel soll hervorheben, daß die „Krise" kein historisch neues Phänomen in der Geschichte der Psychologie darstellt und zugleich deutlich machen, daß diese Krisen-Diskussionen immer schon metawissenschaftlicher Natur waren. Wichtig ist diese Darstellung für die weitere Untersuchung in erster Linie, weil mit ihrer Hilfe das Verständnis der relativen Neu- und Andersartigkeit der im 2. Kapitel dann ausführlich untersuchten amerikanischen Krisen-Diskussion erleichtert werden soll.

Eine der Hauptschwierigkeiten der Darstellung dieser Diskussion war es, in der Vielfalt der verschiedenen Teil-Diskussionen, aus denen sie sich zusammensetzt, die wichtigen Argumentationsstränge im Auge zu behalten und die Darstellung nicht ebenso unübersichtlich werden zu lassen wie die Erscheinungsform, die die Krisen-Diskussion bietet. Es war unter diesem Gesichtspunkt erforderlich, die vielen Teil-Diskussionen nur anzureißen oder ihren Stellenwert mit Hilfe der relevanten Literatur zu markieren. Jede dieser Teil-Diskussionen verdiente eine eigene Untersuchung: die ihnen auch nur annähernd angemessene Darstellung hätte allerdings den Rahmen dieser Arbeit gesprengt. Es bleibt zu hoffen, daß dieses Vorgehen der Klarheit und Rezipierbarkeit der vorgetragenen Argumentation in der beabsichtigten Weise nützt.

Auf die Darstellung und Analyse der amerikanischen Krisen-Diskussion folgt im 3. Kapitel die Erörterung der dargestellten Zusammenhänge unter dem Aspekt der wissenschaftstheoretischen Problematik. Dabei liegt das Schwergewicht auf der Darstellung und Analyse der neueren Konzeptionen wie sie in der Nicht-Aussagenkonzeption des Verhältnisses von Theorie und Anwendung vorliegen. Die ausführliche Auseinandersetzung mit der Konzeption *Herrmanns* wird in ihrer Bedeutung durch die Ankündigung einer Monographie zum gleichen Problem (*Herrmann* 1976) nur bestätigt.

Die Fruchtbarkeit und Adäquatheit der im 2. und 3. Kapitel erhaltenen Ergebnisse der Analyse wie die Vorgehensweise bei der Analyse selbst werden im

4. Kapitel versuchsweise (konzeptuell) überprüft. Als exemplarisch und paradigmatisch bot sich hierfür das Werk von *Mahoney* (1974) an.

Im 5 und letzten Kapitel wird die Diskussion über die Entwicklung der Psychologie und über die Bedeutung wissenschaftlicher Krisen für die Entwicklung noch einmal aufgenommen. Damit schließt sich der Kreis der Untersuchung, die im 1. Kapitel mit der Darstellung der Krisen-Diskussion in der Geschichte der Psychologie begonnen hatte.

Für die vielen freundschaftlichen und hilfreichen Diskussionen danke ich *Franz Breuer, Rainer Bromme, Martin Hildebrand, Eckhard Hömberg, Dieter Kleiber, Peter Marwedel* und *Arne Raeithel. Michael Stadler* möchte ich für seine freundschaftliche Unterstützung danken, *Wolfgang Keil* und *Norbert Groeben* für ihre gezielten und beherzigenswerten Ratschläge.

Ohne die Hilfe von *Mechthild Schierenberg-Seeger* wäre diese Arbeit nicht zustandegekommen: ich weiß nicht, wie ich ihr danken soll.

Münster i.W., Frühjahr 1977 *Falk Seeger*

Motto

Dass die Psychologie im allgemeinen auch heute noch tief in den Fesseln der Speculation schlummert, weiß man. Dass aber auch berühmte Psychologen, und zwar gleichzeitig während sie sich ihrer Freiheit rühmen, zur Speculation zurücksinken wie furchtsame und schwächliche Muttersöhnchen in den Schoss der Mutter, das können sie selbst unmöglich wissen. Und daß dies wiederholt und fortwährend im Namen der strengen, rein „empirischen" Wissenschaft geschieht: hierin eben liegt die schwere, weil chronische Krisis der Psychologie.

R. Willy 1897

Psychologie und Soziologie . . . betrachtet man als noch auf einer unterentwickelten Stufe befindlich . . . Gerade auf diesen wie auch auf anderen Gebieten der Forschung wird die Theoriebildung jedoch häufig als Luxus und das Sammeln von Daten . . . als die einzig wahre Beschäftigung angesehen; das geht so weit, daß Theorie (Spekulation) und Forschung (Datenjagd) einander entgegengestellt werden. Diese vorsintflutliche wissenschaftliche Einstellung, die von einer primitiven Form empirischer Philosophie noch unterstützt wird, ist in großen Teilen für die Zurückgebliebenheit der Wissenschaften vom Menschen verantwortlich.

M. Bunge 1967

Inhalt

1. Einleitung: Zur Entwicklung der Psychologie und zu ihren Krisen

In diesem ersten Kapitel werden einige vorläufige und einführende Bemerkungen zur Geschichte und Entwicklung der Psychologie gemacht werden, die sich auf Momente krisenhafter Entwicklung in der Geschichte der Psychologie beziehen. Als „*Krise*" werden dabei bestimmte Etappen oder Strecken in einer Entwicklung verstanden, in denen ein mehr oder weniger umfassender Prozeß der Umstrukturierung einer Entwicklungsrichtung stattfindet, eine neue Entwicklungsrichtung entsteht und sich aus dem Kampf zwischen alter und neuer Entwicklungsrichtung Konflikte und Widersprüche ergeben. Für die Entwicklung der Psychologie ist dabei das sich verändernde Verhältnis von Psychologie und Gesellschaft als Ursprung verschiedener Krisen anzusehen. Von dem objektiven Zusammenhang von Psychologie und Gesellschaft, wie von dem objektiven Charakter der Krisen ist die Rezeption dieser Krisen im Bewußtsein der Wissenschaftler zu unterscheiden. Die Untersuchung dieses „Krisen-Bewußtseins" ist von großem analytischem Wert für die Konzeptualisierung der Wissenschaftsentwicklung (vgl. z. B. *Kuhn* 1967, 1974; *Stegmüller* 1973, 1974): In der „Krisenstimmung" drücken sich mehr oder weniger artikuliert die sich objektiv verändernden Zusammenhänge von Wissenschaft und Gesellschaft aus.

In dieser Arbeit wird die Veränderung dieses Zusammenhangs vor allem unter dem Gesichtspunkt der „gesellschaftlichen Nützlichkeit" der Psychologie (vor allem der *Diskussion* dieser „gesellschaftlichen Nützlichkeit") untersucht werden, wobei davon ausgegangen wird, daß dies die kritische Kategorie für eine adäquate Thematisierung dieses Zusammenhangs ist. Zur Klärung des Begriffs der „gesellschaftlichen Nützlichkeit" oder „Relevanz" der Psychologie erscheinen einige Bemerkungen vorab angebracht. Es wird davon ausgegangen, daß es nützlich erscheint, zwei Formen der „*Relevanz*" der Psychologie zu unterscheiden, wobei sich die Brauchbarkeit dieser Unterscheidung im Verlauf der Arbeit erweisen muß: psychologisches Wissen erscheint von Bedeutung einmal für spezifische, konkrete, individuelle Zwecke, in denen es angewendet wird und zum anderen für „die Gesellschaft" als ganze. Die Beziehung zwischen dem wissenschaftlichen System „Psychologie" und dem gesellschaftlichen System wollen wir weiterhin „Relevanz" nennen, wobei diese „Relevanz" oder gesellschaftliche Bedeutung der Psychologie einerseits vom Stand der Entwicklung dieses gesellschaftlichen Systems und andererseits vom Stand der Entwicklung des Systems der Psychologie als Wissenschaft bestimmt wird. Die Beziehung zwischen psychologischem Wissen und konkretem sozialem-individuellem Problem wollen wir als „*Nützlichkeit*" bezeichnen, wobei das „Potential" psychologischen Wissens für konkrete praktische Problemlösungen dabei natürlich vor allem vom Stand der Entwicklung des Gesamtsystems der Psychologie wie von demjenigen einzelner ihrer Teilgebiete abhängig ist. Der Entwicklungsstand (und die Notwendigkeit einer Weiterentwicklung) der „Nützlichkeit" oder des Potentials der Psychologie für praktische sozial-individuelle Probleme erweist sich als entscheidend für eine Weiterentwicklung des Systems der Psychologie als Wissenschaft überhaupt, für die Entwicklung ihrer Relevanz. Zugleich ist das Problem des Potentials psychologischen Wissens Hauptinhalt einer gegenwärtig zu verzeichnenden Krise der Entwicklung der Psychologie. Die Krisen-*Diskussion* zu untersuchen, ist Gegenstand dieser Arbeit.

Typisch für die Diskussion verschiedener Krisen der Psychologie und ihrer Ursachen ist, daß sich ihre Reflexion vor allem als Rezeption einer Krisenstimmung darstellt. Hier muß nun gleich angemerkt werden, daß die Diskussion einer wissenschaftlichen Krise kein Phänomen ist, das spezifisch für die Entwicklung der Psychologie ist – es sei denn, man wollte die Spezifik darin sehen, daß es in der Entwicklung der Psychologie gar keine Phasen einer relativen Stabilisierung und Konsolidierung aus sich selbst heraus gegeben hat, daß die Entwicklung der Psychologie von einer perennierenden Krisen-Diskussion begleitet wird.

Wissenschaftliche Krisen sind auf der einen Seite im *Kuhn*schen Sinne als die Vorzeichen wissenschaftlicher Revolutionen anzusehen und insofern nicht außergewöhnlich – obwohl natürlich „außerordentlich" im Vergleich zu Phasen der „Normalwissenschaft" (vgl. *Kuhn* 1967). Auf der anderen Seite kann man eine allgemeine „Krise der Wissenschaft" (etwa bei *Ravetz* 1973; *Krysmanski & Marwedel* 1975; *Rilling* 1975) feststellen. Der Zusammenhang zwischen der Krise der Wissenschaft und den gesellschaftlichen Krisen scheint deutlich – er ist auch Bestandteil der Diskussion um die Bewältigung der Krise der Psychologie: die Verschärfung der mit der gesellschaftlichen Krise einhergehenden sozialen Probleme stellt auch die Frage nach der Nützlichkeit der Psychologie bei der Behandlung dieser Probleme in neuer Schärfe. Darauf wird noch einzugehen sein (vgl. Kap. 2).

Es bleibt festzuhalten, daß in der Entwicklung der Psychologie eine andauernde Krisen-Diskussion sich bemerkbar macht, die die ausstehende Lösung einiger wissenschaftlicher Grundprobleme signalisiert, die in den Naturwissenschaften ihresgleichen sucht. Diese Verschiedenheit in den Grundproblemen darf natürlich auf der anderen Seite auch nicht überstrapaziert werden: auch in der Physik gibt es beispielsweise nur einige wenige Gebiete, auf denen mit großer Sicherheit und Übereinstimmung gearbeitet wird und andere, auf denen die größte Unsicherheit herrscht (vgl. *Scriven* 1969). Neben dieser spezifischen psychologischen Grundlagenkrise, die man wohl als „Dauerkrise" bezeichnen kann und die auch ähnlich in anderen Sozialwissenschaften anzutreffen ist (wie etwa der Soziologie, der Pädagogik, aber auch der Ökonomie[1]), teilt die Psychologie mit „der Wissenschaft" das Schicksal, sich in

---

[1] *Myrdal* (1972) hat hierzu als Ökonom bei der Entgegennahme des „psychologischen" *Gordon-W.-Allport*-Preises Ausführungen über vergleichbare, „infradisziplinäre" (im Sinne von *Lorenzen*) Probleme gemacht.

einer allgemeinen Krise zu befinden. Die Vermutung liegt nahe, daß die allgemeine Krise der Wissenschaft einerseits zur Verschärfung und Zuspitzung der Krise der Psychologie beigetragen hat und andererseits eine Verschiebung des Schwerpunkts der Krisendiskussion bewirkt hat.

Wir wollen im folgenden kurz und skizzierend die Geschichte und den jeweiligen Hauptinhalt der verschiedenen Krisendiskussionen in der Entwicklung der Psychologie darstellen. Zweck dieser Darstellung kann es nicht sein, ein wirkliches historisches Verständnis der jeweiligen Diskussion und der Entwicklungssituation der Psychologie zu befördern (vgl. dazu *Jaroschewski* 1975). Die folgenden Ausführungen sollen lediglich dem besseren Verständnis und der besseren Einordnung der im 2. Kapitel folgenden amerikanischen Krisen-Diskussion dienen. Es soll deutlich werden, daß es auf der einen Seite Themen in der Krisen-Diskussion gibt, die in fast allen Diskussionen auftauchen und daß die Krisen-Diskussion in den USA auf der anderen Seite ganz neue Themen zum Gegenstand hat.

Die folgenden Ausführungen beziehen sich also immer nur auf die jeweiligen Krisen-Diskussion in der jeweiligen Periode der Entwicklung der Psychologie: sie beabsichtigen nicht, eine umfassende Würdigung dieser Perioden und auch nicht der zitierten Wissenschaftler zu sein[1].

Schon seit 1781 hatte *Kant* auf die Unmöglichkeit hingewiesen, Psychologie als Wissenschaft zu betreiben. Für ihn war sie nur als „Lehre" oder „Anthropologie" möglich (vgl. *Prinz* im Druck; auch *Metzger* 1975[5]). Und um die Mitte des 19. Jhd. bemerkte *Kierkegaard:* „Die Psychologie, die schon ihrem Namen nach wie keine andere Wissenschaft berufen schien, sich in der Fülle des Lebens zu tummeln, ist in unseren Tagen so nüchtern und mager wie ein Asket geworden" (zit. n. *Wellek* 1957, 28).

Der erste Höhepunkt in der Krisen-Diskussion wird gegen Ende des 19. Jhd. erreicht: das Wort von der „Krisis der Psychologie" taucht auf (vgl. *Ebbinghaus* 1896; *Willy* 1897, 1899; *Wahle* 1898; *Weinmann* 1898; *Gutberlet* 1898). Hauptinhalt der Krisen-Diskussion ist die Auseinandersetzung von Empiriokritizismus (im Gefolge von *Avenarius* und *Mach*) und Idealismus, das Verhältnis von Philosophie und Psychologie. Die Losung von der Vertreibung der Metaphysik, die die empiriokritizistischen Philosophen und Psychologen auf ihre Fahnen geschrieben hatten, traf auf den erbitterten Widerstand der idealistischen Philosophen. Sahen die einen (wie *Willy* 1897, 1899; *Wahle* 1898) den Hauptinhalt der Krise darin, daß die Metaphysik noch immer nicht der „reinen Erfahrung" weichen wollte, so sahen die anderen (wie *Gutberlet* 1898) in der Vertreibung der Metaphysik den sicheren Tod der Psychologie (vgl. ausführlicher *Jaroschewski* 1975, 140 ff.).

---

1 Anzumerken bleibt noch, daß immer schon einige Krisen-Diskutanten versucht haben, die Krisen-Diskussion als Diskussions-Krise umzuinterpretieren (so *Kroh* 1943; *Wellek* 1957; *Ornstein* 1975).

Über den „Fortschritt der Psychologie im Jahre 1907" bemerkt *Buchner* (1908), daß von bemerkenswerten Entwicklungen keine Rede sein kann, man könne nur eine fortdauernde Krisen-Diskussion über die Grundlagen und die Natur der Psychologie konstatieren, wobei die einen – wie *Möbius* – den Kampf der Psychologie, eine Wissenschaft zu werden, einfach als „hoffnungslos" bezeichnen, die anderen zwar die Hoffnung nicht aufgeben, sich aber dennoch fragen müssen: „. . . psychology: 'What is it about?'" (*Buchner* 1908, 1 f.)[1].

In seiner „Krise der Psychologie" versucht *Bühler* (1927) eine grundlegende Bestandsaufnahme der verschiedenen psychologischen Richtungen durchzuführen und damit zugleich den Tatbestand zu erklären und aus ihm eine Perspektive abzuleiten, daß es verschiedene psychologische Schulen gibt, deren jeweiliger Anspruch die andere(n) wechselseitig ausschließt. Für *Bühler* ist die Existenz verschiedener psychologischer Richtungen einfach eine Form der Abbildung der verschiedenen *Aspekte* des Gegenstandes der Psychologie: den drei Aspekten ihres Gegenstandes – „Erleben", „Benehmen" (behavior), „Werk, Leistung, Gebilde, objektiver Geist" – entspricht die „Dreispältigkeit der Psychologie". Die Existenz dieser verschiedenen Ansätze (Erlebenspsychologie, Behaviorismus, Kulturpsychologie) ist denn auch für *Bühler* kein Zeichen für den Zerfall einer ehemals einheitlichen psychologischen Wissenschaft: die Krise der Psychologie ist eine *Aufbaukrise.* Die Krise ihrer Emanzipation von der Philosophie hat die Psychologie zum Teil bereits überwunden, sie leidet nicht länger unter den „. . . Pendelschlägen erkenntnistheoretischer, weltanschaulicher Grundauffassungen" (*Bühler* 1927, 5), sondern hat begonnen, „. . . auf eigenen Füßen zu gehen, ihre Axiomatik und Methodik selbständig nach den Forderungen des eigenen Gegenstandes auszubauen" (ebd.).

Wie *Bühler* (1927) hebt auch *Politzer* (1929) hervor, daß es sich bei der Krise der Psychologie in erster Linie um das Problem ihrer Grundlegung und um die Bestimmung ihres Verhältnisses zur Philosophie handelt. Er konstatiert bereits eine Schwerpunktverschiebung in der perennierenden Krisen-Diskussion: „Wir erleben in der Tat heute eine zweite Bewegung auf dem Gebiet der Grundlagen der Psychologie und wir stellen eine wirkliche Vertiefung von einer Bewegung zur anderen fest: wir sehen der *Kritik der Form* die *Kritik der Grundlagen* folgen" (*Politzer* 1929, zit. n. 1974, 13).

Der Zeitraum, in dem die Emanzipation der Psychologie von der Philosophie stattfindet (vgl. zur Ideengeschichte *Prinz* im Druck), ist gekennzeichnet durch

---

[1] Charakteristisch – wenn auch mehr von anekdotischem Charakter – für die Dauerhaftigkeit dieser Probleme ist es, daß sich 1973 auf der Tagung der American Psychological Association (APA) in Montreal zwei Vorträge finden, die fast wörtlich mit dem von *Buchner* erwähnten übereinstimmen: Die Ansprache der Präsidentin *Leona Tyler* (1973) über eine „hoffnungsvolle Psychologie" und den Vortrag von *D. O. Hebb* (1974) mit dem Titel: "What psychology is about".

größere Umstrukturierungen an den Universitäten. Obgleich das erste psychologische Laboratorium schon 1879 in Leipzig gegründet worden war, kann man sagen, daß bis zum Beginn des zweiten Weltkrieges in Deutschland der Prozeß der institutionalisierten Selbständigkeit der Psychologie noch keineswegs abgeschlossen war.

Für die Entwicklung der institutionellen Selbständigkeit und damit für die Entwicklung der Psychologie überhaupt, sind hierbei vermutlich die ersten größeren Erfolge der Anwendung psychologischer Methoden/Verfahren von großer Bedeutung. „Anwendung" psychologischer Methoden bedeutet hierbei nicht, daß von existierenden großen theoretischen Systemen irgendeine praktische Verwertbarkeit zu erwarten gewesen wäre. Es bedeutete eher, daß Einzelergebnisse psychologisch-physiologischer Art auf konkrete Problemstellungen angewendet wurden oder aber – an praktischen Problemen orientiert – Verfahren und Methoden entwickelt und ausprobiert wurden.

Als Beispiele mögen hier genannt werden: die Anwendung der Erkenntnisse über die Bedeutung der Laufzeitdifferenz beim Richtungs- und Entfernungshören durch *von Hornbostel* & *Wertheimer* (1920) bei der Konstruktion eines Schallortungsgeräts für die Flugzeugabwehr im ersten Weltkrieg; die Auslesetests von *Binet* für Schulkinder oder der *Army-Alpha-Test* der US-Army, der 1917 schon auf fast 2 Millionen Probanden angewendet worden war; die arbeitspsychologischen Konzepte des Nicht-Psychologen *Taylor* oder diejenigen des Psychologen *Münsterberg* (vgl. hierzu *Baritz* 1960; *Volpert* 1975). Der Mißbrauch psychologisch-genetischer Anschauungen für die Rechtfertigung einer elitären und rassistischen Politik der US-amerikanischen Einwanderungsbehörde ist ein Beispiel für eine andere Form der „Anwendung" der Psychologie (vgl. hierzu *Kamin* 1974).

Stärker noch als der erste Weltkrieg hat sicher der zweite Weltkrieg den äußeren Zwang für eine Phase der beschleunigten Entwicklung der Psychologie dargestellt, der zu einer verstärkten Tätigkeit von Psychologen bei praktisch-kriegerischen Aufgaben und gleichzeitig damit zu einer „Beruhigung" der Krisen-Diskussion geführt hat: es entsteht eine Art Konsens, „. . . der unglücklicherweise nur während erklärter Kriege zustandezukommen scheint" (*Smith* 1973, 465).

Der zweite Weltkrieg ist in seiner Bedeutung für die sprunghafte Entwicklung der Sozialwissenschaften allgemein gar nicht hoch genug einzuschätzen. Das betrifft sowohl die Entwicklung von Methoden empirischer Sozialforschung (zu nennen hier: das monumentale Werk von *Stouffer* et al.: The American Soldier) als auch die Entwicklung von anwendungsorientierten psychologisch-sozialwissenschaftlichen Modellen (etwa die aktionswissenschaftlichen Ansätze des Londoner *Tavistock*-Instituts (vgl. *Rapoport* 1972) als auch die Entwicklung grundwissenschaftlich-allgemeinpsychologischer Ansätze im Zusammenhang mit der Lösung militärisch-psychologischer Probleme (vgl. etwa *Guilford* 1948).

Im folgenden wollen wir kurz eine Krise streifen, die sich am allerwenigsten in einer heftigen Krisen-Diskussion äußerte: die Krise der deutschen Psychologie unter dem Faschismus. Sie ist nicht nur von Bedeutung für die Entwicklung der Psychologie in Deutschland vor 1945 und in der Bundesrepublik nach 1945, sondern hat sicher die Entwicklung der Psychologie überhaupt beeinflußt. Wir wollen und können bei dieser Skizze nicht versuchen, eine adäquate Analyse der deutschen Psychologie unter dem Faschismus vorzunehmen. Allerdings wird durch diese Skizze hoffentlich deutlich, wie notwendig und lohnend eine solche Analyse ist. Ebensowenig kann es Gegenstand einer solchen Skizze der „Krisen-Geschichte" sein, umfassend die Person der Krisen-„Diskutanten" und ihren Beitrag zur Entwicklung der deutschen Psychologie darzustellen (so z.B. bei *Sander, Kroh* oder *Wellek*): hier interessieren uns nur ihre Aussagen zur „Krise". An diesen begrenzten Anspruch der folgenden Ausführungen sei hiermit noch einmal erinnert.

Auffallend an der Krise der deutschen Psychologie unter dem Faschismus ist, daß sie sich nicht in einer offenen Krisen-Diskussion äußert. Die Vereinnahmung der Psychologie durch den Faschismus duldet eine solche Diskussion nicht. Durch den „Sieg" der Ganzheitspsychologie der *Leipziger Schule,* ihre Anerkennung als offizielle „deutsche" Psychologie wird eine gewisse Konsolidierung erreicht. Dies wurde unter anderem dadurch beschleunigt, daß die Mitglieder konkurrierender psychologischer Schulen fast ausnahmslos emigrierten, darunter fast die gesamte *Berliner Schule* der Gestaltpsychologie. In dieser Situation war es für *Sander, Krueger, Lersch, Kroh* u. a. ein leichtes Spiel, im Arrangement mit dem Faschismus die Situation der Psychologie zu bestimmen, eine „deutsche" Psychologie als Ganzheitspsychologie und die Ganzheitspsychologie als genuin „deutsche" zu feiern (*Sander* 1943, 21; *Kroh* 1943, 23). *Kroh* findet es unter diesen Bedingungen auch „sinnlos" (1943, 37), die Friedhofsruhe durch eine Krisendiskussion zu stören. Aber *Kroh* muß sich doch fragen, ob man diese Friedhofsruhe vielleicht als Krise der Psychologie bezeichnen könne und antwortet sich selbst: „Es bedeutet nicht einmal eine Krise für eine Wissenschaft, wenn ihr äußerer Ansatzraum eingeengt wird, am wenigsten dann, wenn eine solche Einengung Veranlassung zu einer selbstkritischen Prüfung der Position gibt und die Erkenntnis fördert, die Reihen fester zu schließen" (op. cit., 32).

Ganz ähnlich wie es in den faschistischen Durchhalteparolen zum Ausdruck kommt, versucht *Kroh* hier den Zustand der Erstarrung der Psychologie als zu begrüßenden Anlaß zur „Selbstkritik" und zum „Durchhalten" auszugeben: von einer „Krise" kann keine Rede sein. Die Dezimierung der deutschen Psychologie, ihre „Arisierung" haben für *Kroh* den Sinn psychologischen Forschens nicht berührt, sondern ihn geradezu erst deutlich gemacht. Von einer Krise könne man erst dort reden, „wo der Sinn ihres Forschens fraglich geworden ist und die Forscher selbst gegenüber der Sinnfrage der Skepsis erliegen. Davon kann weder heute noch konnte bisher in der Psychologie die Rede sein" (ebd.).

In einer Zeit, in der die Niederlage und die Grenze des Faschismus offenbar werden, muß – so *Kroh* – gerade die Psychologie dazu benutzt werden, den „Endsieg" zu sichern. *Kroh* bestimmt 1944 (!) die Aufgaben der „deutschen" Psychologie, der deutschen Psychologen und der Deutschen Gesellschaft für Psychologie so:

„Sie folgt . . . der Erkenntnis, daß das Seelische in unserer Zeit seine zentrale Bedeutung immer überzeugender offenbart, daß die Wertigkeit des Menschen sich an der Kraft und Tiefe seines seelischen Lebens bestimmt, *daß es zuletzt seelische Kräfte sind, die an der Front und in der Heimat den Sieg erringen müssen.* Sie glaubt an die unzerstörbare schöpferische Leistungsfähigkeit des deutschen Menschen, die in seinen seelischen Kräften wurzelt, an die Kraft der Gemeinschaft, die durch seelische Kräfte zusammengehalten wird, an den Adel der Gesinnung und Gesittung, der in seelischer Haltung wurzelt. Die Erhellung, die Pflege, die Lenkung und die Stärkung der seelischen Kräfte sowie die Erhaltung dieser Kraftreserven des Volkes und die Fruchtbarmachung ihres Einsatzes sind die Ziele, denen sie dient" (*Kroh* 1944, 189; Hervorhebung *F. S.*).

In erschreckender Kontinuität zu diesen Auslassungen von *Kroh* (1943, 1944) thematisiert *Wellek* (1957) die Krisendiskussion als Krise der Diskussion: mit welcher Blindheit der Ganzheitspsychologe *Wellek* den „Sieg" der Ganzheitspsychologie unter dem Faschismus noch 1970 (2. Auflage von „Rückfall in die Methodenkrise . . .") betrachtet, zeigen seine nostalgischen Bemerkungen zu dieser Friedhofsruhe: „Mitten im furchtbarsten aller Kriege, befinden wir uns tröstlicherweise doch wenigstens im eigenen Hause der eigenen Wissenschaft in einem Zustand größter methodologischer Friedfertigkeit" (1970, 6).

Was ist das für ein „Trost", der sich nicht darum kümmert, um welchen Preis diese „wenigstens im eigenen Hause" herrschende „Friedfertigkeit" erreicht worden ist! Für *Wellek* geht es nur um den zu erneuernden „Sieg" der Ganzheitspsychologie auch nach 1945. So kann er ohne Zögern 1957 (1. Auflage von „Rückfall in die Methodenkrise . . .") empfehlen, auf den Stand der Entwicklung unter dem Faschismus zurückzukehren: „Es ist an der Zeit . . . , daß wir, unangefochten von dem Wirrwarr des Augenblicks, zu dem Stande zurückkehren, den wir schon während des zweiten Weltkrieges erreicht hatten: dem Zustand einer disziplinierten Freiheit" (op. cit., 29).

Was ist das für eine „Krise" der Psychologie, in der *Wellek* als Abhilfe gegen sie die Rückkehr in den Zustand der deutschen Psychologie unter dem Faschismus propagiert, einen Zustand, den er als „disziplinierte Freiheit" feiert? Es geht in dieser Krisen-Diskussion, die *Wellek* (op. cit.) meint, um die Auseinandersetzung zwischen der „deutschen" Ganzheitspsychologie und der „amerikanischen" Psychologie, in der die Ganzheitspsychologie sich unter den Zwang gestellt sieht, ihre gesellschaftliche Relevanz zu erweisen. Sie versucht dies – vergebens – gerade mit dem Hinweis darauf, daß sie in der Vergangenheit bereits gute Dienste geleistet hat. Von der Psychologie werden jetzt jedoch andere Dienste erwartet, wird die Forderung nach gesellschaftlicher Relevanz anders gestellt. Wir wollen diese Krisen-Diskussion im folgenden auch deshalb darstellen, weil bestimmte Argumentationsverläufe auch in der Krisen-Diskussion zu Ende der sechziger, Anfang der siebziger Jahre vor allem in der Bundesrepublik wieder auftauchen.

Hauptinhalt der *Wellek*schen Diskussionsbemerkung ist die Kritik am Behaviorismus und Operationalismus, die er als Ausdruck einer Weltanschauung[1] auffaßt, deren Inhalt eine „über das Ziel der Religion weit hinausschießende Vergötzung von Arbeit, Leistung, Erfolg" (op. cit., 17) ist:

> „Eine behavioristische und operationistische ‚Objekt'- und Leistungspsychologie (ist) dessen konformer Ausdruck und Ausgeburt. Es ist dies eben eine Psychologie, die die Welt als eine Welt aus nichts als ‚Gegenständen' mit Aufforderungscharakter an den Leistungs- und Bewältigungswillen sieht – eine Psychologie, die dementsprechend nur von Menschen stammen und vertreten werden kann, die selbst die Welt unter solcher . . . *Verkürzung, Verarmung* und *Vereinseitigung* haben oder zu haben glauben" (*Wellek* op. cit., 17; Hervorhebung *F. S.*).

Was *Wellek* in dieser Krisen-Diskussion als „immer wieder rezidivierende Grundlagen- und Methodenkrise" (op. cit., 28), als „fleißig geübte(n) Selbstkastration" (ebd.), als *Amerikanismus* geißelt, ist eigentlich nichts anderes als die Neuorientierung auch der bundesrepublikanischen an der amerikanischen Psychologie.

Es ist dies aber zugleich ein Kampf um die Lösung des Problems des Verhältnisses von Gegenstand und Methode, der Adäquatheit der experimentellen, quantifizierenden, messenden Methoden der Naturwissenschaften für den Gegenstand der Psychologie, des vermeintlichen Widerspruchs von Erklären und Verstehen, von Rationalismus und Irrationalismus.

Die Abwehr der „rationalistischen" Auffassung des Verhältnisses von Gegenstand und Methode des amerikanischen Behaviorismus und die Behauptung des *Irrationalismus* des Gegenstandes (und daraus folgend: der Methode) der Psychologie ist kennzeichnend für diese Position in der Diskussion einer Krise der Psychologie, die vom Ende des zweiten Weltkrieges bis zum Ende der fünfziger Jahre in der Bundesrepublik ihren Höhepunkt hatte und die zwar mit dem „Sieg" der rationalistischen Auffassung nicht endete, aber die „irrationalistischen" Auffassungen zu einer mehr randständigen Existenz verdrängte. Die Wurzeln dieser Diskussion reichen allerdings zurück bis in die zwanziger Jahre. Die Möglichkeit, in der Psychologie zu *Gesetzeserkenntnissen* zu kommen, wird dabei beispielsweise von *Wenke* (1949), *Kroh* (1955), *Kunz*

---

[1] Es ist keine Seltenheit, daß der Versuch gemacht wird, den Rigorismus der behavioristischen Psychologie als Ausdruck der calvinistischen Weltanschauung zu interpretieren; vgl. *Skinner* (1975), der diesen Gedanken schon in der Formulierung des Titels seines Aufsatzes ("The steep and thorny way . . .") aufnimmt (vgl. auch *Rogers* 1974).

(1957) grundsätzlich abgelehnt. Die Formulierung von psychologischen Gesetzen, die psychische Gesetzmäßigkeiten abbilden, ist unmöglich – so behauptet diese Anschauung – weil der „Gegenstand", d. h. „der Mensch" eben nicht gesetzmäßig sei. Er ist „einmalig", „beseeltes Individuum" (*Kroh* op. cit., 261), „das Individuelle ist der Wurzelgrund und die Existenzform alles seelischen Lebens" (*Wenke* op. cit., 226), es ist das „Ungeheure", auf das psychologisches Erkennen sich richtet (*Kunz* op. cit., 155). Die Methode wird wie folgt gekennzeichnet: „Das Ungeheure erfahren wir primär als Sichwundern, also in einer besonderen Weise des emotionellen Betroffenseins" (op. cit., 157).[1]

Kunz (op. cit.) bringt seine Auffassung von der Krise der Psychologie in Zusammenhang mit dem Aufkommen und der Verbreitung psychologischen Testens einerseits und der Vereinnahmung der Forschung durch „Politik und Wirtschaft" andererseits. Aber das ist seiner Meinung nach nicht die Ursache der Krise, ihre Ursache liegt in der Wissenschaft selbst! *In* der Wissenschaft selbst ist die „reine Gesinnung des eigentlichen Erkennens" (op. cit., 10) zurückgedrängt worden. Der Übergang vom „stillen Schauen" zur „aktiven Aneignung", die *Kunz* als „aktivistische Umdeutung" des „Sich-Wunderns" interpretiert, ist dabei das Ergebnis eines „Impulskomplexes", der „Bemächtigung" (op. cit., 44), als einer menschlichen Wesenseigenschaft, die sowohl das Handeln in Technik und Politik, als auch im wissenschaftlichen Experiment bestimmt.

„Denn das Experimentieren, die Ausklammerung der qualitativen Formen und Formenmannigfaltigkeit – in eins mit der Verwerfung des ihnen zugewandten ‚täuschenden' sinnlichen Wahrnehmens – und deren *Reduktion* auf quantifizierbar-, d. h. meß-, zähl- und berechenbare Elemente, die (ebenfalls reduktive) Verwandlung der ‚Natur' in den Inbegriff der ‚Naturgesetzlichkeiten', die gedankliche Voraussicht und Vorausbestimmung der kommenden Ereignisse und das *Eintreffen des Antizipierten* als *‚praktisches' Kriterium der Wahrheit* des Erkennens, ja vielleicht schon die Auffassung des Seiendseins des Begegnenden als *‚Gegenstand'* und seine Begrenzung unter dem *Primat der Methode:* dies alles sind, genau betrachtet, mehr oder minder verborgene, mehr oder minder subtile Weisen der (partikularen) *Vergewaltigung des Seienden"* (*Kunz* op. cit., 19; Hervorhebungen *F. S.*).

Zu dieser Auffassung von *Kunz* ist anzumerken, daß sie im Kern Anschauungen formuliert, die gerade in neuester Zeit von Kritikern der experimentel-

---

1 Es liegt nahe, mit den gebrauchten Begriffen ein Wortspiel zu treiben. Das „Staunen über das Ungeheuer" als Bild vom Menschen, z. B. den „Frankenstein" der Arbeitswissenschaft (*Volpert* 1975) ist *Kunz* weniger wichtig als das „Staunen über das Ungeheure". Das Betroffensein vom Ungeheuer des Faschismus, dessen Wissenschaftsauffassung der von *Kunz* so ähnlich ist – dieser Wissenschaftsauffassung, die den „Verzicht auf rein verstandesmäßige Überlegungen" (*Ammelounx* 1943, 7) propagierte und den „Führer" als den „genialen Vereinfacher" (ebd.) feierte, liegt zwar nahe, *Kunz* jedoch fern.

len Methode vorgebracht werden: sie bringt ein bestimmtes Unbehagen an der Vergesellschaftung der wissenschaftlichen Tätigkeit zum Ausdruck („Sich-Wundern" als Erkenntnismodus wird „aktivistisch umgedeutet") und sie verpflichtet sich nicht nur einer irrationalistischen Gegenstandsauffassung, sondern auch einer irrationalen Erkenntnismethode.

In dieser – von *Wellek* (op. cit.) als „Methodenkrise" bezeichneten – Krisen-Diskussion in den fünfziger Jahren geht es – wie schon angemerkt – um den Kampf der zwei Grundauffassungen der Psychologie, um den Kampf der beiden großen psychologischen Traditionen: der „angloamerikanischen" und derjenigen des deutschsprachigen Raumes[1]. Wir wollen im folgenden diese Auseinandersetzung zum einen unter dem Gesichtspunkt der Begründung einer psychologischen *Methodologie* und zum anderen unter dem Gesichtspunkt des psychologischen *Menschenbildes* darstellen und dabei besonders auch die Krisen-Diskussion in der Bundesrepublik – als einen Schauplatz der Auseinandersetzung – im Auge behalten.

Bereits relativ früh in der Geschichte der Psychologie läßt sich ein „spontaner" Sieg der experimentellen, bedingungskontrollierten *Methode* verzeichnen. Als „spontan" kann dieser Sieg bezeichnet werden, weil er nicht mit einer Klärung der grundlegenderen epistemologischen Probleme der Beziehung zum *Gegenstand* der Psychologie notwendig verbunden sein mußte und verbunden war. So wird beispielsweise die Kontroverse entschieden, die *Herbart* und seine Mitdiskutanten beschäftigte und die noch um die Jahrhundertwende aktuell war (vgl. *Gutberlet* 1898), ob die Psychologie als Voraussetzung einer Metaphysik bedarf. Um die Jahrhundertwende setzt sich dann auch im Rahmen des Introspektions-Paradigmas in der Form der kontrollierten Selbstbeobachtung die experimentelle Vorgehensweise durch und schließlich wird hier auch die Diskussion um „thematischer vs. methodischer Irrationalismus" faktisch durch die Anerkennung der experimentellen Methode entschieden, ohne daß damit die psychologischen Grundprobleme ebenfalls gelöst gewesen wären. Die Diskussion wird dabei sowohl im deutsch- wie im englischsprachigen Raum geführt. Einen vorläufigen Abschluß dieser Diskussion markiert der von *Lewin* (1931) vermutete Übergang von der „aristotelischen" zur „galileischen" Denkweise in der Psychologie: der sich ausbreitenden Auffassung, daß man zumindest von den Methoden her so verfahren müsse, als ob sich der Gegenstand der Psychologie – sei es ein individueller Mensch oder seien es mehrere Menschen – gesetzmäßig verhält.

Eine solche Auffassung setzt sich auch bei den deutschen Krisendiskutanten seit Ende der dreißiger Jahre durch: Ergebnis ist bei Anerkennung der

---

[1] Daß sich daneben völlig selbständig mit der russischen Reflexologie von *Setschenow* und *Pawlow* eine ganz eigenständige Tradition herausbildete, ist von großer Bedeutung für die Entwicklung der Psychologie (vgl. *Rubinstein* 1963; *Razran* 1971), für den hier erörterten Zusammenhang jedoch nicht wesentlich.

experimentellen Methode und Fortbestand der problematischen Gegenstandsauffassung eine „hybride“ Auffassung des Verhältnisses von Gegenstand und Methode, die sich vor ungelöste Schwierigkeiten gestellt sieht. Solche „hybriden“ Auffassungen äußern bereits *Krueger* und *Lersch,* dabei gibt es für die Anerkennung der experimentellen Methode – wie *Wellek* (op. cit.) deutlich ausdrückt – eigentlich keinen anderen Grund als den, daß es eben keine Alternative zu ihr gibt: „Richtig ist . . . , daß für die Psychologie ein thematischer Irrationalismus gegeben und daß trotzdem ein methodologischer Irrationalismus zu verwerfen ist, schon deshalb, weil es so etwas im Ernst gar nicht gibt“ (*Wellek* op. cit., 24).

Es wird sich im Verlauf der weiteren Darstellung im zweiten Kapitel zeigen, daß dieser „spontane“ Sieg des experimentellen Paradigmas in der in den fünfziger Jahren in breiterer Form einsetzenden Kritik des Experiments auf eine Gegenbewegung trifft, deren Höhepunkt im Augenblick noch nicht überschritten zu sein scheint.

Auch auf der Dimension des *Menschenbildes* wurde die Auseinandersetzung zwischen der „angloamerikanischen“ und der „deutschen“ Tradition geführt. Ohne diese außergewöhnlich komplizierte Auseinandersetzung hier auch nur annähernd nachzeichnen zu wollen, wollen wir kurz auf sie eingehen und einige Bedingungen der Herausbildung eines „behavioristischen“ Menschenbildes skizzieren (vgl. ausführlicher Kap. 2). Für die Herausbildung des „behavioristischen“ Menschenbildes – wie natürlich für die Entwicklung des Behaviorismus überhaupt – ist auf der einen Seite die Krise der Philosophie und der Psychologie und auf der anderen Seite die Rezeption funktionalistischer Auffassungen entscheidend gewesen. Die Krisensituation der Psychologie um die Jahrhundertwende läßt sich beschreiben als Auswirkung des breiten Vordringens der *Mach*schen philosophischen Anschauungen in die Psychologie, als Aufgabe des dualistischen Standpunktes im Anschluß an *Descartes* zu Gunsten des „neutralen Monismus“ von *Mach* durch *Wundt, Titchener, James* u. a. (vgl. *Rubinstein* 1963). Der sich dabei innerhalb von einem Jahrzehnt vollziehende Bruch in den Auffassungen einiger der bedeutendsten Vertreter der Psychologie führte zu einem Zustand größter philosophischer Orientierungslosigkeit.

Für die sich zu Beginn des 20. Jahrhunderts in den USA entwickelnden Schulen der Psychologie ist diese Situation von großer Bedeutung. Sie bereitet den Boden für die Einflußnahme der Psychologie *Herbert Spencers* vor (vgl. dazu *Cronbach* 1957). Wie *Prinz* (im Druck) hervorhebt, ist es nicht das konkrete psychologische System *Spencers*, das diesen Einfluß ausübt, es sind die „leitenden Organisationsgesichtspunkte“, man kann auch sagen: das Menschenbild der *Spencer*schen Psychologie und Philosophie. Das Psychische faßt *Spencer* biologistisch auf als Funktion im Daseinskampf („survival of the fittest“). *Prinz* führt aus, welche Konsequenzen eine solche Auffassung in methodischer Hinsicht, in bezug auf die Gegenstandsauffassung und in bezug auf das Verhältnis zur gesellschaftlichen Praxis hat: „Erstens führt die Berücksichtigung von Zweckgesichtspunkten zwangsläufig zur ausdrücklichen Einbeziehung der Zeitdimension in die Beschreibung psychischen Geschehens. Eine zweckorientierte Beschreibung kann sich nicht mit der Darstellung der Elemente und der Struktur psychischer Zustände begnügen, sondern sie muß zielgerichtete Verläufe zur Einheit der Analyse machen. Die resultierende Psychologie wird in doppeltem Wortsinn funktionalistisch: sie redet von Zwecken und sie redet von zielgesteuerten geistigen Vorgängen. Es liegt auf der Hand, daß eine solche Psychologie der Praxis des täglichen Lebens viel näher kommt als der elementaristische Strukturalismus . . ." (*Prinz*, im Druck, 18).

Fassen wir zusammen: die Entstehung des Behaviorismus und des behavioristischen Menschenbildes hängt zusammen mit dem Verlust einer klaren philosophischen Orientierung, der Krise der Psychologie um die Jahrhundertwende auf der einen Seite und dem Vordringen eines biologistisch-evolutionistischen Menschenbildes auf der anderen Seite unter dem Druck erster Anzeichen der gesellschaftlichen Relevanz der Psychologie.

Mit dem nun auch für die Nachkriegspsychologie in der Bundesrepublik zunehmenden Druck, sich „nützlicher zu machen", setzte sich auch die „angloamerikanische" Psychologie in der Bundesrepublik durch: für *Wellek* und seine Mitstreiter war es ein aussichtsloser Kampf, dieser Bewegung der gesellschaftlichen Nützlichkeit der Psychologie widerstehen zu wollen. Aber völlig richtig hatte er 1957 eingeschätzt, daß es bei diesem Kampf auch um eine „Divergenz der Menschenbilder" ging. Er glaubte dem Behaviorismus den – oft zitierten – Vorwurf machen zu müssen, daß er von der „Rattenebenbildlichkeit des Menschen" ausgehe[1].

Die im folgenden Kapitel darzustellende amerikanische Krisen-Diskussion um die Relevanz der Psychologie wird zeigen, daß sich hier die Inhalte der verschiedenen kurz skizzierten Krisen in qualitativ neuer Form – katalytisch angeregt durch die allgemeine Krise der Gesellschaft und die Krise der Wissenschaft – zu einer tieferen, breiteren und bunteren Krise zusammenfügen, die in der Konsequenz der Psychologie ein verändertes Gegenstandsverständnis, Methodenverständnis und Menschenbild aufzwingt.

---

1 Es scheint tatsächlich angebrachter zu sein, den behavioristischen Tierexperimenten die „Menschenebenbildlichkeit der Ratte" vorzuwerfen, wenn diese aus ihrem Biotop herausgenommen und in Kästen mit Tasten und elektrischer Beleuchtung gesetzt werden (vgl. *Beach* 1950; *Christie* 1951; *Kavanau* 1964).

2. Die Krise der Nützlichkeit (in) der amerikanischen Psychologie

Die Krise der gesellschaftlichen Nützlichkeit der Psychologie ist der Ausdruck einer qualitativ neuen Stufe in der Entwicklung der Psychologie. Hauptinhalt der Krise ist: wie kann die Psychologie zur Lösung von in großem Ausmaß bestehenden gesellschaftlichen Problemen dienen, indem wissenschaftliche Erkenntnisse bei der Lösung praktisch-psychologischer Probleme angewandt werden. Ihre gesellschaftliche Relevanz muß die Psychologie nun gerade dadurch erweisen, daß sie in zuvor nicht gekanntem Ausmaß ihre konkrete Nützlichkeit unter Beweis stellt. Um dies zum Ausdruck zu bringen, ist es angebracht, von der „gesellschaftlichen Nützlichkeit" zu sprechen. Der Hauptinhalt dieser Krise ist dann auch in der Beziehung von Theorie und Praxis zu sehen: „. . . die Beziehung zwischen Theorie und Praxis bildet einen beherrschenden Aspekt der Problemsituation, in der sich heutzutage die Wissenschaft im allgemeinen und die Psychologie im besonderen befinden" (*Snijders* 1969, XXXIII). Unsere These ist: in der Diskussion dieser Krise kommt dieses sich objektiv verändernde Verhältnis von Psychologie, Psychologen und Gesellschaft zum Ausdruck. *Hauptinhalt der Krisen-Diskussion ist dementsprechend das Verhältnis von Theorie und Praxis und die gesellschaftliche Verantwortung der Psychologen.*

Snijders formulierte dies auf dem 26. Internationalen Kongreß für Angewandte Psychologie 1968 so: „. . . es ist dies die Zeit für Verantwortungsbereitschaft und nicht für Skeptizismus" (op. cit., XL).

Daß hier *die amerikanische Krisen-Diskussion* untersucht wird, hat zwei Gründe. Der erste ist, daß die Krisen-Diskussion und -Reflexion in den USA ein Ausmaß erreicht hat, das es nicht mehr gerechtfertigt erscheinen läßt, diese nur als Ausdruck einer unspezifischen, den epidemiologischen Gesetzen der Massenpsychologie gehorchenden Unzufriedenheit oder als Resultat der Infektion durch Erscheinungen der Studentenbewegung anzusehen. Der zweite Grund liegt darin, daß die dem fortgeschrittenen Stand der gesellschaftlichen Entwicklung der USA entsprechende fortgeschrittene gesellschaftliche Nützlichkeit der Psychologie – man kann auch sagen: fortgeschrittene Vergesellschaftung der Psychologie und der psychologischen Tätigkeit – Tendenzen der weiteren Vergesellschaftung der Psychologie erkennen läßt, die in anderen Ländern noch nicht erkennbar sind. Wenden wir uns dieser Krisen-Diskussion nun zu.

Zweifellos markiert das Jahr 1969 mit drei Ereignissen einen Ausgangs- und zugleich einen Höhepunkt der amerikanischen Krisen-Diskussion: dem Kongreß der APA, *„Psychology and the problems of society";* dem Erscheinen von *„Behavioral and social sciences: Outlooks and needs"* des *Behavioral and Social Science Committee* der *National Academy of Science* und das Erscheinen von *"Knowledge into action: Improving the nation's use of the* *social sciences*" der *Special Commission on the Social Sciences* der *National Science Foundation.*

Ein weiteres bedeutendes Ereignis stellt der Vortrag von *Walker* (1969) als Präsident der Midwestern Psychological Association der APA dar, in der ein Präsident zum ersten Mal in der Geschichte der APA nicht einen Bericht aus seinem Fachgebiet gab, sondern über die gesellschaftliche Verantwortung der Psychologie sprach.

Die Breite der Diskussion ist beachtlich: *Clark* 1965, 1971; *Kelman* 1965; *Sanford* 1965, 1970; *Ring* 1967; *McGuire* 1967, 1973; *Sherif* 1968; *Miller* 1969, 1970; *Scriven* 1969; *Walker* 1969; *Albee* 1970, *Bannister* 1970; *Baumrin* 1970; *Bennis* 1970a, 1970b; *Berkowitz* 1970; *Brown* 1970; *Kramer* 1970; *Levin* 1970; *Naftalin* 1970; *Schultz* 1970; *Spaner* 1970; *Thomas* 1970; *Wiesner* 1970; *Baron* 1971; *Carlson* 1971; *Goodwin* 1971; *Rogers* 1971; *Schmaltz* 1971; *Silverman* 1971; *Cattell* 1972; *Elms* 1972, 1975; *Skinner* 1972, 1975; *McKeachie* 1972; *Meehl* 1972; *Myrdal* 1972; *Caplan & Nelson* 1973; *Farberow* 1973; *Pilisuk* 1973; *Smith* 1973; *Wohlwill* 1973; *Fiske* 1974; *Hebb* 1974; *Levine* 1974; *Tyler* 1974; u. a.

Dieser Krisen-Diskussion ist eine Diskussion um die Probleme der ethischen Verpflichtung der Psychologen und den ethischen Kodex der APA (vgl. APA 1959, 1968, 1973) vorausgegangen (vgl. z. B. *Benne* 1965; *Kanfer* 1965; *Kelman* 1965; *Krasner* 1965; *Sanford* 1965). In der Klinischen Psychologie ist ebenfalls bereits sehr früh eine Krisen-Diskussion zu verzeichnen, auf die im 4. Kapitel eingegangen wird.

Aber die Krisen-Diskussion scheint noch lange keinem Ende entgegenzusehen, denn: "The crisis is chronic" (*Farberow* 1973).

Bevor wir von diesen verschiedenen Argumentationszusammenhängen ausgehend zu einer Systematisierung des Gesamtbildes der Krise der Nützlichkeit der Psychologie kommen, sollen noch einige allgemeinere Einschätzungen dieser Krise dargestellt und kritisch untersucht werden.

Bereits 1965 hatte *Sanford* in relativer Ausführlichkeit die Ursachen dargestellt, die seiner Meinung nach der Nützlichkeit der Psychologie bei der Lösung gesellschaftlicher Probleme entgegenstehen. Eine der Ursachen für ein weites Auseinanderklaffen von Theorie und Praxis war für *Sanford,* daß die Psychologie bei der Beschäftigung damit, eine Wissenschaft zu werden, sich zu stark an dem Vorbild der Naturwissenschaften orientierte – fast schon eine „Standard"-Erklärung für den Entwicklungsstand der Psychologie; z. B. *Koch* 1956, 1961, 1965, 1969, 1973. Es wurde damit schwer, wirkliche menschliche Probleme zu untersuchen, da Quantifizierung, Präzision der Messung, Eleganz des experimentellen Designs und allgemeine Gesetzmäßigkeiten in der Psychologie gegenwärtig nur an einfachen Teilprozessen menschlichen Verhaltens zu demonstrieren sind. Eine psychologische Wissenschaft muß aber – so hob *Sanford* hervor – nicht nur Erkenntnisse über Teilprozesse menschlichen Verhaltens besitzen. Wenn sie zur Lösung der Probleme des wirklichen

Lebens einen Beitrag leisten will, dann muß sie Erkenntnisse über den Gesamtprozeß des Verhaltens haben: „Für die Praxis wird die ganze Wahrheit – und besonders die Wahrheit über Ganzheiten – gebraucht. Genau darum muß man auch über einen Trend in der Wissenschaft besorgt sein, der die ganze Betonung auf die Untersuchung abstrakter Teilfunktionen zu legen scheint“ (*Sanford* 1965, zit. n. 1969, 19)[1].

Durch die Methode der experimentellen Isolation von Teilprozessen wird dabei bestimmt, was Gegenstand psychologisch-wissenschaftlicher Tätigkeit sein kann und nicht durch die intellektuelle Auseinandersetzung mit den Problemen des Lebens. Um sich diesen Problemen erfolgreicher zuwenden zu können, bedarf es vor allem auch, so fordert *Sanford,* anderer Theorien: allgemeiner Theorien statt spezieller, dynamischer statt formaler, holistischer statt elementaristischer, usw.

1970 gelangt *Sanford* zu einer in ihrem Ergebnis noch schärferen Diagnose des Verhältnisses von psychologischer Theorie und psychologischer Praxis. In einem Vortrag über die Situation der Aktionsforschung (*Sanford* 1970) sieht er sich darin bestätigt, daß die Hauptursache des Versagens der Psychologie vor ihrer gesellschaftlichen Nützlichkeit im Auseinanderbrechen von Forschung/Theorie und Praxis liegt, in der Zerstörung der „intimen Familie von Tätigkeiten“ wie sie *Lewins* Modell der Aktionsforschung kennzeichnete. Das „science-engineering“-Modell, in dem „Theorie“ (science) und „Praxis“ (engineering) auseinanderfallen, ist seines Erachtens für die Lösung sozialer Probleme völlig unangemessen.

Auf der Spur der Naturwissenschaften geraten die Sozialwissenschaften in die Sackgasse der Fragmentarisierung, Monomanie und Kompartmentarisierung.

„Wie sind wir in diese Klemme geraten? Der grundlegende Fehler besteht in der Fragmentarisierung, die ich beschrieben habe, wobei diese wiederum als ein Aspekt einer allgemeinen Tendenz zur Spezialisierung in der modernen Wissenschaft und Gelehrtenwelt verstanden werden kann. Die effektive Lösung gesellschaftlicher Probleme verlangt multidisziplinäre Arbeit, aber überall scheint das Abteilungsdenken im Vormarsch. . . . Da ist natürlich noch die Spezialisierung sowohl innerhalb als auch zwischen den Disziplinen, deren Folgen wir in einer fantastischen Anhäufung von zerstückelten und unverbundenen und im wesentlichen unbrauchbaren Forschungsergebnissen vorliegen haben. . . . Die Kompartmentarisierung sozialwissenschaftlicher Tätigkeiten und die Seltenheit von Versuchen der Zusammenarbeit verlangt eine Erklärung. . . . Ebenso wie die im Gesundheits-, Erziehungs- und Sozialwesen Tätigen nicht länger die ganze Person im Blick haben, sondern sich nur mit spezifischen Symptomen oder Funktionen beschäftigen, konzentrieren sich auch die Psychologen in ihrer Forschung und Theoriebildung mehr und mehr auf Teilfunktionen ohne sich darum zu kümmern, sie mit zentralen Struktu-

---

[1] Im folgenden sind die englischen Zitate von mir übersetzt, *F. S.*

ren der Person zu verbinden. Es scheint tatsächlich so, daß der Begriff der ‚Person' selbst – erniedrigt und ignoriert – aus der Literatur zu verschwinden beginnt. . . . Wir haben aber nicht nur zur Enthumanisierung unserer Forschungs-Subjekte beigetragen, indem wir sie zum Zwecke von Unternehmungen, die ihnen niemals irgendwelchen Nutzen bringen, auf ‚Respondenten' reduziert haben, und nicht nur zur Enthumanisierung von uns selbst, indem wir eine Selbst-Definition im Namen des engen Spezialistentums vorangetrieben haben, wir haben auch noch ein außerordentlich unglückliches Menschenbild verbreitet. Was dem Sozialwissenschaftler jetzt als untersuchenswert erscheint: eine Ansammlung bedeutungsloser ‚Verhaltensweisen', wird für große Massen unseres Volkes zu einer Konzeption des Selbst, die ebenso fragmentarisiert und externalisiert ist: man *ist* so, wie man sich anderen gegenüber in spezifischen Situationen präsentiert" (*Sanford* 1970, 10 f.).

Die von *Sanford* hier thematisierte *Zersplitterung der Psychologie* in Disziplinen und Unterdisziplinen wird in vielen Beiträgen als *die* Ursache der Krise der Psychologie angesehen und gehört dementsprechend auch zum festen Bestand der Krisenreflexion und -diskussion, z. B. schon bei *Maslow* (1946). *Cronbach* (1957) fand die Situation der Psychologie vergleichbar mit einem Zirkus oder noch schlimmer. Die Zersplitterung psychologischer Untersuchungen und damit zusammenhängend die fehlende Berücksichtigung und mangelnde Abbildung der Komplexität und Ganzheitlichkeit menschlichen Verhaltens haben solche Kritiker wie *Glass* (1972), *Newell* (1972), *Israel & Tajfel* (1972), *Gergen* (1973), *McGuire* (1973), *Cronbach* (1975) und *Campbell* (1975) hervorgehoben.

Die Forderung nach einer *Synthese* der verschiedenen Ansätze, Methoden und Gebiete, wie sie z. B. *Cronbach* (1957, 1975) vorbringt, scheint zwar unmittelbar einleuchtend, stellt jedoch (dies sei nur kurz angemerkt) die realen Bedingungen der Wissenschaftsentwicklung ebensowenig in Betracht wie die Ablehnung der Konzeption eines einheitlichen Wissenschaftsgebiets der Psychologie, wie sie z. B. *Koch* (1969) äußert. *Lomow* (1975) zeigt, daß die so häufig beklagte Zersplitterung zunächst einmal Ausdruck der ständig wachsenden gesellschaftlichen Anforderungen an die Psychologie ist. Es ist auch keineswegs so, daß dieser Differenzierungsprozeß nicht von einem ebenso beständig wachsenden Integrationsprozeß begleitet würde, über die Querschnittswissenschaften wie Kybernetik und Mathematik und über gemeinsame inter- und multidisziplinäre Problemfelder. Ein Beispiel für die Konzeption einer neuen Querschnittswissenschaft ist *Simons* "The sciences of the artificial" (1969).

In einer Fußnote zu einem Aufsatz zu Problemen der Integration von kognitiven und klinischen Ansätzen in der Psychologie kommt *Scriven* (1969) zu einer gelungenen Darstellung des Verhältnisses vom Gesamtgebiet der Psychologie zu ihren verschiedenen Disziplinen und Unterabteilungen, die auch das Verhältnis von Theorie und Praxis berücksichtigt. *Scriven* glaubt, daß eine Synthese im Bereich der Psychologie ebenso unmöglich ist wie die Auffassung von einem der gesamten Psychologie gemeinsamen Paradigma. Es gilt, im Verhältnis von Gesamtgebiet zu Einzelgebieten, sich von dem Smörgasbord der Methodologien und Modelle das Passende auszusuchen und nicht, alles durcheinanderzumischen. Um im Bilde zu bleiben: davon würde einem nur schlecht werden, meint *Scriven* (1969, 23).

Eine Gesamtorientierung ist aber seiner Meinung nach ebenfalls erforderlich: je stärker die Psychologen in den Einzelgebieten mit den für ihr Gebiet typischen Problemen in Kontakt kommen, desto stärker wird eben auf der einen Seite der Zwang, diese praktischen Bedürfnisse anzuerkennen und zu befriedigen und desto schwächer werden die Bindungen an das Gesamtgebiet und desto stärker wird die Tendenz, sich genau von diesen Bedürfnissen bei der Forschung leiten zu lassen. Zur Lenkung der Interessen auf relevante Gebiete der Forschung gehört jedoch auch gerade so etwas wie ein Gesamtbild, eine Art paradigmatischer Lenkung, die leider oft genug – so *Scriven* – schlechte Ideologie und keine gute Metatheorie ist.

Die Krise der Nützlichkeit erscheint für viele Psychologen jedoch nicht nur als Publikationsflut irrelevanter wissenschaftlicher Ergebnisse (vgl. *Smith* 1961; *McGrath & Altman* 1966; *Hebb* 1974), nicht nur als Gefühl der Auseinanderentwicklung verschiedener Spezialgebiete, der Fragmentarisierung und Kompartmentarisierung. Sie erscheint nach dem Ablaufen der Reform-Euphorie gegen Ende der sechziger Jahre und Beginn der siebziger Jahre vor allem auch als *Finanzierungs- oder Forschungsförderungs-Krise:* die Zeiten des „easy research money“ (*McGuire* 1973) sind vorbei und aus Washington bläst ein kalter Wind (*Elms* 1975). Im Verlauf der Reflexion dieser Krise werden denn auch verstärkt Überlegungen angestellt, wie psychologische Forschung unter dem Gesichtspunkt „knapper Ressourcen“ zu planen ist. Ergebnis dieser Überlegungen ist unter anderem die Forderung, daß Grundlagenforschung nicht *nur* deshalb gefördert werden dürfe, weil mit ihren Resultaten kein unmittelbarer, praktischer Nutzen verbunden sei (*Tyler* 1973; *Walker* 1969). In einer Krise der Nützlichkeit der Psychologie kann „Nutzlosigkeit“ nicht länger zu einem positiven Förderungskriterium gemacht werden. Wissenschaftliche „serendipity“ (*Cannon* 1945) wird nicht länger als der sicherste Weg zu neuen und gesellschaftlich nützlichen Erkenntnissen angesehen.

Walker (1970) bringt diese Gedanken in einem schönen Bild: wenn ein Mensch bei der Suche nach Pilzen einen Diamanten findet, dann ist es wahrscheinlich richtig zu sagen, daß er den Diamanten vermutlich nicht gefunden hätte, wenn er nicht nach Pilzen gesucht hätte. Es ist aber schwierig etwas dagegen einzuwenden, daß es eine wenig effektive Art ist, nach Diamanten nur dort zu suchen, wo Pilze wachsen. Warum soll man nicht dort suchen, wo man gute Gründe für die Annahme hat, Diamanten zu finden?

Wie in anderen Krisen gibt es einige Diskussionsteilnehmer, die diese Krise der Forschungsfinanzierung als willkommenen Anlaß zur Selbstprüfung und -besinnung begrüßen. So schreibt etwa *McGuire* (1973): „Was die Psychologie gebraucht hat, war eine richtige Rezession“ (455). Er ist der Meinung, daß sich die Psychologen durch den Überfluß an Forschungsgeldern immer weiter von der Realität entfernt haben. Das Beschneiden der Forschungsmittel biete nun die Chance, aus den Klauen der „big-science"-Tretmühle herauszukommen und zu einer neuen Unmittelbarkeit der Erfahrung des psychologischen Gegenstandes zu gelangen: „Wir sollten die Befriedigung wiederentdecken, die Phänomene persönlich selbst zu beobachten und die Erleichterung erleben, nicht irgendein Forschungsimperium zu verwalten zu haben" (ebd.).

So ist das in „harten, aber aufregenden" Zeiten. Denen scheint die Pose angemessen, die *McGuire* einnimmt, wenn er sagt: „Wir leben in einer gefährlichen Zeit, in der die Einsätze erhöht worden sind, in der nichts sicher, aber alles möglich erscheint" (op. cit., 456).

Auch *Miller* (1970) hebt hervor, daß infolge der Sündenbockfunktion von Wissenschaft und Technologie, die plötzlich für die Krise der Gesellschaft verantwortlich gemacht werden, die Forschungsetats gekürzt werden. Er schlägt vor, das „Fahrzeug" Wissenschaft nicht langsamer laufen zu lassen, sondern es in eine andere Richtung zu lenken: in Richtung auf eine Technologie-Verbesserung. Auch *Millers* Vorschlag zur Lösung des Problems „knapper Ressourcen" ist – ebenso wie die „Lösung" von *McGuire* – „kostensparend". Er folgt einem allgemeinen Modell der Krisenbewältigung, die Krisenlasten so breit wie möglich zu verteilen, Verantwortung für die verbesserten Einsatzmöglichkeiten psychologischer Technologie sollen alle tragen: „Ein jeder muß für dieses Problem sensibilisiert werden; ein jeder sollte so erzogen werden, daß er neue und entfaltetere Perspektiven in Betracht zieht, die für seine eigenen Tätigkeiten relevant sind" (op. cit., 993).

Das Schlagwort vom „Weggeben" der Psychologie an die Menschen, die sie brauchen (". . . to give psychology away to the people who need it", op. cit. 999), erscheint unter *diesem* Gesichtspunkt als Prinzip der Entwicklung der Psychologie unter den Bedingungen chronischer gesellschaftlicher Krisen. Es wird sich aber aufzeigen lassen, daß das „Weggeben" der Psychologie zu einem allgemeinen Prinzip ihrer Entwicklung wird, einem Prinzip, das über den Zustand chronischer Krisen hinausweist.

Hat die gesellschaftliche Krise auch erst die allgemeinen Bedingungen, die gesellschaftlichen und individuellen Probleme, produziert, die nach einer „nützlichen" Psychologie verlangen – und so auch die augenblickliche Krise der Psychologie erst geschaffen –, so wird die Psychologie ihr Potential an Nützlichkeit erst dann voll entfalten können, wenn sie nicht bloß „defensiv" die psychischen und sozialen Folgen der gesellschaftlichen Krise zu beheben und reparieren hat, sondern der umfassenden, „offensiven" psychischen Entwicklung des Menschen dienen kann. *Kanfer & Grimm* (1975) führen in diesem Sinn aus, daß auch die Verbesserung der Anwendung psychologischen Wissens nicht zur Lösung vieler gesellschaftlicher Probleme beitragen kann. Eine Zukunft haben Psychologie und Gesellschaft je einzeln und gemeinsam nur dann, wenn beide „verbessert" werden (vgl. op. cit., 21).

In dieser Krise der Psychologie sozusagen „entdeckt“, zeigt sich also zugleich, daß das Prinzip, die Psychologie „wegzugeben“, nicht zu verwirklichen sein wird: seine Verwirklichung knüpft sich notwendig an die Überwindung der chronischen gesellschaftlichen Krise (vgl. *Garai* 1973).

Wir haben in diesem zweiten Kapitel bislang nur kurz einige „Nebenerscheinungen“ der Krisen-Diskussion – wie die Diskussion um die Krise der Forschungsfinanzierung und die Diskussion um die Desintegrationserscheinungen in der Psychologie – dargestellt und einen allgemeinen Aufriß der zu untersuchenden Krisen-Diskussion gegeben.

In den folgenden drei Abschnitten dieses Kapitels werden nun die drei Hauptaspekte der Krisen-Diskussion untersucht werden:

- die Diskussion um die *gesellschaftliche Verantwortung* der Psychologen, wobei diese Diskussion die Veränderung des Systems psychologischer Tätigkeiten in ihrem Verhältnis zu den gesellschaftlichen Problemen zum Ausdruck bringt;
- die Diskussion um Veränderungen im *theoretischen System* und in der *Methodologie;*
- die Diskussion um Veränderungen im *Menschenbild.*

Es wird dabei zu zeigen sein, wie in der Diskussion um die gesellschaftliche Verantwortung der Psychologen das Problem der gesellschaftlichen Nützlichkeit zum Ausdruck kommt. Die Problematik der gesellschaftlichen Nützlichkeit der Psychologie und der psychologischen Tätigkeit erfahren die Psychologen in der konkreten Konfrontation mit den gesellschaftlichen Problemen, in der konkreten wissenschaftlich oder praktisch problemlösenden Tätigkeit. *Unsere These ist, daß sich – durch das Bewußtsein der gesellschaftlichen Verantwortung vermittelt – das Bedürfnis nach gesellschaftlicher Nützlichkeit der Psychologie in einer veränderten Gegenstandsauffassung, einem veränderten Menschenbild und einer Veränderung der wissenschaftlichen Strategie und Taktik niederschlägt.*

Diese Veränderungen werden hier vor allem an der *Kritik des Behaviorismus* dargestellt. Die Darstellung dieser Kritik bedeutet dabei hier mehr als die mittlerweile fast schon zur Pflichtübung gewordene Distanzierung von der S-R-Psychologie. Sie erscheint in diesem Zusammenhang nicht nur deshalb erforderlich, weil die S-R-Psychologie einen hervorragenden und außergewöhnlichen Platz in der Entwicklung der Psychologie – und besonders der amerikanischen Psychologie – innehat. Uns interessiert die behavioristische Psychologie – und die darzustellende Kritik an ihr – vor allem deshalb, weil sie in einzigartiger Weise versprach, von großem praktischem Nutzen zu sein. Mit einem Gewaltstreich löste der Behaviorismus den unentwirrbar gewordenen Knoten, an dem die Psychologie um die Jahrhundertwende geflochten hatte (vgl. *Jaroschewski* 1975). Seine Orientierung auf die „Handlung“ – wenn auch unter dem verkürzten Blickwinkel des „Verhaltens“ – kam einem Bedürfnis nach konkreter, pragmatischer Nützlichkeit entgegen und war zugleich dessen Ausdruck. Die Kritik gerade an diesem Aspekt der behavioristischen Psychologie macht deutlich, daß sich seit ihrem Entstehen auch der gesellschaftliche Kontext und damit das Bedürfnis nach gesellschaftlicher Nützlichkeit verändert hat. Wie sich dies in der Diskussion um die gesellschaftliche Verantwortung der Psychologen widerspiegelt, wollen wir im folgenden Abschnitt untersuchen.

2.1 Reflexion der Veränderungen im System psychologischer Tätigkeit in ihrem Verhältnis zu gesellschaftlichen Problemen

Die Selbstreflexion der Psychologen-Wissenschaftler bringt zum Ausdruck, daß sie das „Schicksal" anderer Wissenschaften und Wissenschaftler teilen. In ihrem Verhältnis zur Gesellschaft, in der sie leben und wissenschaftlich tätig sind, kommen die warnenden, kritischen, mahnenden Aspekte immer mehr zum Ausdruck. Es ist vielleicht nicht übertrieben, von einer Krise der Verantwortung der Wissenschaft(ler) zu sprechen, die in ihrer neueren Form seit den Atombombenabwürfen über Hiroshima und Nagasaki kein Ende gefunden hat und sich vielleicht noch weiter ausgebreitet hat. Auf die kritischen Analysen und die verstärkte Verantwortungsbereitschaft der Naturwissenschaftler soll hier nur hingewiesen werden (vgl. *Snow* 1961; *Klages* 1965; *Allen* 1970; *Brown* 1971; *Layton* 1971; *CIBA* 1972; *Siegel* 1972; *Michaelis & Harvey* 1973; *Rose & Rose* 1973; *Motulsky* 1974; u.v.a.).

Oppenheimer selbst hat z. B. 1956 in einer Rede vor der APA auf die erhöhten Gefahren hingewiesen, die sich aus einem Mißbrauch der Psychologie für die Menschen ergeben würden und damit auf die erhöhte Verantwortung der Psychologen aus der Sicht des Atomphysikers hingewiesen, der an der Konstruktion der Atombombe mitgewirkt hat.

In der Diskussion um die Bedeutung der Lösung gesellschaftlicher Probleme mit Hilfe der Ergebnisse der Wissenschaft oder durch wissenschaftliche oder technologische problemlösende Tätigkeit lassen sich dabei im Grundsatz zwei Positionen unterscheiden: die eine Position, die die gestiegene und ständig weiter wachsende Bedeutung der Wissenschaft in allen und für alle Lebensbereiche anerkennt und dabei auch die ständig wachsende moralische, gesellschaftliche Verantwortung der Wissenschaftler hervorhebt und Lösungen dafür sucht – während die andere Position mehr oder weniger direkt Wissenschaft und Technologie selbst für die Ursache der gesellschaftlichen Probleme hält und Verantwortung der Wissenschaftler nur als eine Form entschlossener Wissenschaftsfeindlichkeit versteht (vgl. zur Kritik der Anti-Science-Bewegung: *Bernal* 1961, 1967; *Klages* 1965; *Perl* 1970; *Shils* 1971; *Cotgrove* 1973; *Hebb* 1974; *Wade* 1974; *Lanfermann* 1975; für eine lesenswerte Darstellung der Wissenschaftsfeindlichkeit der „Frankfurter Schule" von *Horkheimer* und *Adorno* vgl. *Rupp* 1973).

Der Hinweis auf die Parallelität der Diskussion um die gesellschaftliche Verantwortung der Naturwissenschaftler und der Sozialwissenschaftler soll zeigen, daß sich – wenn auch nur in dieser Hinsicht zumindest – Natur- und Sozialwissenschaftler mit gemeinsamen oder ähnlichen Problemen konfrontiert sehen, die ihren Ursprung im zunehmend gesellschaftlichen Charakter der wissenschaftlichen Tätigkeit selbst haben. Dies ist aber vor allem ein Hinweis darauf, daß es ein nur für die Sozialwissenschaften existierendes Problem der gesellschaftlichen Verantwortung nicht gibt: ein Problem der Verantwortung und im weiteren Sinne der Relevanz oder gesellschaftlichen Nützlichkeit, das nur aus dem besonderen Verhältnis der erkenntnismäßigen Aneignung des wissenschaftlichen Gegenstands der Sozialwissenschaften zu erklären ist. Diese Krise der Verantwortung muß eine Ursache haben, die außerhalb der Erkenntnisrelation von Wissenschaftler und wissenschaftlichem Gegenstand liegt, diesen aber zugleich durchdringt und bestimmt. Sie hat ihre Ursache in den allgemeinen Veränderungen der wissenschaftlichen Arbeit, der wissenschaftlichen Tätigkeit auf einer spezifischen Stufe der sozialökonomischen Entwicklung. Wir müssen diese allgemeine Bestimmung der Veränderung im System der wissenschaftlichen Tätigkeit im Auge behalten, wenn wir uns jetzt der Untersuchung der spezifischen Veränderung im System der psychologischen Tätigkeit zuwenden, wie sie sich in der amerikanischen Relevanz-Diskussion und der Diskussion um die gesellschaftliche Verantwortung darstellen.

Die Frage nach der gesellschaftlichen Verantwortung der Psychologen geht dabei in der Diskussion von Problemen aus, die auch in der „Öffentlichkeit" breiter und intensiver diskutiert worden sind: Anwendung von Lügendetektoren bei der Personalauslese, Verletzung der Intimsphäre, Versuche über die Wirkung unterschwelliger Wahrnehmung auf Einstellung und Verhalten ("tempest in the subliminal teapot"; *Miller* 1970, 995), Stimulation und Hemmung von Verhalten durch Implantation von Elektroden ins lebende Gehirn (vgl. *Delgado* 1969), Anwendung von Verfahren wie sensorische Deprivation bei Gefangenen, Erpressung von Geständnissen (vgl. *Pilisuk* 1973) usw.

Wenngleich *Miller* (1970) z. B. vom Ausmaß der Anwendung von Lügendetektoren in den USA einen erschreckenden Eindruck vermittelt, können diese und ähnliche Beispiele nicht als die Ursache für die Krise der Verantwortung angesehen werden. Dies auch vor allem deshalb, weil hier in aller Regel gar keine „normale" psychologisch-praktische oder psychologisch-wissenschaftliche Tätigkeit betroffen ist, sondern – durch Massenmedien und einzelne Psychologen forciert – ein Eindruck entsteht, als sei die Psychologie als ganzes betroffen.

Die Ursache für das wachsende Bewußtsein vieler Psychologen gegenüber dem Problem ihrer gesellschaftlichen Verantwortung ist vor allem darin zu sehen, daß im Zuge der Vergesellschaftung der psychologischen Tätigkeit Psychologen wissenschaftlich und praktisch immer mehr an der Lösung gesellschaftlicher Probleme arbeiten, daß ihre Tätigkeit als notwendig für die Erhaltung des gesellschaftlichen Systems erscheint.

Das bedeutet auf der einen Seite, daß neue Formen psychologisch-praktischer Berufstätigkeit entstehen, die als *Lohnarbeitsverhältnisse mit privilegie-*

rendem Charakter gekennzeichnet werden (vgl. *Steiner* 1973); auf der anderen Seite bedeutet das auch, daß Psychologen in immer stärkerem Maße mit gesellschaftlichen Problemen direkt konfrontiert werden, gesellschaftliche Ursachen für Diskriminierung, Unrecht, Leid und Krankheit erfahren. In dieser Situation ergibt sich für viele Psychologen die Notwendigkeit, sich auf die Seite der Diskriminierten und Unterdrückten zu stellen und ihre Verantwortung aufzufassen als Notwendigkeit, psychologisches Wissen bei der Lösung der Probleme dieser Menschen einzusetzen, in ihrem Interesse einzusetzen. Nun gilt zweifellos für die USA, daß hier die Existenz von Diskriminierung und Unterdrückung kein neues Phänomen ist. Warum haben diese Erscheinungen nicht bereits früher zu einer Krise der Verantwortung der Psychologen geführt?

Die Erscheinungsformen und die Häufigkeit von Diskriminierung, Unterdrückung und Armut haben eine Verschärfung erfahren: das ist sicher eine Ursache. Der „war on poverty", der durch das „Economic Opportunity Act" der Regierung der Vereinigten Staaten von 1964 ausgelöst wurde, stellt die erste größere – inzwischen wohl fehlgeschlagene – Reaktion auf diese Verschärfung dar. Im Economic Opportunity Act wird ein „Community Action Program" unterbreitet, das auf breiter Grundlage die Anwendung sozialwissenschaftlicher Erkenntnisse (vor allem als Aktionsforschung) bei der Lösung dieser Probleme erbringen sollte (vgl. *Biddle & Biddle* 1965; *Brooks* 1965; *Cahn & Passet* 1971; zur Kritik: *Alinsky* 1965; *Clark* 1971). Gewaltige Geldsummen sollten aufgebracht werden, um vor allem über den Weg von Bürgerinitiativen (durch „maximum feasible participation"), die durch Sozialwissenschaftler betreut und angeregt werden sollten, die gesellschaftlichen Probleme in größerem Umfang zu lösen. Das bedeutete, daß Sozialwissenschaftler, vor allem auch Psychologen, in größerem Maßstab eingesetzt werden sollten. Die Größenordnung, in der der Einsatz der Sozialwissenschaften geplant war, mag durch einen von vielen Vorschlägen der Kommission der National Science Foundation von 1968 (*Brim* et al. 1969, 94) verdeutlicht werden: für 1970 sollte die Regierung 10 Millionen Dollar für die Gründung von 25 problemnahen Social Problem Research Institutes bereitstellen, deren jährliche Kosten bei voller Arbeit dann allerdings 50 Millionen Dollar übersteigen sollten.

Die finanziellen Kürzungen der Forschungsförderung um und nach 1970 haben diese Programme zu Makulatur werden lassen: die Idee der problemnahen Sozialforschungsinstitute wurde entsprechend von *Miller* (1970) kritisiert: die Kosten für die Lösung gesellschaftlicher Probleme sollten „alle" tragen. Andere Reaktionen auf die Kürzung der Forschungsmittel wurden oben bereits dargestellt. Die allgemeine Krise, in der sich die USA seit dieser Zeit befinden, läßt die ökonomischen Möglichkeiten zur sozialen Befriedung durch solche „Zugeständnisse" wie Forschungsförderung der Sozialwissenschaft zum Zweck der Lösung sozialer Probleme minimal werden. Damit werden die Ideen von einer Lösung gesellschaftlicher Probleme, die nur in der besseren Nutzung der Ergebnisse der Sozialwissenschaften liegt (*Brim* et al. 1969, XII) drastisch durch den Staat der „Überflußgesellschaft" zurechtgestutzt.

Aber nicht nur die ökonomische Seite der allgemeinen Krise in den USA wirkt sich in dieser oder jener Weise auf das Bewußtsein der Psychologen von ihrer gesellschaftlichen Verantwortung aus. Es ist vor allem auch die politische Krise, die sich in der wachsenden Stärke einer Bewegung ausdrückt, die sich für die sozialen und politischen Rechte der diskriminierten nicht-weißen Bevölkerung einsetzt. Eine Bewegung, an der die Sozialwissenschaftler nicht mehr vorbeisehen können (vgl. *Martin Luther King* in seiner Rede vor der APA 1967, *King* 1968; *Rainwater & Yancey* 1966; *Michels* 1972). Bei surveys hat sich z. B. gezeigt, daß die Ablehnungsquote in schwarzen Ghettos so hoch ist, daß die erhaltenen Ergebnisse nicht mehr auszuwerten sind (*Goering & Cummins* 1970). Die Erkenntnis, daß damit zwangsläufig die Verantwortung für die Befragten ernster genommen werden muß, bleibt dabei nicht aus: „Die empirische Sozialforschung wurde zu einem Instrument der Verbesserung der Sozialwissenschaft anstatt zu einem Instrument zur Verbesserung des Lebens der Armen zu werden. Es erscheint jetzt die Notwendigkeit, die Rolle des Forschers zu verändern: von einem Forscher, der andere Menschen beobachtet und befragt, ohne daß dies den betroffenen Menschen direkt nützt, hin zu einem Forscher, der zum Wohlergehen der Menschen beiträgt, auf die sich sein Interesse richtet" (*Goering & Cummins* 1970, 54). Aber die schwarze Bevölkerung wehrt sich nicht nur auf der Ebene der Verweigerung von Auskünften gegen die empirische Sozialforschung. In zunehmendem Maße kritisieren schwarze Psychologen grundlegende Konzepte und Verfahren der herkömmlichen Psychologie und dabei vor allem die verantwortungslose Indifferenz gegenüber den Problemen der nicht-weißen Bevölkerung. Dies hat sich z. B. in der Gründung farbiger Psychologen-Verbände wie der *Association of Psychologists for La Raza* und der *Association of Black Psychologists* niedergeschlagen.

Den parasitären Charakter der Sozialforschung und Psychologie in den schwarzen Ghettos kritisieren z. B. die schwarzen Psychologen *Dumont* (1969), *Thomas* (1970, 1973), *Gordon* (1973).

Gordon (1973) macht der „weißen" Psychologie ihre ethische, konzeptuelle und methodologische Begrenztheit zum Vorwurf und klagt sie des unethischen Verhaltens, des Opportunismus und des Eigennutzes an. Die Informationen, die Jahr um Jahr aus den schwarzen Ghettos herausgezogen werden, dienen in keiner Weise der Verbesserung der Situation: die Ghettos dienen den „weißen" Wissenschaftlern nur als Modell einer desorganisierten Gemeinde, die schwarze Bevölkerung nur als Versuchskaninchen: „Auf dem Rücken der Armen und der Schwarzen werden Verträge, Beihilfen, akademische Grade, Beraterverträge, Veröffentlichungen, Ämter, eindrucksvolle Ausstattungen, Karrieren und Experten-Reputationen für ein Leben in einer feinen, vorstädtischen Wohngegend erworben. Unter der Maske wissenschaftlicher Abgehobenheit und Objektivität hat die sozialwissenschaftliche Forschung permanent Unwilligkeit gezeigt, ihren politischen Einfluß, ihr Potential an Menschen, Energien, Fähigkeiten und Mitteln für eine Reform und langfristige Verbesserung der schwarzen Wohngebiete einzusetzen" (*Gordon* 1973, 88 f.).

Auf dem Kongreß der APA 1969 in Washington drückte eine farbige Nicht-Psychologin die Forderungen an die weißen Psychologen so aus: „Ihr Psychologen kommt daher und wollt uns erzählen, daß wir nicht zu erziehen sind. Seid jetzt lieber mal still und hört zur Abwechslung einmal uns zu. Wenn ihr das nicht tut, werden wir euch aus dem Ghetto ausschließen. Wahrsager seid ihr – eine Bande von Wahrsagern!" (zit. nach *Nelson* 1969, 1003).

Am Beispiel dieses Kongresses von 1969 läßt sich gut darstellen, wie konkret die Psychologen mit dem Problem ihrer gesellschaftlichen Verantwortung konfrontiert wurden (vgl. *Nelson* 1969; *Korten, Cook & Lacey* 1970) und wie augenfällig dabei wurde, wie wenig die Psychologie bislang zur Lösung konkreter sozialer Probleme (z. B. der Situation der farbigen Bevölkerung) beigetragen hatte. Wie stark diese Erfahrung ist – und wie untauglich die Mittel zur Lösung der Probleme sind – läßt sich beispielhaft an der Diskussion der Forderung ablesen, ob nicht von jedem der 30 000 Mitglieder der APA eine Not-Spende zwischen $50 und $100 erhoben werden sollte, mit deren Hilfe die Situation der Farbigen in den Ghettos verbessert werden sollte (vgl. *Nelson* 1969).

Die Situation, in der die Diskussion um die gesellschaftliche Verantwortung der Psychologen stattfindet, ist damit – für die vorliegenden Zwecke hinreichend – skizziert worden. Die Psychologen erkennen: „Wir sind ein Teil des Problems, wenn wir ein Teil der Lösung sein wollen" (*Smith* 1973, 464). Mit der Verschärfung des „Problems" stellt sich natürlich auch in verschärftem Ausmaß die Frage nach der Lösung, die die Psychologen für das Problem ihrer gesellschaftlichen Verantwortung finden. Im Rahmen dieser Verschärfung ist auch ein Wandel in der Problemakzentuierung bei der Diskussion der gesellschaftlichen Verantwortung festzustellen: die Betonung geht von der bloßen *Verhinderung von Mißbrauch* psychologischen Wissens, psychologischer Instrumente und Methoden (vgl. etwa *Kelman* 1965; *Krasner* 1965; u. a., APA 1965, 1968, 1973) zur positiven gesellschaftlichen Nützlichkeit im Interesse der Bevölkerung durch die *Verbreitung psychologischen Wissens* (*Walker* 1969; *Tyler* 1973; *Miller* 1970). Durch die Verschärfung der gesellschaftlichen Probleme, zu deren Lösung die Psychologie aufgerufen zu sein scheint, ergibt sich damit, daß die Frage des Verhältnisses von psychologischer Wissenschaft und psychologisch-gesellschaftlicher Praxis sich viel grundlegender stellt: das Verhältnis psychologischen Wissens zu den Menschen in einer konkreten Gesellschaft bestimmt die Nützlichkeit der Psychologie. Aber mehr noch: auch für die Konstitution dieser Nützlichkeit erweist sich dieses Verhältnis als kritisch. Wir wollen diesen Zusammenhang im folgenden genauer untersuchen.

In einer Untersuchung über die sozialen Auswirkungen von standardisierten Tests zeigte *Brim* (1965), daß vor allem folgende Aspekte des Gebrauchs dieser Intelligenz-Tests den Eindruck des Mißbrauchs und der Verantwortungslosigkeit entstehen lassen:

1. die Unzugänglichkeit der Test-Werte für die Testperson; 2. die Verletzung der Intimsphäre; 3. die rigide Benutzung von einmal festgestellten Testergebnissen, die zur Beeinträchtigung der Lebenschancen eines Individuums führen; 4. die fehlende Berücksichtigung anderer Fähigkeiten, wie Kreativität, Ehrlichkeit usw.; 5. die Ungerechtigkeit, solche Tests für „unterprivilegierte" Personen zu gebrauchen und sie aufgrund ihrer schlechten Testergebnisse von z. B. Möglichkeiten des beruflichen Fortkommens auszuschließen. *Brim* sieht die Möglichkeit, solchen Mißbrauch zu verhindern, als ausschließlich in der Person der sie gebrauchenden Psychologen oder Nicht-Psychologen liegend: um die Verletzung der Intimsphäre zu verhindern, um die Testergebnisse zugänglich zu machen, usw., müsse man nicht die technische Qualität der Tests verbessern oder die nichtpsychologischen Testanwender besser qualifizieren, es hänge alles ab von der rechtlichen, moralischen und wissenschaftlichen Position, die der Psychologe einnimmt (*Brim* 1965, 127 f.). Eine ähnliche Argumentation zeigt sich auch bei der Kommission der *American Association for the Advancement of Science* (AAAS), die den Report über die Verletzung der Intimsphäre zusammenstellte und im ethischen Kodex der APA (vgl. APA 1968: Principles 6, 13, 14, 15).

Die „*Ethical Standards for Psychologists*" (APA 1968, 1973; hier kurz „ethischer Kodex" genannt) markieren bereits einen Übergang von einer Stufe des Bewußtseins der Verantwortung auf eine andere, höhere Stufe, wenngleich dieser Übergang weniger in der Tatsache einer *inhaltlich* neuartigen Herangehensweise an das Problem der Verantwortung besteht: die Strategie der Sicherung der Verantwortung ist hier zum großen Teil mit dem Modell von *Brim* (1965) vergleichbar, deckt allerdings den weitaus größten Teil psychologisch-wissenschaftlicher und psychologisch-praktischer Berufstätigkeit ab. Die Besonderheit dieses ethischen Kodex liegt wohl vor allem in der Tatsache begründet, daß hier die *Organisation* der Psychologen eine kollektive gesellschaftliche Verantwortung artikuliert, die sich unter anderem auch in der Struktur dieser Organisation niederschlägt (*Board of Social and Ethical Responsibility* der APA, vgl. *Tyler* 1973).

Eine inhaltlich völlig neue Herangehensweise für die Lösung des Problems der gesellschaftlichen Verantwortung der Psychologen deutet sich an in einem veränderten Verständnis der Beziehung von psychologischer Wissenschaft und Bevölkerung, der ganzen Gesellschaft: die Auffassung von einem *nicht-elitären* Verhältnis von Psychologen und Bevölkerung. *Walker* (1969, 867) spricht dann auch ganz einfach von einer „new order of things", die für die Psychologie in ihrem Verhältnis zur Gesellschaft erforderlich sei. Diese neue Ordnung ihres Verhältnisses zur Gesellschaft herbeizuführen, ist seiner Meinung dabei vor allem die Aufgabe der Psychologen-Organisation. Eine dieser Aufgaben ist es, die Ergebnisse auch und gerade der experimentellen Grundlagenforschung der Psychologie zu verbreiten: „. . . *die experimentelle Psychologie hat die Verantwortung, ihre Grundlagenforschung der Gesellschaft als ganzer darzulegen*" (ebd.).

Der Zusammenhang, in dem solche Forderungen gestellt werden, nämlich: die Unterstützung von breiten Teilen der Bevölkerung bei der Forderung nach Forschungsmitteln zu sichern, macht jedoch deutlich, daß hier zunächst einmal sich nur die Erkenntnis ausbreitet, daß ohne die Unterstützung der Bevölkerung die Entwicklung der jeweiligen Einzelwissenschaften nicht mehr garantiert ist. Hier geht es aber nicht so sehr um die *Relevanz* der Wissenschaft für die Bevölkerung, sondern um ihre *Signifikanz*.

Für die Naturwissenschaften existiert in diesem Sinne das gleiche Problem wie für die Psychologie als Sozialwissenschaft. Das Verhältnis von Naturwissenschaft und Gesellschaft ist durch eine „Vertrauenskrise" (*Bevan* 1972) gestört. *Bevan* bemerkt, daß der „Elitismus" der Wissenschaftler nicht länger von der Gesellschaft toleriert werde: sie werde vielmehr in zunehmendem Maße darauf bestehen, daß die Wissenschaftler das tun, was die Gesellschaft als ganze verlangt. Auch die Prioritätensetzung könne nicht länger als Angelegenheit der Wissenschaftler betrachtet werden. Unter diesen Bedingungen: einerseits der Abhängigkeit der naturwissenschaftlichen Forschung von gesellschaftlicher Unterstützung und andererseits der „Mitbestimmung" gesellschaftlicher Kräfte bei der Prioritätensetzung in der Forschung, bestimmt *Bevan* die Verantwortung der Naturwissenschaftler so: „Die Wissenschaftler in einer Demokratie haben gegenüber ihren Laien-Zeitgenossen die Verantwortung, sowohl die Natur der Wissenschaft als auch die potentielle Bedeutung ihrer wissenschaftlichen Ergebnisse für die Gesellschaft im ganzen klar darzulegen. Es liegt in zunehmendem Maße mehr im Interesse der Wissenschaftler selbst, besser zu verstehen, was der Laie über die Wissenschaft denkt und wie er sie erlebt. . . . Was kann der Wissenschaftler tun, um ein Klima einer für Wissenschaft und Technologie günstigen Meinung wiederherzustellen, so daß der Wert seiner Leistungen adäquat wahrgenommen werden kann?" (*Bevan* 1972, 992).

Die Richtung, in die diese Argumentation geht, ist deutlich: die Bevölkerung soll hier als eine Art von „pressure group" für die Interessen der Wissenschaftler eingesetzt werden. Die Interessen der Bevölkerung werden nur insoweit berücksichtigt als ihr die Signifikanz wissenschaftlicher Forschung bewußt gemacht werden muß.

Im Unterschied zu der „Problemlösung" im Bereich der Naturwissenschaften hat die Psychologie es hier mit einer Besonderheit zu tun (neben den Gemeinsamkeiten): *die Nützlichkeit der Ergebnisse einer „Wissenschaft vom Verhalten" kann sich offenbar im gesellschaftlichen Maßstab wiederum nur über Verhalten durchsetzen.*

Hierbei weicht die Auffassung, daß eine Veränderung des Verhaltens vor allem mit Hilfe der Anwendung psychologischer Methoden der Verhaltenskontrolle durch professionelle Psychologen zu erreichen sei, der Auffassung, daß eine Veränderung des Verhaltens nur erfolgreich ist, wenn die Menschen in einer Gesellschaft selbst zu „Psychologen" werden, wenn sie die Erkenntnisse der Psychologie aufnehmen und in ihrem Verhalten „vergegenständlichen".

Dies erscheint als eine der wesentlichen Bedingungen für die gesellschaftliche Nützlichkeit der Psychologie, wie auch zentral für die Bestimmung der Charakteristik einer psychologischen Technologie. Wir werden darauf noch im 3. Kapitel eingehen.

Zunächst einmal erschien aber diese Auffassung als das geeignete und wichtigste Mittel, einem potentiellen oder tatsächlichen Mißbrauch der Psychologie entgegenzuwirken (wobei es zunächst ganz eindeutig erschien, *daß* die Psychologie angewendet werden könne).

So formuliert *Delgado* (1969) die Auffassung, daß der Mißbrauch von Techniken der physikalischen Kontrolle des Gehirns nicht einer kleinen Elite vorbehalten bleiben darf. Das Wissen müsse allen gehören und damit die Möglichkeit, es anzuwenden. Auch *Kelman* (1968) meint, daß ein Schutz gegen psychologische Kontrolle in der Verbreitung der wissenschaftlichen Erkenntnisse in der Gesellschaft besteht, besonders hebt er hervor, daß die Untersuchung der Bedingungen und Möglichkeiten des Widerstands gegen psychische Kontrolle forciert werden müßte.

London (1969) sieht ebenfalls die Möglichkeit der Abwehr der Gefahr einer Kontrolle durch psychologische „Verhaltenstechnologen" darin, daß die Menschen ein System der „Gegenkontrolle" aufbauen (so auch *Stolz* et al. 1975): die Fähigkeit zur Selbstkontrolle. Wenn die Menschen ihr eigenes Verhalten beherrschen, dann können sie nicht mehr kontrolliert und beherrscht werden. Die Logik der Argumentation in diesen Ansichten soll hier nicht weiter untersucht werden, wenngleich dies nicht uninteressant wäre: diese Äußerungen sollen hier ja lediglich als Beleg für eine bestimmte Stufe der Reflexion des Verhältnisses von Psychologie und Gesellschaft und der gesellschaftlichen Verantwortung der Psychologen dienen.

G. A. Miller hat 1970, ebenfalls von dem Problem der Verhinderung des Mißbrauchs psycho(techno)logischen Wissens ausgehend, den oben bereits angedeuteten Übergang von der negativen Nützlichkeit (als Abwehr von Mißbrauch) zur Konzeption der Nützlichkeit im positiven Sinne für alle Menschen einer Gesellschaft vollzogen: *„Wir haben die Verantwortung, die Psychologie an die Menschen wegzugeben, die sie brauchen – und das bedeutet, an jedermann"* (op. cit., 999).

Damit ist eine Stufe in der Reflexion des Verhältnisses von Psychologie und Gesellschaft erreicht, die nicht nur die soziale Verantwortung des Psychologen neu bestimmt. Der „decline of elitism" (*Tyler* 1973, 1024), der hier zum Ausdruck kommt, markiert gleichzeitig eine neue Definition der Erkenntnisrelation von wissenschaftlich-psychologischer Tätigkeit und Erkenntnisgegenstand, den Menschen. Die Psychologen können – so wird dabei festgestellt – ihren Gegenstand, die Versuchspersonen usw. nicht länger als bloße

„Objekte“ behandeln, als „Material“ (*Sanford* 1970; *Kelman* 1965; *Smith* 1973; *Tyler* 1973). Aus der Natur des psychologischen Wissens und seiner Anwendung, seiner „Besonderheit“ gegenüber den Naturwissenschaften, ergibt sich, daß die Menschen nicht nur als Verbraucher oder Benutzer psychologischen Wissens, sondern auch und vor allem als „Ko-Produzenten“ (*Tyler* 1973) psychologischen Wissens neben dem Psychologen als Produzenten angesehen werden müssen. *Tyler* formulierte dies so: „Jedes Projekt, an dem ich als menschlicher Psychologe arbeite, ist nicht *mein* Projekt, sondern *unser* Projekt“ (op. cit., 1024). Diese Feststellung ist jedoch nicht nur für eine sich verändernde Auffassung von der Notwendigkeit der *Verbreitung* psychologischer Erkenntnisse kennzeichnend, die etwa darin zum Ausdruck kommt, daß Versuchspersonen mehr als „Partner“ (*Tyler* 1973) aufgefaßt werden, zu deren Nutzen die psychologische Untersuchung direkt etwas beitragen soll (*Goering* & *Cummins* 1970). Sie hat vor allem sehr weitreichende Konsequenzen für die Auffassung der *Konstitution psychologischer Erkenntnis:* psychologisches Wissen wird nicht mehr ausschließlich als Produkt der Tätigkeit des wissenschaftlichen Psychologen angesehen, sondern bereits auch in der Alltagserfahrung von Nicht-Psychologen vorkommend angenommen.

„Wir können neue Kommunikationsmuster benutzen, neue Formen, relevantes Wissen zu erhalten, ohne dabei unsere Expertenrolle überzubetonen, neue Möglichkeiten, das, was der Psychologe weiß, mit dem zu kombinieren, was der Rechtsanwalt, der Politiker und der Wirt über menschliches Verhalten in komplexen Situationen wissen“ (*Tyler* 1973, 1024).

Hier hat sich die Erfolglosigkeit einer produktorientierten Psychologie, deren Problem es nur zu sein schien, *ihre Produkte besser zu nutzen,* „Wissen in Aktion“ (*Brim* et al. 1969) treten zu lassen, in dem Versuch der Neuorientierung der psychologischen Tätigkeit als ganzer niedergeschlagen. Nur so scheint nicht nur die wissenschaftlich-psychologische, sondern auch die praktisch-psychologische Tätigkeit überhaupt erst wieder in die Lage versetzt werden zu können, wesentliche Beiträge zur Lösung praktisch psychologischer, gesellschaftlicher Probleme leisten zu können. Damit aber im Rahmen eines „nicht-elitären“ Programms psychologisches *Wissen* eine neue Qualität erreichen kann, muß eben auch die *Verbreitung dieses Wissens* eine neue Qualität erreichen. *Miller* (1969) bezeichnet diesen Prozeß als eine *„psychologische Revolution“.* Im Mittelpunkt dieser Revolution steht seiner Meinung nach ein neues, wissenschaftliches *Bild vom Menschen* als Individuum und gesellschaftlichem Wesen. Diese Revolution, die schon im Gange ist, voran zu treiben, heißt: nicht nur ihre wissenschaftliche Basis stärken, sondern das sich ändernde Menschenbild verbreiten und mitteilen: „unseren Studenten und der Öffentlichkeit. Nicht der Industrielle oder der Politiker sollte es ausbeuten, sondern jedermann, jeden Tag“ (op. cit., 1067). 1970 wiederholt *Miller* die Forderung nach einer neuen Qualität der Verbreitung psychologischer Erkenntnisse, die Forderung, die Psychologie „wegzugeben“.

Den größten gesellschaftlichen Einfluß der Psychologie sieht auch *Smith* (1973) in der „*Metapsychologie*" als vor- und außerwissenschaftlicher Auffassung vom Menschen. Er konstatiert einen Kampf zwischen den zwei polar entgegengesetzten Metapsychologien: der behavioristischen und der humanistischen. Beide laufen seiner Ansicht nach Gefahr, das anstehende Problem nicht zu lösen: zu verhindern, daß die Menschen den Glauben an sich selbst ebenso verlieren wie sie den Glauben an die Gesellschaft verloren haben. Die „Enthumanisierung" des Menschenbildes ist seiner Meinung nach zum großen Teil auf das Wirken der Psychologie, ihre „Objekt"-Auffassung vom Menschen zurückzuführen. Deutlicher noch gibt *Kelman* (1965) der Psychologie und der Sozialwissenschaft die Schuld daran, daß die Menschen in der Gesellschaft enthumanisierenden Kräften ausgesetzt sind. Damit ist – wenn auch auf den Kopf gestellt, was die Beziehung von Ursache und Folge betrifft – das Problem der Größe der sozialen Verantwortung der Psychologen noch einmal benannt.

Bei dieser Diskussion über das Problem der gesellschaftlichen Verantwortung der Psychologen besteht unter den Psychologen natürlich keineswegs Einhelligkeit. Wir wollen jetzt in relativer Ausführlichkeit *Skinners* Diagnose der Krise der Psychologie, des Verhältnisses von Wissenschaft und Gesellschaft untersuchen. *Skinner* kommt dabei zwar zu anderen Ergebnissen, benennt aber die gleichen objektiven Probleme.

Skinner faßt 1975 seine bereits früher (z.B. 1972) geäußerten Auffassungen über die Krise der Psychologie, deren Ursachen und ihre Lösung in einer zukünftigen Psychologie noch einemal prägnant zusammen und verschärft dabei die Problemstellung noch einmal.

Wenn es nicht gelingen sollte, so führt *Skinner* aus, eine wirklich wissenschaftliche Theorie des menschlichen Verhaltens in größerem Maßstab durchzusetzen, dann droht „the destruction of our way of life or of mankind" (*Skinner* 1975, 42).

Schon an dieser Aussage fällt ihre ausgesprochene Doppeldeutigkeit auf: geht es *Skinner* nur darum, den eigenen, „american way of life" zu konservieren, d.h. den Ausdruck einer bestimmten Gesellschaftsform und damit diese selbst zu verteidigen? Oder meint *Skinner* gar, daß die Zukunft der Menschheit die Zukunft des „american way of life" ist oder die Zukunft der Menschheit der „american way of life" selbst?[1] Diese Doppeldeutigkeit der Argumentation *Skinners* wird noch deutlicher und im weiteren Verlauf zur Eindeutigkeit, wenn er ausführt, wie eine gesellschaftliche Veränderung unter Mitwirkung einer Wissenschaft vom menschlichen Verhalten aussehen soll. Dabei attackiert *Skinner* zunächst einmal den sich verstärkt ausbreitenden

---

1 *Hoyos* ist in dieser Hinsicht ganz deutlich, wenn er die Aufgabe der Psychologie bei der „Selbstbehauptung der westlichen Welt" (1964, 78) hervorhebt.

Individualismus als Gefahr für die Zukunft der Spezies Mensch. Dieser Individualismus ist es seiner Meinung nach, der die Schuld daran trägt, daß es schon fast zu spät ist, „menschliches Verhalten unter die Kontrolle einer geplanten Zukunft zu bringen" (op. cit., 48): die Menschheit werde aber nur eine Zukunft haben, wenn es gelingt, eine wirklich lebenswerte Lebensform zu entwickeln und zu planen (ebd.).

Nun ist der Individualismus nichts weniger als die Ursache der Unmöglichkeit oder Schwierigkeit, die Zukunft einer Gesellschaft (oder gar der Menschheit) zu planen, er ist allenfalls auf der Ebene der Erscheinungen der Ausdruck einer Gesellschaftsform, die in ihrem Wesen ebenso unfähig zur Planung ist, wie sie der Planung lebensnotwendig bedarf. Die Rolle der Psychologie in einer solchen Gesellschaftsform zu bestimmen, setzt die Einsicht in diesen Zusammenhang voraus, eine Einsicht, die *Skinner* nicht hat. Deshalb ist es auch für ihn nicht einzusehen, daß nicht der Individualismus bekämpft und eine Form totalitärer Planung eingeführt werden muß, wie er selbst sie in Form der gesamtgesellschaftlichen Kontrolle des Verhaltens durch „Spezialisten" mit Hilfe hochspezialisierter Verstärker und kodifizierter Kontingenzen vorschlägt (vgl. *Skinner* 1972). Spezifisch für seine mechanistische Auffassung von der Determination menschlichen Lebens durch das „environment" ist, daß die Vergesellschaftung des Lebens nur als totalitäre Kontrolle *gegen* den Individualismus verstanden werden kann. *Skinner* verkennt damit, daß Individualismus und Vergesellschaftung sich wechselseitig zur Voraussetzung haben, wenn man eine Veränderung anzielt, die auch Weiter- oder Höherentwicklung ist und daß von der Verwirklichung der Form der Wechselseitigkeit dieser in einem unauflöslichen Zusammenhang stehenden Prozesse gerade eben die Zukunft der Menschheit abhängig sein wird[1].

An diesen Ausführungen von *Skinner* ist folgendes bemerkenswert und zu kritisieren:

1. Es entgeht *Skinner* offensichtlich die Bedeutung der Tatsache, daß die Welt, in der die Menschen leben, sich nicht von selbst verändert, sondern daß für eine Veränderung Menschen nötig sind, ihm entgeht damit natürlich auch die Bedeutung der Tatsache, daß für eine Veränderung der Welt auch veränderte Menschen nötig sind. Er selbst versucht ja in seinen verschiedenen Plädoyers (1972, 1975), Menschen zu *überzeugen,* versucht ihnen ein verändertes *Bewußtsein* von der Gefährlichkeit der Lage der Menschheit und der Möglichkeit der Abwendung der Gefahr zu geben, er appelliert an ihre *Einsicht.* Dieser von *Skinner* praktisch selbst gemachte Versuch zur Veränderung der Welt kann im Rahmen seiner eigenen Theorie nicht erklärt werden und wider-

---

[1] Deshalb scheint es auch keine adäquate Reaktion auf die *Skinner*schen Ideen zu sein, einen Kompromiß aus halbherziger Vergesellschaftung und halbherziger Individualisierung zu fordern, wie dies von einigen Anhängern des „soft-technology-movement" getan wird (vgl. z. B. *Hedman* 1974 und die Zeitschrift „Impact of Science on Society", Heft 4, Vol. 23, 1973).

spricht seiner vorgeschlagenen Strategie der Veränderung. Dieses „Argument der Selbstanwendung“ ist ein häufig gebrauchtes Instrument der Kritik behavioristischer Annahmen (vgl. *Rogers* 1965, 1975; *Koch* 1965; *Chein* 1972). Für *Groeben* (1975) ist es Kern- und Ausgangspunkt einer Neuorientierung der Psychologie auf ein „epistemologisches Subjektmodell“.

2. Es stellt sich heraus, daß die Maxime des *Skinner*schen Programms, nicht die Menschen, sondern die Umwelt zu verändern, nicht nur unter der eben angeführten Einschränkung problematisch ist. *Skinner* hat zwar recht, wenn er betont: „. . . die Probleme, mit denen wir es zu tun haben, liegen nicht in den Männern und Frauen, sondern in der Welt, in der sie leben“ (1975, 49). Dies ist, aus dem Kontext genommen, eine Variante der Erkenntnis von *Piaget*, daß das Geheimnis der Lösung der Probleme der Psychologie ganz und gar nicht psychologisch ist. Der Schluß, den *Skinner* aus dieser Erkenntnis zieht, ist allerdings bedenklich: er fordert die Lösung der Probleme durch den Übergang von „aversiver“ gesellschaftlicher Kontrolle zur kontingentierten/formierten/environmentalen. In einer solchen Gesellschaft würden sich die Menschen auch freier *fühlen* als jemals zuvor, weil sie nicht länger unter aversiver Kontrolle stehen. Die Gefühle muß man nach *Skinner* zwar berücksichtigen, da sie sich bislang als wirksamer Hemmschuh bei gesellschaftlichen Veränderungen erwiesen haben, die Gefühle selbst sind jedoch bedeutungslos, es sind bloß „kollaterale Produkte“ der genetischen und sozialen Evolution der Menschen, man muß sie bloß „in Rechnung stellen“. Das Gefühl der Freiheit wird zunehmen, aber das ist letzten Endes bedeutungslos. In *Skinners* Modell entspricht denn ja auch der Zunahme des Gefühls der Freiheit die Abnahme der objektiven Möglichkeit, frei zu sein.

3. Diese Auffassungen im *Skinner*schen Programm sind Ausdruck eines bestimmten Menschenbildes, das als extrem biologistisch gekennzeichnet werden kann. Die „Zeitlosigkeit“ einer instinkthaften oder physiologischen Programmierung ist wesentlicher Bestandteil dieses Menschenbildes. Wenn *Skinner* versucht, den Gedanken einer moralischen Weiterentwicklung der Menschen zu widerlegen, wird dies ganz deutlich: „. . . die Evolution von Kulturen, in denen Menschen sich moralisch verhalten, obgleich sie keine inneren Veränderungen des Wesens durchlaufen haben“ (op. cit., 47) erklärt seiner Meinung nach moralisches Verhalten viel besser, nämlich als Veränderungen der Umwelt eines sich nicht verändernden Organismus. Es ist deutlich geworden, daß *Skinner* sich sehr wohl der Krise der Nützlichkeit der Psychologie bewußt ist. Kritisch ist dazu angemerkt worden, daß eine adäquate Lösung dieses Krisenproblems durch das problematische Menschen- und Gesellschaftsbild nicht gelingen kann.

Welche Gründe nimmt *Skinner* selbst für die seiner Meinung nach überfällige Lösung des Nützlichkeitsproblems an?

Grundsätzlich ist seiner Meinung nach die Lösung bereits in Form einer Verhaltenstechnologie vorhanden, ihrer Anwendung und Verbreitung steht jedoch eine vorwissenschaftliche Einstellung entgegen, die sich vor allem in der Ablehnung des Paradigmas des operanten Verhaltens äußert. Dies ist eine Auffassung, die *Estes* bereits 1957 – Psychologie mit behavioristischer Psychologie gleichsetzend – ausgedrückt hatte:

„. . . das größte Hindernis für eine Theoriebildung in der Psychologie ist nicht die Komplexität des Verhaltens. Es ist der Berg von Stereotypien, der durch die Jahrhunderte von vorwissenschaftlichen Versuchen, Verhalten zu verstehen, aufgehäuft worden ist und dem die Verkündungen der Akademiker die Spitze aufgesetzt haben, die schon immer im voraus wußten, was genau für eine Art von Theorie möglich und notwendig für die Psychologie ist. Diese Barriere muß durch Unsicherheit unterminiert werden, bevor sie durch das Experiment zu Fall gebracht werden kann. Wenn sie einmal gefallen ist, werden unsere Versuchspersonen in den Experimenten in der Lage sein, uns durch das Medium ihres Verhaltens zu sagen, was für eine Art von Theorie für die Psychologie vorgesehen ist" (*Estes* 1957, 617).

Was *Estes* bezogen auf den Theoriebildungsprozeß geäußert hatte, formuliert *Skinner* genau so für das Problem der Psychologie, das Überleben einer bestimmten Gesellschaftsform bzw. der Menschheit zu ermöglichen oder dazu beizutragen. Dabei ist die Ablehnung der S-R-Theorie das eigentliche Problem.

„In dem Maße, in dem die Interaktion zwischen Organismus und Umwelt verstanden wird . . . werden Effekte, die einst Zuständen des Geistes, Gefühlen und Persönlichkeitszügen zugeschrieben worden sind, auf angebbare Bedingungen zurückgeführt werden können und daher stände eine Verhaltenstechnologie zur Verfügung. Sie wird jedoch unsere Probleme nicht lösen, wenn sie nicht die traditionellen vorwissenschaftlichen Vorstellungen verdrängt . . ." (*Skinner* 1972, 22 f.).

Der problematische Punkt der *Skinner*schen Argumentation liegt da, wo von der Hartnäckigkeit der vorwissenschaftlichen, traditionellen Menschenbilder gesprochen wird und ihre große Wirksamkeit für die Praxis hervorgehoben wird. Diese Wirksamkeit kann *Skinner* nicht erklären, wenn er sie bloß auf dem Hintergrund der Antinomie von „Alltags- bzw. traditioneller Psychologie" und „Wissenschaft vom Verhalten" erklären will. So zeigen sich die großen Schwächen seiner Auffassung besonders da, wo er die gesamte Geschichte des Denkens und der Psychologie auffaßt als Abweichen vom rechten Pfad der „Wissenschaft vom Verhalten" unter dem Einfluß der alltäglichen Psychologie.

Die Gefühle haben dabei einen großen Einfluß: sie werden direkt erfahren, haben eine unmittelbar einleuchtende Dignität. Dieser Eindringlichkeit gefühlsmäßiger Erfahrung stehe jedoch ihr tatsächlich nebensächlicher Erklärungswert für menschliches Verhalten gegenüber: Gefühle sind für *Skinner* eben bloße „kollaterale Produkte" der genetischen Entwicklung und der Entwicklung der Beziehungen des Organismus zur Umwelt (environment). Dieser Eindringlichkeit des Erfahrungstatbestands „Gefühl" ist es zu verdanken – so *Skinner* –, daß sich die Philosophen immer wieder in völlig nutzloser, aber der Entwicklung einer „Wissenschaft vom Verhalten" abträglichen Art und Weise mit einem „inneren", geistigen Leben beschäftigt haben. Dies hat sie daran gehindert, schneller mit einer Theorie, Methoden und Instrumenten einer behavioristischen Wissenschaft voranzukommen. „*Plato* würde viel größere Fortschritte in Richtung auf ein besseres Leben gemacht haben, wenn er diese Schatten an der Wand seiner Höhle vergessen hätte" (*Skinner* 1975, 46).

Die Auffassung von der Freiheit und Autonomie der Menschen ist also für *Skinner* das Haupthindernis für die breite Entfaltung und Anwendung einer Wissenschaft vom menschlichen Verhalten. Damit gibt er auch der Kritik der S-R-Theorien die Schuld daran, daß das Problem der Nützlichkeit der Psychologie entsteht, denn diese Kritik konserviert ja die der Entwicklung der Bedeutung der Psychologie entgegenstehende „vorwissenschaftliche" Betrachtungsweise.

In den dargestellten Auffassungen von *Skinner* kommen jedoch – einmal abgesehen von der Einseitigkeit der Lösung durch *Skinner* – einige wichtige Probleme zum Ausdruck, die in Zusammenhang mit der Möglichkeit oder Unmöglichkeit stehen, die Psychologie für die Lösung gesellschaftlicher Probleme nützlicher zu machen. Es ist dies folgendes:

– *Skinner* sieht richtig, daß die Lösung des Problems einer breiten Anwendung psychologischer Erkenntnisse im Verhältnis von alltäglicher und wissenschaftlicher Psychologie zu suchen ist. Seine vereinseitigende Lösung ist: die alltägliche ist durch eine ihr entgegengesetzte wissenschaftliche Psychologie zu ersetzen. Es entgeht *Skinner,* daß vermutlich nur eine wechselseitige Veränderung beider der Schlüssel zur Lösung dieses Problems sein kann;

– in diesem Zusammenhang erkennt *Skinner* die Bedeutung des Menschenbildes sowohl für eine wissenschaftliche Psychologie als auch für ihre Anwendung. Das Problem der Freiheit des Menschen unter den Bedingungen zunehmender Vergesellschaftung aller Lebensbereiche löst er durch den Gewaltstreich, es als Problem für nicht-existent zu erklären, die Lösung liegt seiner Meinung nach „jenseits" des Freiheitsbegriffs. Es ist schon ein Teil der Lösung des Problems für *Skinner,* auf den Freiheitsbegriff zu verzichten;

– die Leugnung des Freiheitsbegriffes, der bei *Skinner* allenfalls als „Gefühl der Freiheit", als „kollaterales Produkt" wesentlicherer Bedingungen auftaucht, ist Resultat eines rigorosen mechanischen Determinismus. *Skinner* sieht richtig, daß es hier um das Problem des Determinismus oder Indeterminismus in der Menschen- und Freiheitsauffassung geht (vgl. op. cit., 47), also um philosophische Auffassungen, die ein bestimmtes Gegenstandsverständnis einer wissenschaftlichen Psychologie bestimmen;

– *Skinner* hebt schließlich hervor, daß eine Lösung der Probleme der Anwendung der Psychologie abhängig sein wird von der erfolgreichen Konstruktion einer psychologischen Technologie.

Wir haben zuvor gesehen, daß unter dem Druck, zur Lösung gesellschaftlicher Probleme beizutragen und durch die Erfahrung der Veränderung der eigenen Tätigkeit, das Bewußtsein der gesellschaftlichen Verantwortung der Psychologen eine neue Stufe erreicht. Nichts bringt das deutlicher zum Ausdruck als die Abkehr von der *Skinner*schen Argumentation, daß die „Alltagspsychologie" das Haupthindernis für die Ausbreitung und Nutzbarmachung der Psychologie ist, der gegenüber immer mehr herausgestellt wird, daß gerade von dieser Alltagspsychologie ausgegangen werden muß, wenn die Psychologie von gesellschaftlichem Nutzen sein soll.

So konkret auch die Erfahrungen in der Veränderung der Bedingungen der psychologisch-wissenschaftlichen und psychologisch-praktischen Tätigkeit sind (wie etwa Kürzungen der Forschungsmittel, Erfahrung der Lebenssituation in den schwarzen Ghettos usw.), so sind doch die Reaktionen darauf in aller Regel zunächst einmal abstrakt: sie beziehen sich meistens nicht auf die konkrete Lebenssituation der „Unterprivilegierten" oder die konkrete Tätigkeit des Psychologen, sondern abstrakt auf die Dimension des Erkenntnisverhältnisses von Psychologen und Untersuchten, Klienten, Versuchspersonen. Wenngleich sich aber also zunächst einmal nicht unbedingt praktische Konsequenzen in der Veränderung der psychologischen Tätigkeit im Sinne einer Veränderung der konkreten gesellschaftlichen Verantwortung gegenüber konkreten Gruppen daraus ergeben, so zeigen sich vor allem Schwerpunktverschiebungen und neue Tendenzen in der Auffassung der wissenschaftlichen Methode und wissenschaftlichen Theoriebildung, die eine Diskussion über einen „Paradigma-Wechsel" in der Psychologie ausgelöst haben. Als „altes Paradigma" wird dabei das – von *Skinner* immer noch rigoros vertretene – Programm einer behavioristischen Psychologie zunehmend der Kritik ausgesetzt und alternative Orientierungen diskutiert. Davon wird im nächsten Abschnitt die Rede sein.

2.2 Diskussion von Veränderungen im theoretischen System, der Methodologie und der Gegenstandsauffassung

Die hier zu konstatierenden Veränderungen scheinen im wesentlichen zu sein:

1. die kritische Auseinandersetzung mit der wissenschaftstheoretischen Orientierung des Behaviorismus als Einheit von Methodologie und Gegenstandsauffassung, wie sie z. B. *Skinner* (1965, 79) gegeben hat. Dabei ist das Fehlen größerer, integrativer theoretischer Systeme und Ansätze, das Fehlen einer Theorie (die aus der chaotischen Ansammlung von Protoplasma in Form von Daten und experimentellen Ergebnissen ein – wenn auch noch erst einmal „niederes" – Wirbeltier machen könnte, wie *Bunge* (1967) die Bedeutung von Theorien in einem Bild dargestellt hat) ebenso wesentlich wie das Fehlen einer wissenschaftlich „starken" Methodologie;

2. die kritische Auseinandersetzung mit der allgemeinsten Orientierung auf den Gegenstand der Psychologie, wie sie in Form eines mehr oder weniger expliziten Menschenbildes vorliegt.

Die Veränderungen auf diesen beiden Ebenen stellen sich vor allem dar als Kritik an der behavioristischen Auffassung als der Einheit von wissenschaftstheoretischer und gegenständlich-inhaltlicher Bestimmung der „Methode“ (im Sinne der Strategie wissenschaftlicher Tätigkeit nach *Bunge,* 1967) der Psychologie als Wissenschaft und am behavioristischen Menschenbild, dem „behavioralen Subjektmodell“ (*Groeben* 1975). Auf diese Kritik wird daher auch am ausführlichsten eingegangen werden.

Auf die ungeordnete, chaotische Aufhäufung von großen Datenhalden durch die psychologische Forschung wurde bereits seit längerer Zeit hingewiesen (vgl. *Smith* 1961). *McGrath* & *Altman* (1966) sprechen nach Durchsicht von über 1200 Forschungsberichten und einer genaueren Analyse von 250 Untersuchungen aus dem Bereich der Kleingruppenforschung zurückhaltend von einer gewissen „Trockenheit“ in den Ergebnissen. Dies ist ihrer Meinung nach konsequenter Ausdruck einer „Unternehmer“-Ethik (*McGrath* & *Altman* 1966, 92), die die Quantität der Qualität, die Strenge der Methoden dem schöpferischen Aspekt wissenschaftlicher Tätigkeit und die Forschungsgelder den Forschungsideen unterordnet.

Andere Beispiele nennen *Cartwright* (1973); *Neuberger* (1972); *Israel* (1972); *McGuire* (1967); *Elms* (1975); *Fiske* (1974); *Carlson* (1971); *Wohlwill* (1973); vgl. auch *Holzkamp* (1970).

„Es ist schon schlimm, den Wald vor lauter Bäumen nicht zu sehen, aber schlimmer ist es noch, wenn man überhaupt keinen richtigen Baum zu sehen kriegt, weil man sich im Buschwerk, im Unterholz des unbedeutenden Details und sogenannter Replikationen, des Trivialen, des Vergänglichen verirrt hat, in den Aufsätzen, in denen aber auch kein einziger Einfall zu finden ist“ (*Hebb* 1974, 71).

Dieser Klageruf von *Hebb* ist die im Ton gleichlautende Wiederholung des Editorials von *Smith* (1961, n. *Holzkamp* 1970) und kann als stellvertretend für ähnliche aktuellere Klagerufe angesehen werden. Die Ursachen für diesen beklagten und beklagenswerten Zustand der Theoriebildung in der Psychologie sind dabei zu sehen in der wissenschaftstheoretischen Orientierung des Behaviorismus und in der Interaktion dieser Orientierung mit bestimmten Gratifikationsmustern, die beim Erwerb wissenschaftlicher Reputation eine Rolle spielen (Veröffentlichungen, „Unternehmer“-Ethik n. *McGrath* & *Altman*). Hier soll nur die wissenschaftstheoretische Orientierung genauer untersucht werden. Dabei wird zunächst von einer Kritik der inhaltlich-theoretischen Bestimmung, der *Strategie* wissenschaftlicher Tätigkeit ausgegangen, dann die *Taktik* wissenschaftlicher Tätigkeit, die Methodologie im engeren Sinne und ihre Kritik untersucht.

Als wissenschaftliche Strategie bezeichnen wir dabei *die* wissenschaftliche Methode schlechthin, „*the scientific method*“ (*Bunge* 1967) als Merkmal und Bestimmung wissenschaftlicher Tätigkeit überhaupt. Als wissenschaftliche Taktik bezeichnen wir entsprechend das besondere einzelwissenschaftliche, methodologisch variierende Vorgehen, die Methodologie im engeren Sinne.

2.2.1 Kritik der wissenschaftlichen Strategie und Taktik des Behaviorismus

Wir wollen hier vor allem einen Zusammenhang näher untersuchen: die Definition des *beobachtbaren Verhaltens* als Gegenstand psychologischer Erkenntnistätigkeit, den Gegenstand, auf den ihre Strategie orientiert, auf den sie sich festlegt. Damit greifen wir einen wesentlichen Zusammenhang im Rahmen behavioristischer Theoriebildung heraus. Wesentlich erscheint dieser Gesichtspunkt vor allem in seinem Zusammenhang mit der *Theorieentwicklung*. Die Beschränkung auf beobachtbares Verhalten als Gegenstand einer „Wissenschaft vom Verhalten" zeitigt dabei ernsthafte Hindernisse für die Entwicklung der Theorie: wie *Bunge* (1964, 1967, 1968, 1973) hervorgehoben hat, ist es doch gerade die Hypothetisierung von Nicht-Beobachtbarem, die das Tiefenwachstum einer wissenschaftlichen Theorie überhaupt erst in Gang setzt. Wir wollen *Bunges* Gedankengang hier etwas ausführlicher darstellen, er erweist sich für eine wissenschaftstheoretische Kritik der wissenschaftlichen Strategie des Behaviorismus als besonders wichtig.

2.2.1.1 Black box- and translucid box-Theorien

Die Entwicklung, das Wachstum einer Wissenschaft kann in quantitativer oder qualitativer Form vor sich gehen: *Bunge* (1968, 1973) unterscheidet in diesem Sinne zwischen *Oberflächen-* und *Tiefenwachstum.*

Der Wachstumsprozeß der Psychologie hat sich bisher – vor allem in der behavioristischen Tradition – als Oberflächenwachstum vollzogen. „Oberfläche" kann dabei in erster Linie durch das Kriterium der *Zugänglichkeit* definiert werden. Die spezifische Leistung und Beschränktheit des behavioristischen Ansatzes besteht genau darin, nicht direkt zugängliche psychische Sachverhalte als Gegenstand auszuschließen. Dies ist insofern auch als spezifische „Leistung" anzusehen als das Oberflächenwachstum die notwendige Bedingung für Tiefenwachstum und damit für den Übergang einer Wissenschaft in ein Stadium der *Reife* ist. Die Entwicklung einer faktischen, empirischen Wissenschaft in ein Reife-Stadium geht von *Daten-Paketen* aus, kommt zu *phänomenologischen Hypothesen* und im Reifestadium schließlich zu *Mechanismus-Hypothesen* (*Bunge* 1968). Es stellt sich heraus, daß

a) die behavioristische Psychologie sich entweder im Stadium der Sammlung von Daten-Paketen befindet oder im Stadium der Aufstellung von phänomenologischen Hypothesen;

b) sie durch die verfolgte wissenschaftliche Strategie selbst den Übergang zu einem reiferen Entwicklungsstadium der Wissenschaft Psychologie blokkiert, sich wissenschaftlich-strategisch auf das „phänomenologische Stadium" beschränkt.

Nun bedarf die Charakterisierung der wissenschaftlichen Strategie des Behaviorismus als „phänomenologisch" natürlich der Erläuterung. Wie kann man zu einer solchen Charakterisierung kommen, wo doch gerade der Behaviorismus in seiner Wissenschaftsphilosophie den Kampf gegen „Mentalismus" und

„Essentialismus“ so betonte, Begriffe gebrauchte, die zugleich kennzeichnend für eine Psychologie erscheinen, die sich phänomenologisch orientiert?

Jede wissenschaftliche Theorie enthält *Konstrukte,* die sich (im Gegensatz zu beobachtbaren) auf nicht-beobachtbare Sachverhalte beziehen. Wie diese Konstrukte aufgefaßt werden, welche Strategie im Hinblick auf Nicht-Beobachtbares eingeschlagen wird, entscheidet wesentlich über die Art des Wachstums der Wissenschaft.

Die behavioristische Psychologie geht dabei sowohl in der Theorie von *Hull* wie in derjenigen von *Skinner* (um zwei Extreme innerhalb des Behaviorismus zu nennen) von einer holistischen, phänomenologischen Strategie aus, insofern sie das zu untersuchende, zu erkennende System als *Ganzes* und *von außen* betrachtet. Wesentliches Kennzeichen dieser Strategie ist ihre *Bescheidenheit.* Sie beschreibt auf der Grundlage dessen, was ihr sicher scheint (beobachtbares Verhalten, Reiz, Reaktion) das Verhalten des ganzen Organismus und verzichtet dabei (so *Skinner*) insgesamt auf Erklärung („erklärt“ wird Verhalten durch die Bedingungen, die seine Auftretenswahrscheinlichkeit erhöhen, durch das „environment“) und zieht die Variation experimenteller Manipulation der Theoriebildung vor (vgl. *Foppa* 1965, 365 f.); oder aber sie versucht die Erklärung des Verhaltens eines Systems auf der Ebene der Beziehungen zwischen Beobachtungsbegriffen in Form von „intervenierenden Variablen“ darzustellen (*Hull*). Die intervenierenden Variablen werden dabei als vermittelnd angesehen zwischen den Beobachtungsdimensionen Reiz und Reaktion. Selbst in *Hulls* Theorie fungieren die intervenierenden Variablen nur als globale Charakteristika eines Systems, das als *black box* aufgefaßt wird[1].

Wenn überhaupt von ausgedehnterer Theoriebildung im Rahmen der behavioristischen Strategie die Rede sein kann, dann war die Zeit der Herrschaft des Paradigmas der intervenierenden Variablen *das Zeitalter der Theorie* (*Koch* 1965, 15) für den Behaviorismus[2]. Ausgehend von *Tolman* (1932)

---

1 Die black-box-Strategie liegt auch dem Ansatz *Westmeyers* (1973) zugrunde, der sich einerseits als Kritik *Skinners*, andererseits als Rettungsversuch des grundlegenden Ansatzes von *Skinner* darstellt. Die zwei Arten von Erklärungen: Erklärungen auf „Warum“-Fragen (strenges Erklärungsmodell) und Erklärungen auf „Wie-es-möglich-war-daß“-Fragen (liberalisiertes Erklärungsmodell) folgen, indem sie sich an der Struktur des *Hempel-Oppenheim*-Schemas orientieren, der black-box-Strategie. *Westmeyer* formuliert die strategische Bedeutung des H-O-Schemas selbst: *„Das H-O-Schema der wissenschaftlichen Erklärung und die zugeordneten Adäquatheitsbedingungen explizieren formale Charakteristika der Zielzustände psychologischer Forschung“* (*Westmeyer* 1973, 18; Hervorhebung im Original).

2 *Koch* (1965) nimmt an, daß 70–80 % der Forschungsergebnisse der Psychologie, die zwischen 1930 und 1950 in den USA publiziert wurden, entweder direkt durch den *Hull*schen Ansatz ausgelöst wurden oder aber eine Reaktion auf ihn darstellen (vgl. auch *Razran* 1971).

wurde die black-box-Strategie der intervenierenden Variablen zu einem großen hypothetisch-deduktiven System ausformuliert (*Hull* 1943). Aber diesem Zeitalter der Theorie haftete die grundlegende Schwäche der behavioristischen Strategie an: der Theoriebildungsprozeß stagnierte, allenfalls stellte sich Wachstum als Oberflächenwachstum dar.

Von einem oberflächlichen zu einem Tiefenwachstum übergehen zu können, bedeutet auf der wissenschaftstheoretischen Dimension aber vor allem: die black box durchsichtig zu machen, ihre interne Arbeitsweise, ihre Mechanismen zu untersuchen, heißt, von der black-box-Strategie zur translucid-box-Strategie überzugehen (*Bunge* 1968, 1973).

Das muß näher erläutert werden. Empirische, faktische Theorien sind Abbildsysteme von realen Systemen, von Feldern, Körpern, Organismen, Menschen, Gesellschaften. Eine solche Abbildung kann wie oben angemerkt dabei eher holistisch, ganzheitlich oder eher atomistisch, detailliert sein. Das abgebildete System kann als Kasten aufgefaßt werden, in den Inputs hineingegeben werden und Outputs herausgegeben werden. Dabei akzeptiert der globale, externe, phänomenologische Ansatz den Kasten wie er ist und untersucht ihn nicht in Hinblick auf seine Bestandteile, während der atomistische, interne, mechanistische Ansatz den Kasten in Bezug auf seine Bestandteile und seine innere Arbeitsweise untersucht. Solche Theorien, deren zentrale Hypothesen eine fixe Beziehung, ein Gesetz zwischen Inputs und Outputs annehmen, sind *phänomenologische Theorien*, solche, die einen *Mechanismus* annehmen, der Inputs und Outputs vermittelt, der durch die Inputs ausgelöst wird und die Outputs hervorbringt, sind *mechanistische Theorien*. Was Theorien „reifer" als andere macht sind: a) Konstrukte hoher Allgemeinheit, b) die Annahme von Mechanismen und c) hohe Erklärungskraft (nach *Bunge* 1968, 1973).

Die Beziehung zwischen diesen drei Eigenschaften einer Theorie ist klar: transempirische Begriffe (Konstrukte) sind notwendig, um hypothetische Mechanismen zu beschreiben, die ihrerseits notwendig sind, um das Verhalten eines Systems zu *erklären*.

Bunge unterscheidet anders als *MacCorquodale* & *Meehl* (1948) auf der *Beobachtungsebene* zwischen intervenierenden Variablen und hypothetischen Konstrukten. Beide Begriffe kennzeichnen dabei die oben erwähnten zwei verschiedenen wissenschaftlichen Strategien, nicht-beobachtbare Sachverhalte in den Griff zu bekommen: intervenierende Variablen vermitteln zwischen Beobachtungsbegriffen und sind damit für den phänomenologischen Ansatz typisch; hypothetische Konstrukte beziehen sich auf nicht-beobachtbare Sachverhalte und Eigenschaften.

Die Entwicklung der empirischen Wissenschaften folgt in diesem Zusammenhang einer Bewegung, die *Bunge* (1968) darstellt als ausgehend von Daten-Paketen zu phänomenologischen Hypothesen und schließlich zu Mechanismus-Hypothesen. Größeres Oberflächenwachstum einer Wissenschaft ist dabei die

Voraussetzung für Tiefenwachstum, dieses wiederum ist die Voraussetzung für ein qualitativ größeres Oberflächenwachstum. Für das Tiefenwachstum sind die Mechanismus-Hypothesen aus drei Gründen notwendig: erstens aus „ontologischen" Gründen: die tieferen Hypothesen erreichen tiefere Ebenen des untersuchten realen Systems; zweitens aus „logischen" Gründen: die tieferen Hypothesen sind logisch stärker, weil sie die Daten-Paket-Hypothesen umfassen; drittens aus „methodologischen" Gründen: die Mechanismus-Hypothesen sind besser (aber nicht direkter) zu überprüfen als die phänomenologischen black-box-Hypothesen, sie sind sensibler für Details und Variationen (op. cit., 127).

In einem Vergleich von black-box-Ansatz und dem Geschäftsbericht eines Unternehmens macht *Bunge* noch einmal die spezifische Leistung und die spezifische Beschränkung dieses Ansatzes deutlich: „Die black box hat Ähnlichkeit mit dem Jahresbericht einer Aktiengesellschaft, den der Aufsichtsratsvorsitzende den Gesellschaftern vorlegt: sowohl die Theorie als auch der Geschäftsbericht sprechen von ‚Einnahmen' und ‚Ausgaben', Nettogewinnen und Nettoverlusten und sogar von Gesamtentwicklungen, aber sie erklären nicht die Prozesse, die das bewirken" (*Bunge* 1967, I, 509).

Es hat sich damit gezeigt, daß der „Strategie der Bescheidenheit"[1] der behavioristischen Psychologie als bestimmendes Merkmal die Blockierung des Fortschritts der Theoriebildung zugeschrieben werden kann. Der selbst hervorgehobene antispekulative Grundzug der behavioristischen Psychologie wird zum Hemmschuh für die Entwicklung tiefer und fruchtbarer Theorien, er wird damit selbst spekulativ.

2.2.1.2 Kritik der behavioristischen Taktik: Flucht aus dem Laboratorium?

Logisches Resultat der black-box-Strategie des Behaviorismus in seinen verschiedenen Spielarten ist die *Taktik der völligen Kontrolle* aller relevanten experimentellen Bedingungen: "Control ist the name of the game" (*Argyris* 1975, 474). Notwendig mit der Ablehnung von Mechanismus-Hypothesen in der strategischen Orientierung auf den Gegenstand der Psychologie verbunden ist das Ideal völliger Kontrolle über alle Inputs und Outputs, die der „schwarze Kasten" empfängt bzw. aussendet.

Dem behavioristischen Experimentator steht als schwerwiegendes Problem die Tatsache gegenüber, daß ein „Organismus" in einem zeiträumlich beschränkten Experiment natürlich niemals vollständig zu kontrollieren ist. In dieser Situation ist der behavioristische Experimentator gezwungen, entweder die grundlegend kontrollierende Funktion des „environment" aufzugeben und den „Organismus" als aktives selbstregulierendes System aufzufassen oder aber auf eine zeitliche Dimension auszuweichen und damit auf die Forderung nach

---

[1] So auch bei *Selg & Bauer* (1971, 28).

Kontrolle aller jemals erfolgten Inputs und Outputs. Die Strategie der Bescheidenheit schlägt hier um in Anmaßung. Was bleibt, ist eine Widersprüchlichkeit, wie sie größer nicht sein könnte. *Westmeyer* (1973) formuliert sie in der Forderung nach totaler Kontrolle einerseits und dem gleichzeitigen Eingeständnis, daß eine solche Forderung nicht realisierbar, ja nicht einmal wünschenswert wäre.

„Das von der Verhaltenstheorie geforderte experimentelle Vorgehen läßt sich im Humanbereich beim heutigen Stand der Verhaltenstechnologie und auf der Grundlage der in unserer Gesellschaft verbreiteten ethischen und moralischen Überzeugungen nur approximativ verwirklichen. Wir haben bei der Analyse der Verhaltenstheorie gesehen, daß für eine Erklärung bestimmter Verhaltensereignisse unter Umständen die Kenntnis der gesamten Reiz- und Reaktions-Vorgeschichte eines Individuums Voraussetzung ist. Diese Kenntnis können wir nur erlangen, wenn das Individuum von Anfang an in einer kontrollierten und programmierten Umgebung aufwächst, so daß ausschließlich bekannte und registrierte Einflüsse auf sein Verhalten einwirken können, das lückenlos aufgezeichnet werden muß. Das ist natürlich völlig utopisch und wird – hoffentlich – nie Wirklichkeit. Dennoch spiegelt sich in diesem Bild das der Verhaltenstheorie zugrundeliegende Rationale (97 f.) . . . zeigt einmal mehr, daß der konkrete Mensch in seiner je individuellen historisch-gesellschaftlichen Lage, solange er nicht in einer programmierten (historisch-gesellschaftlichen) Umgebung lebt, nicht genuiner Gegenstand der Psychologie sein kann. Wenn eine unser alltägliches Verhalten bestimmende Technologie aus ethischen Gründen nicht wünschenswert erscheint, sind damit für die Erklärbarkeit von Alltagsverhalten Grenzen gezogen, die nur unter Verzicht auf Verbindlichkeit überschritten werden können“ (*Westmeyer* 1973, 131).

Kann man unter experimentellen Bedingungen das Verhalten von Menschen nicht voll unter Kontrolle bringen, kann man auch dieses Verhalten nicht voll erklären; man könnte es erklären, wenn man die ganze Gesellschaft in eine gewaltige *Skinner*-Box verwandeln würde: so lautet dieses Argument. Das enthüllt aber nicht nur die grundlegende Schwäche und Widersprüchlichkeit des behavioristischen Ansatzes (vgl. zur Kritik auch *Groeben* 1975), es zeigt, daß der Kern behavioristischer Taktik darin liegt, *nur diejenigen Bedingungen erklären zu können, die selbst hergestellt worden sind und nur die herzustellen, die auch erklärt werden können.* In diesem Sinne bemerkt auch *Sidman* (1960), der selbst den Begriff der Taktik gebraucht, daß ein Experiment seine Funktion verloren hat, wenn sich in ihm nicht-kontrollierte Variabilität der Versuchspersonen zeigt. Wir werden darauf zurückkommen.

Dieser Kern behavioristischer Taktik, der, wie oben gezeigt wurde, aus der behavioristischen Strategie der black box notwendig folgt, kennzeichnet auch das experimentelle Paradigma insgesamt. Man kann feststellen, daß sich zwar die behavioristische Strategie der black box nicht mehr als herrschende in der Psychologie darstellt, wobei das Verlassen der strengen black-box-Position etwa mit dem Erscheinen von „Psychology: A study of a science" (*Koch* 1959, 1962–1963) markiert werden kann[1]. Das kann jedoch für die behavioristische Taktik, wie sie sich im Paradigma der experimentellen Bedingungskontrolle darstellt, nicht gesagt werden[2]. Daß der Begriff des Paradigmas hier gebraucht wird, soll anzeigen, daß „Bedingungskontrolle" nicht nur ideal, exemplarisch das psychologische Experimentieren kennzeichnet, sondern auch, daß es als Ideal in dieser Form von den Psychologen-Wissenschaftlern akzeptiert und angewendet worden ist. Diese Übernahme der behavioristischen Taktik durch die meisten experimentell arbeitenden Psychologen zu erklären, fällt den Autoren, die dieses Thema erörtern, sehr leicht: es ist die Übernahme naturwissenschaftlicher Methodologie in die Psychologie mit dem Ziel, die wissenschaftliche Eigenständigkeit zu erreichen (so z. B. *Koch* 1961; *Joynson* 1970; *Pereboom* 1971; *Snow* 1974; *Gadlin* & *Ingle* 1975; u. v. a. m.); wobei die Psychologie nun wiederum gerade dadurch ihre Eigenständigkeit wieder verloren hat, wie die Kritiker des Experiments meinen: „Man könnte fast sagen, daß die moderne Psychologie ihre Unabhängigkeit in dem Augenblick verlor, in dem sie sie erklärte" (*Koch* 1965, 4).

Daß sich damit über die Methodologie, über die wissenschaftliche Taktik wieder ein Gegenstandsverständnis herstellt, das dem behavioristischen nahekommt, ist in einer Situation, in der größere theoretische Systeme, eine ambitionierte Strategie wissenschaftlich-psychologischen Handelns fehlen, nur konsequent. *Kaplan* (1964) formuliert diesen Zusammenhang in einem von ihm so genannten „Law of the Instrument":

„Es ist keine besondere Überraschung, zu entdecken, daß ein Wissenschaftler Probleme auf eine Weise formuliert, daß zu ihrer Lösung genau jene Techniken erforderlich sind, in denen er selbst besonders geübt ist" (op. cit., 31).

Pereboom (1971) bemerkt in diesem Sinne: „Tatsache ist, daß die experimentelle Psychologie oft erhebliche Schwierigkeiten gehabt hat, die Erfindung einer neuen Methode oder eines neuen Apparates von der Entdeckung eines neuen Tatbestandes zu trennen" (op. cit., 441).

Und *Snow* (1974) führt aus, wie die Rückwirkung der Methoden auf die Gegenstandsauffassung vorzustellen ist:

„Lange Zeit ist in der Geschichte der experimentellen Psychologie das Versuchssubjekt, sei es nun eine Laboratoriumsratte oder ein menschliches Wesen als relativ passiv angesehen worden, wobei seine Verhaltensweisen in Richtung

---

1 Z. B. in den Beiträgen von *Tolman* (1959) und *Guthrie* (1959).

2 Es ist nicht außergewöhnlich, daß einzelwissenschaftliche Theorien aufgegeben werden, die mit ihnen verbundene Methodologie aber fortbesteht und wirksam bleibt. *Bunge* (1973, 44–46) stellt dar, wie z. B. der Vitalismus als Theorie in der Biologie aufgegeben worden ist, der methodologische Vitalismus, der die methodologische Einzigartigkeit der Biologie unter den Wissenschaften hochhält, jedoch noch sehr wirksam ist.

auf die gewünschten durch strikte Kontrollen des experimentellen Apparates und durch faktorielles Design kanalisiert wurden. Wie wir wissen, ist das faktorielle Design und die Varianzanalyse von der agrikulturellen Forschung her übertragen worden, in welcher der Gegenstand in der Tat passiv, wenn nicht gar träge ist" (op. cit., 267).

Wir wollen hier auf in diesem Zusammenhang naheliegende wissenschaftstheoretisch-methodologische Auseinandersetzungen nicht weiter eingehen, wie z. B. auf die kontruktivistischen Lösungsversuche des Problems der Interaktion von Gegenstand und Methode. Hier soll vielmehr die in Umfang und Qualität zunehmende Bewegung zur *Kritik des experimentellen Paradigmas* der Bedingungskontrolle näher untersucht werden.

Diese Kritik setzt an der *Sozialbeziehung* zwischen Untersuchtem und Untersucher, Versuchsperson (Vp) und Versuchsleiter (Vl) an und kritisiert die black-box-Taktik des Experiments zum einen unter ethischen Gesichtspunkten und zum anderen unter dem Gesichtspunkt der Bedeutung dieser Sozialbeziehung für die *Erkenntnisbeziehung* von Vp und Vl im Experiment. Wir wollen hier vor allem auf diesen Aspekt der Kritik des experimentellen Paradigmas die stärkste Betonung legen, weil es gerade dieser Zusammenhang von Sozialbeziehung und Erkenntnisbeziehung ist, der augenscheinlich zentral auch das Problem der gesellschaftlichen Nützlichkeit der Psychologie und der gesellschaftlichen Verantwortung der Psychologen berührt. Der Zusammenhang von Erkenntnisbeziehung und Sozialbeziehung im psychologischen Experiment kann deshalb mit Recht als der zentrale Punkt der Kritik des experimentellen Paradigmas der Bedingungskontrolle angesehen werden, weil hier 1. das Experiment als „die Methode der Wahl" (*Westmeyer* 1973) in der Psychologie prinzipiell in Frage gestellt wird und sich 2. dadurch qualitativ ganz andere Orientierungen in Bezug auf psychologische Methoden, psychologisch-wissenschaftliche Taktik als Alternativen darstellen, schließlich 3. grundlegende Veränderungen der Gesamtstrategie psychologisch-wissenschaftlicher Untersuchungstätigkeit, Veränderungen des Gegenstandsverständnisses sich ergeben.

Andere „Krisen" des experimentellen Paradigmas der Bedingungskontrolle werden damit hier nicht weiter behandelt. Sie seien aber kurz erwähnt, weil ihr Stellenwert darin gesehen werden kann, daß sie dem experimentellen Paradigma weitere Schläge versetzt haben:

die *„Krise der Signifikanztests"* (vgl. *Lykken* 1968; *Kleiter* 1969), ausgelöst durch die Feststellung der Beliebigkeit der Interpretation der Konfidenz-Intervalle bei der Frage der Ablehnung oder Annahme der Nullhypothese durch verschiedene Untersucher;

darüber hinaus eine *„Krise der Nullhypothese"* ("the time has come to exorcise the null hypothesis", *Cronbach* 1975, 124), die darin zu sehen ist, daß es Praxis in der psychologischen Forschung ist, nur bestätigte Hypothesen (Ablehnung der Nullhypothese) zu publizieren, was dazu geführt hat, daß zwar Fehler 1. Art kontrolliert werden, Fehler 2. Art[1] jedoch habituell in Kauf genommen werden (*Cronbach* 1975);

es hat sich gezeigt (*Lord* 1967), daß es kein logisches oder statistisches Verfahren gibt, z. B. in einem Vorher-Nachher-Design gültige Schlüsse zu ziehen, wenn es nicht-kontrollierte Unterschiede zwischen den Gruppen gibt (dazu zählen etwa: Alter, Geschlecht und alle experimentell nicht induzierten Bedingungen).

Die Kritik der Taktik der Bedingungskontrolle geht von verschiedenen ihrer Erscheinungsformen aus. Es sind zu nennen: die Kritik an ethisch problematischen Experimenten, in denen Vpn absichtlich über den Zweck des Experiments nicht aufgeklärt oder aber irregeführt werden, in denen sie in Panik versetzt, betäubt, verletzt oder Streß ausgesetzt werden (zusammenfassend: *Kelman* 1967); die Untersuchungen zur „Sozialpsychologie des psychologischen Experiments", in denen immer zahlreichere Artefakte durch Vl-Einfluß herausgestellt worden sind (vgl. z. B. *Orne* 1962; *Rosenthal* 1963; *Rosenthal & Rosnow* 1969). Die „Entdeckung" der Problematik der Sozialbeziehung von Vp und Vl, die im Namen der Bedingungskontrolle die Vpn als beliebig manipulierbare Objekte einerseits auffaßt und zugleich der Bedeutung dieser Sozialbeziehung auch im Experiment sich erst wieder vergewissert[2], führt zu einem „tiefen Gefühl erkenntnistheoretischen Unwohlseins . . . , das einige von uns in Bezug auf das manipulatorische Laboratoriums-Experiment ausgedrückt haben" (*McGuire* 1973, 448), zu einer „Desillusionierung" (*Campbell & Stanley* 1963, 172) in Bezug auf das Experiment.

Wesentlich für die sich ausbreitende Unruhe in der experimentellen Psychologie (*Koch* 1969) ist aber wohl vor allem auch, daß praktisch bedeutsame Ergebnisse auf einem der am längsten und intensivsten von der experimentellen Psychologie bearbeiteten Gebiete – dem menschlichen Lernen – ebenso wie größere theoretische Fortschritte einfach fehlen, gerade *weil* dieser Bereich menschlichen Handelns so ausgedehnt experimentell untersucht worden ist (vgl. auch *Snijders* 1968). *Hilgard & Bower* (1971) fassen zusammen:

„Man hat das Argument vorgetragen, daß komplexere Verhaltensweisen wie Denken und Problemlösen leichter verstanden werden können, wenn erst einmal die einfacheren Verhaltensweisen unter besonders vereinfachten Bedingungen besser verstanden werden. . . . Nach ungefähr dreißig oder vierzig Jahren ohne auffallende Fortschritte unseres Verständnisses der Möglichkeiten des menschlichen Denkens beginnt dieses Argument einen hohlen Klang zu bekommen" (op. cit., 424).

---

1 Fehler 1. Art: Nullhypothese verwerfen, obwohl sie richtig ist; Fehler 2. Art: Nullhypothese annehmen, obwohl sie falsch ist.

2 „. . . so etwas wie ein soziales Vakuum gibt es nicht" (*Levine* 1974, 663); vgl. auch *McGuire* 1967; *Walker* 1969; *Tajfel* 1972.

Kallòs (1973) kommt bei der Einschätzung der Ergebnisse von Untersuchungen über die Wirksamkeit des Lehrerverhaltens und der Lehrmethoden zu folgendem Ergebnis:

„Das allgemeine Bild ist also deprimierend. Es wird noch deprimierender, wenn man entdeckt, daß die gleichen Fragen schon vor Jahren aufgeworfen worden sind und daß die gleichen Warnungen immer und immer wieder ausgesprochen worden sind. . . . die Laboratoriumsuntersuchungen müssen insofern in Frage gestellt werden als sie von geringem praktischen Nutzen sind" (op. cit., 4).

In einer solchen Situation scheint es nur folgerichtig zu sein, daß Experiment als Erkenntnismethode der Psychologie aufzugeben, wie es z. B. *Lyons* (1964) fordert.

Dies ist jedoch sicher keine Lösung des Dilemmas des Paradigmas der experimentellen Bedingungskontrolle, wenngleich es doch ein Anzeichen für die Stärke dieses Dilemmas ist. Wir wollen versuchen zu erklären, wie sich die Krise des parameterfixierten, bedingungskontrollierten Experiments als Ausdruck der black-box-Taktik erklären läßt. Dabei kann es nicht darum gehen, das Experiment als Erkenntnismethode, als wissenschaftliche Taktik überhaupt abzulehnen. Es geht vielmehr darum, dem Begriff der „Bedingungskontrolle" eine Bedeutung zu geben, die die tatsächlich wirkenden, die wirklichen Bedingungen berücksichtigt.

Die Kritik der black-box-Taktik folgt dabei dieser Bewegung: 1. es wird der Ausdruck der black-box-Taktik auf der Ebene der Sozialbeziehung von Vl und Vp in der Form der Kontrolle analysiert; 2. die Beziehung sozialer Kontrolle im Experiment erweist sich dabei als kritisch für die Erkenntnisbeziehung, sie ist mit einer translucid-box-Strategie nicht vereinbar; 3. eine solche translucid-box-Strategie geht in der Betonung der Rolle von Mechanismus-Hypothesen zentral auf die Bedeutung der Aktivität der Vpn ein, versteht Verhalten nicht nur als Reaktion auf die kontrolliert eingesetzten experimentellen Bedingungen; 4. die Rückwirkung auf die Taktik, die durch eine solche Strategie bestimmt wird, ist dreifach: 4a) sie kann eine Veränderung der Sozialbeziehung zwischen Vl und Vp, 4b) eine veränderte Erkenntnisbeziehung und 4c) eine neue Form der Beziehung von experimenteller Realität und Alltagsrealität darstellen.

1. *Argyris* (1972, 1975) stellt ausführlich die Folgen der black-box-Taktik auf der Ebene der Sozialbeziehung von Vl und Vp dar. Er kennzeichnet diese Situation als autoritäre, einseitige Kontrolle. Eine Situation, in welcher der Vl nach einem vor der Vp sorgfältig geheimgehaltenen Plan verfährt, um die Vp „hereinzulegen", d. h. sie genau an den Punkt heranzuführen, an dem die Vpn die Entscheidung treffen, die für die Untersuchung relevant ist. Die Annahmen, die dabei für die Durchführung eines Experiments, die Bedeutung der experimentellen Methode überhaupt gemacht werden müssen, sind u. a. die folgenden (*Argyris* 1975): Ziel und Zweck des Experiments werden der

Vp vorenthalten, gerade um die relevante Reaktion zu sichern; das heißt aber nichts anderes, als daß von ihr verlangt wird, *sich zu verhalten, aber nicht zu handeln*[1]; die Vpn sind dabei frei, sich innerhalb des Entscheidungsspielraums, den das Experiment läßt, zu verhalten, sie sind nicht frei, sich *nicht* zu verhalten; eine weitere Voraussetzung ist, daß Vpn nicht darüber nachdenken, was sie als Vpn tun.

Die Ergebnisse solcher Experimente können angewendet werden, nicht weil sie „richtig" sind. Sie können angewendet werden – so argumentiert *Argyris* – weil es eine mit ihnen strukturidentische „Realität" gibt: die Realität in großen Organisationen, in denen die gleichen Bedingungen der Kontrolle gelten. Zumindest in dieser Beziehung wäre also das Theorie-Praxis-Problem auf der Ebene der „Strukturidentität von experimenteller Realität und Alltagsrealität" (*Holzkamp* 1970) gelöst. Es zeigt sich nur ein Nachteil, und zwar ein wesentlicher: die *Effektivität* sinkt unter solchen Bedingungen einseitiger Kontrolle sowohl in Organisationen wie auch im Experiment (*Argyris* 1975). Die geringe Effektivität dieses Kontroll-Modells (*Argyris* nennt es: Model 1) ist gerade dadurch zu erklären, daß es keinen Raum für „double loop learning" (op. cit., 481), für *Lernen durch Rückmeldung* läßt, und zwar weder für den Experimentator noch für die Vpn.

„Lernen durch Rückmeldung" soll hier die „normale" Tätigkeit einer Vp charakterisieren: die Einheit von Planung und Vollzug der Handlung, die Bedeutung der Antizipation von Konsequenzen für den Entwurf von Handlungsstrategien und Handlungsplänen und die Rückmeldung und Verarbeitung der Ergebnisse der Handlung. *Das bedingungskontrollierte, parameterfixierte Experiment trennt diese Einheit von Planung und Vollzug:*

für den Experimentator erscheinen die Ereignisse auf der Vollzugsebene der Vpn als das Resultat der eigenen (des Vls) Planung und nicht als notwendig mit der Planung der Handlung der untersuchten Vp verbunden. Die Folge ist, daß die rückgemeldeten Ereignisse für den Experimentator nur ein sehr beschränktes „Lernen" zulassen: es kann sich a) nur in dem vorab definierten Planungs-Rahmen bewegen und vollzieht sich b) in der Form von alternativen „Ja-Nein"-Entscheidungen über die Adäquatheit der eigenen Planung und Erklärungsversuchen über die Wirkung von nicht-geplanten (d. h. nicht-kontrollierten) Bedingungen in der Form der Exhaustion.

---

1 *Lyons* (1964) unterscheidet zwischen dem, was eine Person *ist* und dem, was sie *tut,* wobei er unterstellt, daß in einem Experiment nur das untersucht werden kann, was eine Person tut. Die Formulierung von *Argyris* ist hier wesentlich angemessener: versteht man menschliche Handlung als hierarchisch organisiertes, selbstregulatives System, dann ist Verhalten bestimmt durch hierarchisch höher organisierte Handlungsebenen. Die Annahme, daß sich eine Vp in einem Experiment „nur verhält", geht davon aus, daß es möglich ist, von der Determination des Verhaltens durch hierarchisch höhere Ebenen der Handlung abzusehen.

Die Einheit von Planung und Vollzug ist *für die Versuchsperson* in dem Sinne gestört, als ihr Handeln auf der Vollzugsebene beständig „ins Leere“ stößt, da es ja gerade eine wesentliche Bedingung des Experiments ist, daß der Vl Stillschweigen darüber bewahrt, ob dieses Handeln „richtig“ oder „falsch“ im Sinne des Experiments ist. Die Vp versucht aber dennoch, den Kreis von Planung und Vollzug zu schließen, d.h. die Handlung und ihre Konsequenzen zu bewerten und zu verarbeiten. Sie tut dies über Reizbedingungen und -Konstellationen, die der Vl als irrelevant für das Experiment ansieht, über Äußerungen des Vls oder mit Hilfe eigener Phantasietätigkeit.

2. *Bruner* (1951) hat gezeigt, daß diese Verhinderung von Lernen durch Rückmeldung gerade das Kennzeichen des Experiments ist:

„In jedem Experiment ist es wesentlich, daß wir im vorhinein definieren, was wir als Versuchsleiter unter relevanter Information verstehen und daß wir nicht davon abhängig sind, daß uns dies durch die Reaktion der Versuchsperson abgenommen wird; wir befänden uns anderenfalls in einem völligen Zirkel“ (op. cit., 131).

In einer so durch die black-box-Taktik definierten Beziehung sozialer Kontrolle im Experiment kann der Vl versuchen, maximal alle Inputs und Outputs zu kontrollieren. Je mehr ihm eine solche Kontrolle durch Reduktion, Labilisierung und Parzellierung der experimentellen Situation in Richtung auf die untersuchte relevante Variable gelingt, desto mehr Bedingungen wird er produzieren, die eben nicht kontrollierbar sind: d.h. er wird eine Situation herstellen, in der die Vpn nahezu zwangsläufig eine rege Phantasietätigkeit entwickeln, sich verdeckte Strategien ausdenken, versuchen den Vl hereinzulegen oder hinter dessen Strategien zu kommen usw. (vgl. *Pask* 1962; *Argyris* 1975; *Raeithel* 1976). Unter diesen Bedingungen sind die Reaktionen der Vpn aber nicht mehr als Reaktionen auf die isolierten Variablen zu interpretieren. Sie geben allenfalls Aufschluß über Verhalten in solchen reduzierten, labilisierten und parzellierten Experimentalsituationen (vgl. *Holzkamp* 1973), allerdings in einer für den Experimentator nicht kontrollierbaren Form. Damit wird das Erkenntnisziel des Experiments nicht erreicht.

Faßt man – wie oben ausgeführt – die Experimentalsituation als allgemeine Lernsituation auf, dann läßt das Postulat der *Einschränkung der Variabilität* des parameterfixierten Experiments eine wesentliche Seite des Handelns der Vpn in dieser Situation außer Acht: für das Zustandekommen von Lernen ist gerade die Variabilität der Situationen notwendig, sie ist notwendig, damit überhaupt „normales“ Handeln stattfinden kann und nicht die angeführten „Unterlastungserscheinungen“ auftreten.

Die optimale Situation ist eben die der wirklichen, alltäglichen Lebenstätigkeit: „. . . die optimale Strategie wäre für eine Versuchsperson, die ja die *maximale* Variabilität der Reaktionsbildung aufrechterhalten *muß*, das Verhalten, wie es in der Häufigkeit auch im wirklichen Leben anzutreffen ist“ (*Pask* 1962, 180). Aus dieser Charakterisierung ergeben sich mit *Pask* dann auch die Möglichkeiten, den Begriff der Bedingungskontrolle neu und angemessener zu formulieren.

„Eine Methode, die kontrollierten Bedingungen zu beeinflussen . . . ist es, Experimente innerhalb *eines* Systems durchzuführen und diese Methode (die sich darauf beschränkt, die Parameter zu kontrollieren) ist die *angemessendste* Methode in der *klassischen* Wissenschaft. Sie erweist sich jedoch als nicht anwendbar, weil die Versuchsperson die experimentelle Umgebung nicht akzeptieren kann, wenn sie so starr vorprogrammiert ist. In den Verhaltenswissenschaften bedeutet ein parameterfixierter Ansatz daher *nicht*, daß die Bedingungen kontrolliert werden; die Parameter der Umgebung müßten zu diesem folgendermaßen kontinuierlich verändert werden: 1. indem im Sinne von *Ashby* für die Variabilität gesorgt wird, die die Versuchsperson benötigt, um ihre Aufmerksamkeit aufrechterhalten zu können; 2. indem für eine Form von Variabilität gesorgt wird, die die Versuchsperson als relevant akzeptiert" (op. cit., 183 f.).

3. Damit hat sich die durch den eben genannten Widerspruch charakterisierte Situation ergeben, daß der Versuch maximaler Kontrolle der Aktivität der Versuchspersonen, der Versuch, diese Aktivität als Quelle der Störung der experimentell relevanten Dimensionen auszuschalten, gerade dazu führt, daß dieser Aktivität in Experimenten Rechnung getragen werden muß, wenn nicht das Experiment als Erkenntnismittel seine Funktion verlieren soll.

Gerade das aber setzt voraus und hat zur Folge, daß eine veränderte wissenschaftliche *Strategie* eingeschlagen werden muß. Oben ist eine solche Strategie als translucid-box-Strategie gekennzeichnet worden.

Pereboom (op. cit.) stellt diese Umorientierung in der Strategie als Konsequenz der Kritik an den Ergebnissen der experimentellen Psychologie, als Konsequenz der black-box-Taktik sehr deutlich heraus, ohne dabei den hier thematisierten wesentlichen Zusammenhang zu sehen:

„Die wesentliche Schwierigkeit scheint hierbei in den der experimentellen Kontrolle innewohnenden Grenzen zu liegen, die wir uns auferlegen, wenn wir uns entscheiden, uns mit intakten Organismen und besonders mit komplexem molaren Verhalten zu beschäftigen. Wird ein Reizmuster – gleichgültig wie gut spezifiziert – diesem Organismus dargeboten, dann kontrollieren wir dabei nicht, wie die Versuchsperson sich damit auseinandersetzt . Zwischen der Darbietung der unabhängigen Variablen und der Reaktion liegen für diesen Organismus viele Möglichkeiten. Und warum sollte es auch anders sein? Aufgabe der zugrundeliegenden Mechanismen ist es bestimmt nicht, eine beschränkte Menge von Verhaltensweisen abzurufen, sondern flexibles, anpassungsfähiges und umgebungsrelevantes Verhalten zu garantieren" (op. cit., 448).

In der Konsequenz heißt aber die Anerkennung der Bedeutung der „aktiven Reflexivität des Subjekts" (*Groeben* 1975, 19), daß mit einer Veränderung der Sozialbeziehung von Vl und Vp sich grundlegend auch die Erkenntnisbeziehung zwischen beiden, die Beziehung experimentell-psychologischer wissenschaftlicher Tätigkeit zu ihrem Gegenstand in mehrfacher Hinsicht ändert.

Anzuerkennen, daß sich die Zielgerichtetheit, hierarchische Organisation und Regulation der menschlichen Handlung durch die experimentellen Bedingungen nicht „abstellen" läßt, heißt, eine andere Strategie bei dem Versuch einzuschlagen, diese Handlung und ihre Gesetzmäßigkeit zu erkennen, heißt, in letzter Konsequenz keinen grundsätzlichen Unterschied zwischen der Strategie einer Versuchsperson bei der Bewältigung der experimentellen Problemsituation und der Strategie des Experimentators anzunehmen. *Pask* (1962) zieht eben daraus den Schluß, daß man den Versuchspersonen genau wie dem Experimentator grundsätzlich die gleichen Fähigkeiten zur Erklärung und Beherrschung der Versuchssituation zubilligen muß.

Das „normale" Verhalten einer Vp in einer neuen Situation kann man in dem oben dargestellten Sinne als nicht weniger „experimentell" ansehen als das Verhalten des Experimentators: „Die Versuchsperson beschäftigt sich vermutlich mit einer ganz ähnlichen Art der Konstruktion von Hypothesen wie der Versuchsleiter; mit anderen Worten, sie konstruiert vermutlich ein System, das der Versuchsleiter benutzt, um das Verhalten der Versuchsperson zu beschreiben" (op. cit., 185). Die Tätigkeit der Vpn ist also in dieser Hinsicht ebenso „experimentell" wie diejenige des Experimentators und die Tätigkeit des Experimentators ist so „normal/alltäglich" wie die der Vpn.

Wir kommen so zu der außergewöhnlich wichtigen Feststellung, daß damit der Erkenntnistätigkeit der Versuchspersonen, der Menschen als Untersuchungsobjekte der Psychologie eine qualitativ andere Rolle zukommt: *die „gewöhnliche", alltägliche Erkenntnistätigkeit wird zum Modell, an dem die wissenschaftlich-psychologische Erkenntnistätigkeit sich orientiert.*

Das bedeutet allerdings noch keineswegs, daß diese Beziehung zwischen alltäglicher Erkenntnistätigkeit und wissenschaftlich-psychologischer Erkenntnistätigkeit damit auch in theoretischer Form sich in der wissenschaftlichen Strategie der Psychologen durchsetzt. Zunächst einmal erscheint das Zur-Kenntnis-Nehmen der Bedeutung der alltäglichen Erkenntnistätigkeit nur Resultat des Scheiterns des experimentellen Paradigmas der Bedingungskontrolle zu sein: der „wirkliche" Mensch erzwingt die Anerkennung seiner Existenz. Einer Existenz, die unabhängig von den Vorstellungen behavioristischer black-box-Strategen besteht und nicht durch die planmäßige Programmierung und Kontingentierung vermittels der „weisen Tätigkeit" von Verstärker-Professionals (so z. B. *Skinner* 1972, 1975) ihre „Wirklichkeit" erst verliehen bekommt. Die Anerkennung der wirklichen und immer schon vorhandenen Erkenntnistätigkeit der Menschen hat als Grundlage die Kritik des experimentellen Paradigmas der Bedingungskontrolle. Alternativen zu diesem Paradigma scheinen jedoch auf verschiedene Art und Weise dieser Anerkennung Ausdruck zu geben. Eine Form der Reaktion auf die Kritik dieses Paradigmas ist die, das Experiment als Erkenntnismittel ganz aufzugeben, ist die „Flucht aus dem Laboratorium", vor der *Skinner* (1965) bereits gewarnt hatte.

4. Die Rückwirkungen, die eine Umorientierung in der Strategie, wie sie oben kurz beschrieben worden ist, auf die taktische Konzeption der Psychologie hat, sollen jetzt in Form der Alternativen dargestellt werden, wie sie von verschiedenen Autoren anstelle des „alten" Taktik-Paradigmas vorgeschlagen werden.

4a) Auf der Ebene der Beziehung von experimenteller Realität und Alltagsrealität setzt sich eine veränderte Strategie und die Abkehr von der experimentellen Taktik in verschiedenen mehr oder weniger rigorosen anti-experimentellen (i. S. der Bedingungskontrolle) Taktiken durch. Hier ist als eine der weniger rigorosen Formen z. B. die Konzeption der „Quasi-Experimentalität" (*Campbell & Stanley* 1963) zu nennen, in der versucht wird, die verschiedenen Schwachstellen des bedingungskontrollierten Experiments durch ausbalancierte Designs zu festigen, die Fehler, die durch mangelnde *interne Validität* gemacht werden, zu vermeiden.

Die Schwachstellen des bedingungskontrollierten Experiments in Bezug auf die *externe Validität* versucht ein ebenfalls weniger rigoroser Ansatz von *Snow* (1974) zu verkitten. Er versucht mit Hilfe des *Brunswik*schen Konzepts der Repräsentativität (*Brunswik* 1956) experimentelle Bedingungen herzustellen bzw. eine psychologische Methodologie bereitzustellen, die in der Lage ist, nützliche Ergebnisse für eine (schulische) Praxis zu erbringen, gerade weil sie praktische Bedingungen als für die Methode konstitutive anerkennt.

Aus der gleichen psychologischen Tradition (der kontinentaleuropäischen) leitet sich auch der Ansatz einer ökologischen Methodologie her, den *Barker* (1968, 1969) formuliert hat. Die Flucht aus dem Laboratorium ins „Feld" wird von den verschiedensten Autoren als Alternative und/oder Ergänzung zum bedingungskontrollierten Experiment vorgeschlagen (*Cattell* 1966; *Sells* 1966; *McGuire* 1967; *Willems & Raush* 1969; *Pereboom* 1971; *Gadlin & Ingle* 1975). *Webb* et al. (1968) entwickelten die Idee und Verfahren von nichtreaktiven Meßverfahren (vgl. auch *Cicourel* 1974 für die Soziologie).

4b) Als Alternative, die sowohl versucht das Problem der Beziehung von experimenteller und Alltagsrealität als auch das Problem der Sozialbeziehung von Vl und Vp in einem neuen Sinne zu lösen, stellt sich auch die Aktionsforschung dar. Darauf soll hier nicht weiter eingegangen werden. Die Problematik einer Aktionsforschung, die durch die Neudefinition der Sozialbeziehung von Vl und Vp eine qualitativ andere Erkenntnisdimension erreichen will, ist ausführlich dargestellt worden (vgl. *Kleiber* 1974; *Autorenkollektiv* 1975; *Bromme* et al. 1975).

4c) Von besonderer Bedeutung sind hier solche Ansätze, die als Alternative sowohl eine methodische (taktische) als auch eine strategische Neuorientierung vorschlagen. Unter 4 a) sind bereits einige Vorschläge über taktische Änderungen skizziert worden. Hier sollen jetzt vor allem solche Änderungen erwähnt werden, die die Einheit von Strategie und Taktik in neuer Form herstellen wollen. Als Beispiel mag *McGuire* (1973) dienen. *McGuire* hatte (1967) selbst die „Flucht aus dem Laboratorium" propagiert und für die Intensivierung der Feldforschung in der Psychologie plädiert. Dies schien ihm damals das Mittel zu sein, die Kluft zwischen psychologischer Forschung und alltäglicher Praxis zu überbrücken. In dem zitierten Aufsatz rechnet er sich diesen Standpunkt als Fehler an. Er unterscheidet (ähnlich wie in dieser Arbeit) zwischen einem kreativen Aspekt und einem kritischen Aspekt psychologischer Paradigmata. Der kreative Aspekt betrifft die Hypothesen-Generierung, der kritische die Hypothesen-Prüfung. Der kreative Aspekt des „alten" Paradigmas des bedingungskontrollierten Experiments bestand in der Ableitung von Hypothesen aus bestehenden theoretischen Formulierungen. Seine Kritik stellte vor allem heraus, daß es erforderlich sei, Hypothesen-Generierung und -Formulierung unter dem Gesichtspunkt ihrer Relevanz für soziale Probleme zu betreiben.

Der kritische Aspekt des „alten" Paradigmas war vor allem durch manipulative Experimente unter Laboratoriumsbedingungen gekennzeichnet. Seine Kritik stellte vor allem heraus, daß die Artefakte vermieden und die ethischen Bedenken Berücksichtigung finden müßten. Sie forderte Felduntersuchungen und naturalistische Designs.

Dies „neue" Paradigma zeichnete sich also in seinem kreativen Aspekt aus durch Hypothesen-Generierung unter dem Gesichtspunkt der sozialen Relevanz und in seinem kritischen Aspekt durch Hypothesen-Prüfung unter naturalistischen, nicht-Labor-Bedingungen. *McGuire* (1973) kritisiert nun wiederum selbst dieses Paradigma und umreißt ein „neues, neues" Paradigma, das die Fehler des „neuen" vermeiden soll. Dabei nennt er vor allem: der Umschwung von der theoretischen zur sozialen Relevanz bei der Hypothesen-Generierung ist eine Art kosmetischer Operation, die das eigentliche Problem nur verdeckt, nämlich daß dabei immer noch von einem linearen Prozeßmodell von Ursache und Wirkung ausgegangen wird, das nicht in der Lage ist, die *Komplexität* zu erfassen, mit der die Variablen in individuellen und gesellschaftlichen Systemen organisiert sind; auch die Hypothesenprüfung unter naturalistischen Bedingungen krankt noch immer an dem gleichen Mangel des „alten" Paradigmas: die Hypothesen werden gar nicht wirklich überprüft, es werden nur naturalistische Situationen aufgesucht, in denen die Hypothesen dann stimmen.

McGuire fordert, daß man zwar das alte Paradigma hart kritisieren sollte, daß man aber eine fundamentalere neue Sichtweise braucht, um mit den bestehenden Problemen in der Psychologie fertig zu werden.

Für das in Umrissen dargestellte „neue, neue" Paradigma stellt *McGuire* die folgenden Forderungen auf:

- die kreative Phase muß gegenüber der hypothesenprüfenden Phase mehr betont werden;

- die Komplexität, der Systemcharakter des Gegenstandes der Psychologie muß berücksichtigt werden;
- es sollen wieder Menschen beobachtet werden ("Observe. But observe people not data", op. cit., 452);
- es sollen vor allem Zeitreihenuntersuchungen durchgeführt werden;
- die Zwei-Variablen-Methodologien sollen Methoden multivariater Analyse, Komplexauswertemethoden weichen.

Die Selbstkritik von *McGuire* zeigt, daß hier versucht wird, die vorschnelle Ablehnung des Experiments als Erkenntnismittel wieder zurückzunehmen. Es wird eine neue Basis für eine Einheit von Methodologie und Gegenstandsauffassung gesucht, die durchaus im Sinne der skizzierten translucid-box-Strategie ist.

Andere Formen der Herstellung einer Einheit von Strategie und Taktik sind in dem Versuch von *Groeben* (1975) zu sehen, mit dem Wechsel zu einem epistemologischen Subjektmodell eine hermeneutische Methodologie zu verbinden, oder in der Forderung nach einer phänomenologischen Psychologie, wie sie etwa *Gadlin & Ingle* (1975) in ihrer Kritik des Paradigmas der Bedingungskontrolle formulieren.

Der Überblick über die kritischen Reaktionen auf das Paradigma der experimentellen Bedingungskontrolle und die entwickelten Alternativen soll damit abgeschlossen werden. Zu konstatieren bleibt eine noch immer weitgehende Orientierungslosigkeit: die Rede von dem Paradigma-Wechsel in der Psychologie geht um. Die Entwicklungsrichtung scheint noch ungewiß. Festzuhalten bleibt, daß die „Widerständigkeit" des Gegenstandes der Psychologie zu einigen Neuorientierungen in Strategie und Taktik psychologischen Forschens geführt hat. Dabei hat die Vergesellschaftung der Tätigkeit der Psychologen eine ebenso wesentliche Rolle gespielt wie der Aufforderungscharakter der gesellschaftlichen Probleme.

2.2.2 Kritik des behavioristischen Menschenbildes

Wir haben in den letzten beiden Abschnitten herausgearbeitet, daß die Erfahrung des Scheiterns des experimentellen Paradigmas der Bedingungskontrolle unter anderem in der Anerkennung der grundsätzlichen Bedeutung der Handlungsstruktur der Versuchspersonen ihren Ausdruck findet. In diesem Abschnitt geht es nun darum, kurz zu untersuchen, welche Bedeutung die Erfahrung der „Widerständigkeit" der psychologischen Untersuchungsobjekte für die Kritik am Menschenbild des Behaviorismus hat und welche alternativen Menschenbilder unterbreitet werden.

Das wissenschaftlich-psychologische Menschenbild ist in einem zweifachen Sinne von hervorragender Bedeutung für die gesellschaftliche Nützlichkeit der Psychologie:

- in der Funktion als komplexes „Modell“ des Gegenstandsbereichs hat es für die Strategie und Taktik psychologisch wissenschaftlicher Tätigkeit orientierende und regulative Bedeutung;
- in seiner inhaltlichen Bestimmung ist es wesentlicher Bestandteil einer „weggegebenen“ oder „sich weggebenden“ Psychologie.

Bestimmt man mit *Miller* (1969, 1970) die gesellschaftliche Aufgabe der Psychologie vor allem darin, den Menschen in der Gesellschaft ein durch die psychologische Wissenschaft erarbeitetes Bild von sich selbst zu vermitteln, gerät man in einige Schwierigkeiten.

Da ist zunächst das Problem, daß ein wissenschaftliches Menschenbild nicht alleiniges Ergebnis psychologischer Erkenntnistätigkeit sein kann, daß die anderen Sozialwissenschaften wie Soziologie, Ökonomie usw. oder die Naturwissenschaften wie Physiologie, Biologie usw. zu diesem Menschenbild beitragen. Das heißt, daß ein Menschenbild, das die Psychologie „weggeben“ könnte, gar nicht in erster Linie das Ergebnis ihrer eigenen Tätigkeit sein kann, oder aber, daß die Psychologie eben ein nur psychologisches Menschenbild vermitteln könnte, dem die wesentlichen biologischen, physiologischen, sozialen, ökonomischen usw. Bestimmungsstücke fehlen. Ein solches Menschenbild wäre aber nur „psychologistisch“. Wenn *Miller* (1970) die Vermittlung dieses Menschenbildes vor allem als Aufgabe der Erziehung betrachtet, verdoppeln sich die Probleme: welchem Menschenbild folgt die Pädagogik? Die Psychologie soll sich „weggeben“, vermittelt wird ihr zentraler Bestandteil durch eine andere Wissenschaft?

Die Ausarbeitung eines Menschenbildes muß ganz offensichtlich geklärt werden durch die Bestimmung der Rolle einer „integrativen Instanz“, welche die erkannten Gesetzmäßigkeiten in einen verallgemeinerten Zusammenhang bringt. Diese Instanz kann selbst keine Einzelwissenschaft sein. Den verallgemeinerten Zusammenhang herzustellen, kann Aufgabe der Philosophie sein.

Ebenfalls problematisch erscheint es, daß und wie die Menschen ein bestimmtes Bild von sich akzeptieren, d.h. in ihrem Handeln auch verwirklichen. Ihnen dabei einen „Frankenstein“ als Menschenbild anzubieten, dem sie mit einer „Mischung von Interesse und Erschrecken begegnen“ (*Volpert* 1975, 72) ist sicher gänzlich unangemessen. Es nützt auch wenig, angesichts einer solchen Situation die Wissenschaftlichkeit eines solchen Menschenbildes zu propagieren und die Unwissenschaftlichkeit der Ablehnung des angebotenen Bildes anzuprangern (so z.B. *Skinner* 1965, 1975; *Westmeyer* 1973).

Die Kritik des behavioristischen Menschenbildes geht in einigen Aspekten offenbar genau in die skizzierte Richtung. Dieser Vorgang ist von großer Bedeutung, weil er die *Neudefinition des wissenschaftlichen Modell-Objekts* (s. Kap. 3) oder die *Veränderung der Gegenstandsauffassung* bedeutet. „Der Mensch“ wird dabei nicht mehr als eine reagierende black box betrachtet, auf die die Reize einwirken („impinge“), sondern die aktive Seite menschlichen Handelns wird hervorgehoben. Explizit wird dem „reactor" der „actor" (*Chein* 1972), dem „robot" der „pilot" (*Ford & Urban* 1963; *Proshansky* 1973) gegenübergestellt[1].

Eine Veränderung der Konzeptionen des Modell-Objekts, der Gegenstandsauffassung ist z. B. vor allem auch in der verhaltenstherapeutischen Grundlagendiskussion zu bemerken (vgl. *Kanfer & Karoly* 1972; *Mischel* 1973; *Mahoney* 1974; *Kanfer & Grimm* 1975). *Kanfer & Karoly* (op. cit., 399) kritisieren die black-box-Modellvorstellungen so: „. . . der heutige Behaviorist arbeitet in glückseliger Unwissenheit und Ignoranz mit der Annahme, daß der Mensch ein lineares input-output-System ist, eine einfache mechanistische Einrichtung, die nicht durch ihren eigenen output beeinflußt wird."

In Ausweitung dieser Kritik schlagen *Kanfer & Grimm* (1975) ein Interaktions-Modell im Anschluß an *Bowers* vor: „Situationen sind ebenso eine Funktion der Person wie das Verhalten der Person eine Funktion der Situation ist" (*Bowers* 1973, 327). Die Notwendigkeit, die Einheit von Planung und Vollzug der Handlung zu berücksichtigen, kommt hier sehr deutlich in einem „closed loop"-Modell zum Ausdruck. Das Modell kognitiven sozialen Lernens geht ebenfalls von der Auffassung aus, daß „der Mensch" nicht als vollständig durch die aktuelle Situation determiniert angesehen werden kann: „ein Ansatz im Sinne des kognitiven sozialen Lernens stellt sich das Individuum nicht als einen leeren Organismus vor, der völlig von Kräften der Umgebung abhängig ist" (*Mischel* 1973, 278). Und *Mahoney* (1974, 146) formuliert: „Eines der Hauptmerkmale der Perspektive des kognitiven Lernens ist ihre Auffassung vom Menschen als einem aktiven Element für seine Entfaltung und Entwicklung. Der Mensch ist sowohl ein kontrollierter als auch ein kontrollierender Organismus; ein Produkt und ein Produzent von Kräften der Umwelt".

Diese kurzen Beispiele aus der verhaltenstherapeutischen Grundlagendiskussion mögen belegen, daß sich die Frage des Menschenbildes als für die Praxis ausgesprochen wichtig erweist. In der Praxis zeigt ein black-box-Modell seine Schwächen ganz deutlich. Das praktische Handeln der Menschen korrigiert hier die Vorstellungen vom Menschen als black box. Diese Korrektur wird dabei aber vor allem notwendig, weil ohne sie die Nützlichkeit psychologisch-praktischer Tätigkeit durch ein striktes S-R-Modell beschnitten würde.

Es zeigt sich, daß eine psychologische Wissenschaft, die in der gesellschaftlichen Praxis nützlich sein will, in qualitativ neuer Form das praktische, wirk-

---

[1] *Reese & Overton* (1970) stellen einem „mechanistischen"/reaktiven Modell ein „organismisches"/aktives gegenüber, wobei sie am Beispiel der Theorien zur psychischen Entwicklung die Inkompatibilität dieser beiden Modelle aufzuzeigen versuchen. Der Begriff „mechanistisch" ist in diesem Zusammenhang problematisch: vgl. Abschnitt 2.2. Er geht in der Regel von einem anachronistischen Maschinenmodell aus (vgl. z. B. *Burt* 1962; *Miller* et al. 1973).

liche Handeln der Menschen berücksichtigen muß: sie kann dies Handeln nicht bloß als „unwissenschaftlich“ disqualifizieren[1]. Das Problem der Anwendung psychologischer Erkenntnisse lösen zu wollen, heißt, das alltägliche, praktische Handeln der Menschen in seiner zentralen Bedeutung zu erkennen: nur im Handeln der Menschen lassen sich psychologische Erkenntnisse umsetzen, *die menschliche Handlung ist zentraler Gegenstand psychologischer Erkenntnistätigkeit und zugleich die Ebene der Vergegenständlichung psychologischen Wissens.*

Die *Verwissenschaftlichung des praktischen Handelns* – wie man auch die Umsetzung psychologisch-wissenschaftlicher Erkenntnisse in praktisches Handeln nennen kann – muß dabei von dem wirklichen realen Handeln der Menschen ausgehen. Die Mißachtung dieser Bedingung schlägt sich nieder in der fehlenden Relevanz psychologischen Wissens für das praktische Handeln oder aber in der Suboptimalität (*Argyris* 1975) oder der bloß scheinbaren Lösung der praktischen Probleme. Es muß nicht nur eine Strukturähnlichkeit von experimenteller und Alltagsrealität gegeben sein, wenn die Ergebnisse psychologisch-experimentellen Forschens anwendbar sein sollen, es muß auch notwendig eine Strukturähnlichkeit von wissenschaftlichem und alltäglichem Menschenbild gegeben sein, wenn die Psychologie ein Menschenbild „weggeben“ will und sicher sein will, daß das „Geschenk“ auch angenommen wird.

Wie recht der Behaviorismus im Grundsatz mit seiner Maxime „Ändere die Umgebung, dann ändert sich das Verhalten“ auch hat, er scheitert an der Lösung des Problems der notwendigen Strukturähnlichkeit von wissenschaftlichem und alltäglichem Menschenbild gerade dadurch, daß er in grandiosem Ausmaß diese Maxime verabsolutiert. Die unversöhnliche Gegenüberstellung eines wissenschaftlichen und eines unwissenschaftlich-alltäglichen Menschenbildes durch den Behaviorismus zwingt auch zu der personalen Trennung zwischen den Menschen, die die Umgebung ändern (den wissenschaftlich geschulten Professionals) und den Menschen, die ihr Verhalten aufgrund dieser Umgebungsveränderung verändern.

Eine solche Trennung und Gegenüberstellung, in welcher das wissenschaftliche Menschenbild, die wissenschaftliche Psychologie die abstrakte, völlige Negation eines alltäglichen Menschenbildes, einer Alltagspsychologie et vice versa ist, erweist sich nicht nur als wenig geeignet zur Lösung sozial-individueller Probleme, sie behindert den Fortschritt der Entwicklung der Psychologie.

Den Behavioristen bleibt denn auch nicht viel mehr übrig als die Unwissenschaftlichkeit nicht-behavioristischer Konzeptionen (*Skinner* 1965, 1972,

---

1 *Laucken* (1974) versucht beides: von der Bedeutung „naiver Verhaltenstheorien“ auszugehen und sie zugleich als „unwissenschaftlich“-gefährlich auszumachen; *Argyris* (*Argyris* & *Schön* 1974; *Argyris* 1975) ist in der Hauptsache an ihrer mangelnden Effizienz interessiert.

1975) zu behaupten: mit Argumenten, die fast schon tiefenpsychologisch anmuten, versuchen sie, den „Widerstand“ gegen die Übernahme behavioristischer Konzeptionen zu erklären.

Die Entwicklung der Psychologie als Wissenschaft scheint entscheidend davon abzuhängen, inwiefern es ihr gelingt, vom alltäglichen Handeln der Menschen auszugehen und mit relevanten Aussagen, mit einem relevanten Menschenbild zu ihm zurückzukehren.

Es muß allerdings angemerkt werden, daß auch die alternativen Menschenbilder, wie sie z. B. von *Chein* (1972), *Broadbent* (1973), *Tyler* (1973) oder *C. Bühler* (1971) u. a. in mehr oder weniger entwickelter Form dargestellt werden, ernsthafte Mängel aufweisen. Ihre Lösung des Problems der Determiniertheit des Psychischen verfällt gegenüber dem mechanisch-deterministischen Herangehen des Behaviorismus in das entgegengesetzte Extrem, wie *Smith* (1973) hervorgehoben hat.

Die „Freiheit des Individuums“, seine „Freiheit der Wahl“ (*Broadbent* 1973; *Tyler* 1973) zu behaupten, kann in einer gesellschaftlichen Situation, in der das Elend großer Teile der Bevölkerung gerade auch zu einer Herausforderung an die gesellschaftliche Verantwortung der Psychologen wird, nur als apologetisch angesehen werden. Einer solchen Behauptung folgt die „person blame“-Kausalattribuierung psychologischer Aussagen und Ansätze auf dem Fuße, wie *Caplan & Nelson* (1973) gezeigt haben (vgl. auch *Rappaport* et al. 1975).

Damit ist noch einmal darauf hingewiesen, daß es entscheidend für ein psychologisches Menschenbild ist, welches menschliches Handeln in Richtung auf die Lösung gesellschaftlicher Probleme beeinflussen will, die wirklichen Bedingungen dieses Handelns zu erfassen und zu verallgemeinern. Dabei muß von der wirklichen Lebenstätigkeit der Menschen ausgegangen werden, d. h. davon, daß die Menschen die Bedingungen, welche diese Tätigkeit determinieren, selbst gesellschaftlich produzieren.

2.3. Zusammenfassung

In der Diskussion um die Relevanz der Psychologie, um die gesellschaftliche Verantwortung der Psychologen und um ethische Probleme psychologischer Tätigkeit zeigte sich, daß die Veränderungen im System psychologischer Tätigkeiten als veränderte Rahmenbedingungen angesehen werden können, die sich auf der Ebene der theoretischen Aneignung des Gegenstandes der Psychologie ausdrücken. Anders gesagt: daß diese veränderten Rahmenbedingungen oder Systembedingungen auch Veränderungen paradigmatischer Natur nach sich ziehen. Um diese Veränderungen nachzeichnen zu können, wurde im zweiten Teil dieses Kapitels ausführlicher auf die Veränderungen im theoretischen System der amerikanischen Psychologie, der Methodologie und Gegenstandsauffassung und auf Veränderungen im Menschenbild eingegangen. Diese Tendenzen und Entwicklungen stellten sich in erster Linie als Kritik der wissenschaftlichen Strategie und Taktik des Behaviorismus dar.

Das wichtigste Ergebnis der Darstellung und Systematisierung dieser Tendenzen scheint zu sein:

– es gibt Anzeichen dafür, daß sich ein Wandel in der Auffassung über die Beziehung von wissenschaftlicher Psychologie und Alltagspsychologie durchsetzt. Dies hat zwei für die Untersuchung des Verhältnisses von Theorie und Praxis in der Psychologie sehr wichtige Implikationen: dieser Wandel spiegelt die Tatsache wider, daß sich gesellschaftliche Nützlichkeit der Psychologie nur dann verwirklichen läßt, wenn sich ihre Erkenntnisse im Handeln vieler Menschen vergegenständlichen, ausdrücken oder manifestieren; das bedeutet aber zweitens, daß sich damit ein Wandel in der Auffassung von der Bedeutung alltäglichen Erkennens, alltäglicher Psychologie andeutet: es genügt nicht mehr, diese als bloß unwissenschaftliche Hindernisse für die Ausbreitung und Anwendung psychologisch-wissenschaftlicher Erkenntnis zu begreifen;

– dieser Wandel in den allgemeinen Rahmenbedingungen, der als Entwicklung der Vergesellschaftung psychologischen Wissens bezeichnet werden kann, drückt sich auch in der Beziehung von Erkenntnissubjekt, Erkenntnismittel und Erkenntnisgegenstand aus. Das vorherrschende Erkenntnismittel psychologischer Forschung, das Experiment, ist quantitativ und qualitativ zunehmender Kritik ausgesetzt. Auch in der experimentellen Situation hat sich herausgestellt, daß die für die experimentell zu isolierenden Variablen nicht relevanten Handlungsebenen der Versuchspersonen nicht einfach als störende Bedingungen durch immer rigorosere Methoden der Bedingungskontrolle ausgeblendet, ja nicht einmal konstant gehalten werden können. Der Gegenstand psychologisch-experimenteller Tätigkeit hat sich an dieser wissenschaftlichen Taktik „gerächt“: die Irrelevanz psychologisch-experimenteller Ergebnisse für die psychologische Praxis ist der Preis, den eine experimentelle Taktik der Bedingungskontrolle dafür zahlen muß, daß sie glaubt, im Experiment menschliche Handlung auf Verhalten reduzieren zu können, ohne den Zusammenhang von Handlung und Verhalten rekonstruieren zu können.

Ein neues Verständnis der Funktion des Erkenntnismittels Experiment scheint sich auszubreiten: die Beziehung von Erkenntnissubjekt (Vl) und Erkenntnisobjekt (Vp) erfährt dabei verstärkte Aufmerksamkeit. Hervorzuheben und zu betonen, daß dies auch eine Sozialbeziehung ist, ist die Leistung der Untersuchungen zu Vl-Artefakten in psychologischen Experimenten. Diese Betonung der Experimentalsituation als sozialer Situation wird unter den oben genannten veränderten Rahmenbedingungen des Verhältnisses von wissenschaftlicher und Alltagspsychologie zur grundsätzlichen Kritik an der Erkenntnisbeziehung von Vl und Vp und am Erkenntnismittel Experiment.

3. Wissenschaftstheoretische Probleme psychologischer Technologie

In den vorangehenden Kapiteln ist das Problem der gesellschaftlichen Nützlichkeit der Psychologie in seinem augenblicklichen Reflexionsstand in der amerikanischen Psychologie dargestellt worden. Diese Darstellung der Diskussion und ihre Analyse hat zum Ausdruck gebracht, daß theoretisch-psychologisches Wissen für die Anwendung bei der Lösung praktischer Probleme der Psychologie entweder irrelevant, unvollständig ist oder gänzlich fehlt. Die dargestellten Tendenzen der Lösung dieses Dilemmas haben gezeigt, daß vor allem eine stärkere Beachtung der wirklichen, praktischen Bedingungen gefordert wird, d.h. sowohl der wesentlichen Bedingungen der menschlichen Lebenstätigkeit insgesamt als auch der spezifischen Bedingungen psychologisch-praktischer Tätigkeit.

In diesem Kapitel soll das Verhältnis von Theorie und Praxis in der Psychologie nun unter wissenschaftstheoretischem Aspekt untersucht werden. Das bedeutet in erster Linie, das *Verhältnis von grundlagenorientierter zu anwendungsorientierter Wissenschaft* zu klären. Wie werden Theorien anwendbar und angewendet? Wie ist das Verhältnis von theoretischem zu praktischem Wissen? Wie unterscheiden sich wissenschaftliche von praktischen Problemen? Wie läßt sich das Verhältnis von wissenschaftlich-problemlösender und praktisch-problemlösender Tätigkeit darstellen? Dies sind einige der Fragen, die in diesem Kapitel gestellt und beantwortet werden sollen.

3.1 Die Bedeutung des Verhältnisses von Wissenschaft und Praxis für die Entwicklung der Wissenschaft

Bereits mehrfach ist angeklungen, daß das Verhältnis von Wissenschaft und Praxis für die Entwicklung einer Wissenschaft von zentraler Bedeutung ist. Es ist klar, daß dies auch für die Entwicklung der Praxis selbst gilt. Ebenso einleuchtend ist es, daß das Verhältnis von Wissenschaft und Praxis damit auch die zentrale *analytische* Kategorie für die Untersuchungen darstellt, die sich auf die Entwicklung der Wissenschaft konzentrieren.

Dieser Gedankengang läßt sich kurz an einem groben Bild der Entwicklung der Naturwissenschaften verdeutlichen. Die Entwicklung der Naturwissenschaften, die sich im erhöhten Grad der theoretischen Aneignung der objektiven Realität der Natur ausdrückt, wurde erzwungen durch die Notwendigkeit, in der Produktion des materiellen Lebens die Erkenntnis allgemeiner Gesetzmäßigkeiten auszunutzen. Der komplizierte Prozeß der Herausbildung der Wissenschaft zu einer „Produktivkraft“ ist damit natürlich nicht annähernd beschrieben (vgl. dazu *Rilling* 1975; *Seickert* 1974; *Stölting* 1974). Es geht hier nur darum zu klären, wie in diesem Entwicklungsprozeß eine wissenschaftliche (universitäre) und eine praktisch-technische Tradition zusammenkommen und wie beide Traditionen aus diesem Aufeinandertreffen verändert hervorgehen.

In der Phase der Entwicklung der Naturwissenschaften, die man als Übergang vom Zeitalter der Manufaktur in das der Industrie oder auch als Industrielle Revolution bezeichnen kann, konnten die Naturwissenschaften bereits auf einen reichen Schatz an Erkenntnissen und Wissen zurückgreifen, der sozusagen „auf Vorrat" produziert worden war und nur darauf wartete, ausgenutzt zu werden. Auch der „Wissenschaftsbetrieb" an den Universitäten war bereits als institutionalisiertes Resultat der gesellschaftlichen Arbeitsteilung – als Trennung von Hand- und Kopfarbeit – vorhanden und bildete eine der Voraussetzungen für das Entstehen der Berufs-Wissenschaftler.

In dieser Phase ist die Bedeutung der praktisch-technischen Tradition für die Weiterentwicklung der Wissenschaft größer als die Bedeutung der Wissenschaft für die Verbesserung der Praxis, wenngleich sich natürlich gerade in dieser Phase der Umschwung andeutet: „Die industrielle Revolution ist die Grenzscheide zwischen jener Zeit, in der die Wissenschaft der Industrie mehr verdankte als die Industrie der Wissenschaft, und einer Epoche, die vor allem durch die Elektroindustrie des ausgehenden 19. Jh. angekündigt wurde" (*Mottek* 1972, 71).

In dem Maße, in dem die Wissenschaft systematisch in die Produktion einbezogen wurde, sie zu einer Voraussetzung für die materielle Produktion und deren erweiterter Reproduktion wurde, veränderten sich quantitativ und qualitativ die Probleme, die sie zu bewältigen und zu lösen hatte: die „reine" Forschung entstand als Versuch, auf der Grundlage umfassender Gesetzeserkenntnis des untersuchten Gegenstandsbereichs die systematischere Lösung praktischer Probleme durch die Anwendung eben dieses Wissens zu ermöglichen. „Reine" Forschung stellt sich dabei als eine Art *antizipatorischer Reaktion* dar, als *Vorlauf* für sich entwickelnde gesellschaftliche Problemsituationen, wobei diese antizipatorische Funktion selten von den Wissenschaftlern bewußt wahrgenommen wurde.

Um die vorhandenen und sich anbahnenden gesellschaftlichen Probleme lösen zu können, mußte die Naturwissenschaft aber vor allem auch gegen den Sog ankämpfen, der von der immer stärker werdenden Notwendigkeit der Anwendung ihrer Ergebnisse in der Produktion ausging: sie mußte sich *von ihrer unmittelbaren Anwendung emanzipieren, zukünftige gesellschaftliche Probleme antizipieren und als wissenschaftliche Probleme bearbeiten.*

Das Ergebnis dieses Entwicklungsprozesses wurde im Bewußtsein der Wissenschaftler als Freiheit der Wissenschaft, als ihre Autonomie widergespiegelt. Die sozialen Bedingungen der wissenschaftlichen Forschung an den Universitäten erwiesen sich dabei mehr oder weniger als Hemmschuh oder als Katalysator dieser Entwicklung (vgl. *Mottek* et al. 1974, 60).

Der allgemeinen Entwicklungstendenz trug der bürgerliche Staat in den verschiedenen Ländern mehr oder weniger Rechnung (z. B. Beibehaltung oder

Abschaffung des Zunftsystems der Universitäten, Gründung wissenschaftlicher Gesellschaften usw.). Es erwiesen sich z. B. die Investitionen des preußischen Staates vor 1870 als äußerst bedeutsam für den in der Welt einmaligen Aufschwung der Wissenschaft im Deutschland der Jahrhundertwende.

Das Verhältnis von Grundlagenforschung, Technik und angewandter Forschung/praktischen Problemen in der eben skizzierten Entwicklung der Naturwissenschaften läßt sich – in Erweiterung eines Schemas von *Kirsch* (1972) – für den hier zur Diskussion stehenden Zusammenhang hinreichend wie folgt darstellen:

Abb. 1 Übergang zur Wissenschaft als Produktivkraft (Mitte bis Ende 19. Jh.)

A = Praktisches Problem
B = Technisches Problem
C = Wissens-Problem
PB = Praktisches Bedürfnis
*PB** = Praktisches Bedürfnis unter veränderten Bedingungen
T = Technik
W = Wissen

Dieses Schema stellt dar, wie auf der Ebene der Problemlösung die Abfolge von praktischer, technischer und wissenschaftlicher Problemlösung in der Entwicklung der Naturwissenschaften vorzustellen ist. Der Umschlag oder Übergang zur Wissenschaft als Produktivkraft bedeutet hier in diesem Zusammenhang in erster Linie, daß der Ausgangspunkt für die Wissenschaft nicht mehr die Lösung praktischer Probleme oder technischer Probleme ist, sondern daß *wissenschaftliche* Probleme als Ausgangspunkt wissenschaftlich-problemlösender Tätigkeit genommen werden. Die Naturwissenschaft beginnt erst jetzt, einen Vorlauf an Erkenntnissen für die praktische Anwendung zu erarbeiten. So wie sich zuvor praktisch relevantes Wissen vor allem über handwerklich-technische Regeln und Regelsysteme herausgebildet hat, wird es nun notwendig, wissenschaftliche Erkenntnisse, wissenschaftliches Wissen wieder in Techniken und Regeln umzusetzen, damit es zur Lösung praktischer Probleme dienen kann (allerdings haben sich dabei die praktischen Probleme während des Entwicklungsprozesses der Wissenschaft gewandelt: PB*).

Auf die Bedeutung des Problem-Begriffs für die Konzeptualisierung der Entwicklung der Wissenschaft weist *Bunge* (1967) hin:

„Der Fortschritt des Wissens besteht darin, daß neue Probleme gestellt, geklärt und gelöst werden – *aber nicht irgendwelche* Probleme. . . . obwohl einige Akademiker früher bereits einige annehmbare Daten und Hypothesen in Zusammenhang mit einer Handvoll echter wissenschaftlicher Probleme produzierten – vor allem in Statistik und Optik – haben sie in der Regel keine wirklichen wissenschaftlichen Probleme produziert oder sie nahmen nur einige wenige isolierte und ziemlich triviale Probleme in Angriff, wobei sie ein primär praktisches Ziel wie die Zeitmessung oder die Pharmazie im Auge hatten. . . . Praktische Bedürfnisse sind eine Quelle wissenschaftlicher Probleme, aber übertriebenes Beharren auf praktischer Anwendung . . . auf Kosten der inneren wissenschaftlichen Werte ist auf die Dauer unfruchtbar . . . weil *wissenschaftliche Probleme nicht in erster Linie Probleme des Handelns, sondern Probleme des Wissens* sind" (*Bunge* 1967, I, 166; Hervorhebung *F. S.*).

Dieser von *Bunge* angesprochene Unterschied von wissenschaftlichen und praktischen Problemen wird sich im Verlauf der weiteren Untersuchung als sehr wichtig erweisen.

Auch *Kuhn* (1974) stellt bei der Diskussion des Demarkations-Kriteriums von Wissenschaft und Nicht-Wissenschaft am Beispiel der Astrologie diesen Unterschied als *Unterschied von Regeln und Rätseln* dar. Er kritisiert *Popper,* nach dessen Meinung das Demarkations-Kriterium in der „kritischen Diskussion" besteht und dessen Auffassung, daß das Wesen der Nicht-Wissenschaft in ihrer Nicht-Falsifizierbarkeit bestehe: die Geschichte der Astrologie kenne Dutzende von Beispielen, in denen Astrologen sich nicht nur in ihren Aussagen geirrt hätten, sondern dies auch als ein Problem angesehen hätten.

„Aber die Astrologie war dennoch nie eine Wissenschaft. Sie war eher eine praktische Fertigkeit, sehr ähnlich derjenigen des Ingenieurs, des Meteorologen oder des Arztes, wie diese Kunstfertigkeiten bis vor etwas mehr als einem Jahrhundert gewöhnlich ausgeübt wurden. Ich glaube, die Parallele fällt besonders ins Auge, wenn man die Astrologie mit der früheren ärztlichen Tätigkeit vergleicht oder damit, wie die Psychoanalyse auch heute noch betrieben wird. Auf allen diesen Gebieten taugen die gemeinsam zugrundeliegenden Theorien nur dazu, eine gewisse Plausibilität für die Disziplin zu sichern und eine rationale Begründung für jene verschiedenen Regeln der Kunstfertigkeit zu bieten, die die Praxis lenken. Diese Regeln haben ihre Nützlichkeit in der Vergangenheit erwiesen, aber kein Mensch, der die Kunstfertigkeit praktizierte, dachte, daß dieselben Regeln auch genügten, um die Wiederkehr des Versagens in der Zukunft zu verhindern. Man verlangte eine artikulierte Theorie und wirksamere Regeln, aber es wäre absurd gewesen, eine plausible und sehr nötige Disziplin, die der Tradition nach nur beschränkten Erfolg hatte, bloß deswegen aufzugeben, weil das andere, was man verlangte, noch nicht zur Hand war. Aber obwohl das, was man verlangte, nicht vorhanden war, haben weder der Astrologe noch der Arzt Forschungen durchgeführt. Denn ihre Aufgabe war ja nur, Regeln anzuwenden, und nicht Rätsel zu lösen und darum war auch ihre Praxis gar keine Wissenschaft" (*Kuhn* 1974, 9).

Feyerabend (1974, 194 ff.) wendet gegen das Demarkations-Kriterium „Rätsel" ein, daß es keine Unterscheidung von wissenschaftlicher Tätigkeit und anderen Tätigkeitsformen möglich macht. Als Beispiel wendet er das „Rätsel"-Kriterium zur Kennzeichnung organisierter Verbrecherbanden an und kommt zu dem Schluß, daß dieses Kriterium es nicht ermöglicht, einen Unterschied zwischen der scientific community und einer organisierten Verbrecherbande auf dieser Dimension festzustellen.

Mit der Dichotomisierung von praktischen und wissenschaftlichen Problemen scheint in dieser Form noch nicht viel gewonnen, außer daß man sich des prinzipiellen Unterschiedes zwischen Theorie und Praxis wie auch der Bedeutung des Problem-Begriffs für die Analyse versichert. Diese Unterscheidung so deutlich zu treffen, heißt aber auch, das hier anstehende Problem selbst schärfer formulieren zu müssen: es muß zunächst von einem grundlegenden Unterschied von praktischen und wissenschaftlichen Problemen ausgegangen werden. Diesen Unterschied zu benennen, ist Teil der theoretischen Lösung, ihn zu überbrücken, Teil der praktischen Lösung des Theorie-Praxis-Problems.

Bunge weist darauf hin, wie wichtig es ist, diesen Unterschied nicht zu verwischen:

„Die Gleichsetzung von Wissen und Praxis hat ihren Ursprung nicht nur in dem Versäumnis, eins von beiden zu analysieren, sondern auch in dem legitimen Wunsche, die beiden Extreme von spekulativer Theorie und blinder Aktion zu vermeiden. Aber die Überprüfbarkeit von Theorien und die Möglichkeiten, die Rationalität des Handelns zu verbessern, werden nicht am besten dadurch verteidigt, daß man die Unterschiede zwischen Theoretisieren und Handeln verwischt. . . . Die Interaktion von Theorie und Praxis und die Integration von Kunst/Handwerk und Technologie/Wissenschaft werden nicht dadurch erreicht, daß man ihre Einheit proklamiert, sondern dadurch, daß man ihre Kontakte vervielfacht und dadurch, daß man den Prozeß beschleunigt, durch den das Handwerk eine technologische Basis erhält und die Technologie vollständig in eine angewandte Wissenschaft umgewandelt wird. Dies schließt ein die Umwandlung von Daumenregeln, wie sie für das Handwerk typisch sind, in begründete Regeln, d. h. in Regeln, die auf Gesetzen beruhen" (op. cit., II, 129).

Bevor wir, von diesem Ansatz *Bunge*s ausgehend, das Problem der Überbrückung der Trennung von Theorie und Praxis theoretisch darzustellen versuchen, sollen kurz die verschiedenen wissenschaftstheoretischen Ansätze dargestellt werden, die eine jeweils spezifische Lösung des Problems für sich reklamieren. Ziel dieser Darstellung ist es, herauszustellen, daß die verschiedenen Ansätze zur Erklärung des problematischen Verhältnisses von Theorie und Anwendung immer nur unter dem Gesichtspunkt der Anwendung der Theorie auf eine praktische Problemstellung konzipiert werden. Dies scheint richtig unter dem eben hervorgehobenen Aspekt, daß zwischen Theorie und Anwendung ein wesentlicher Unterschied besteht. Noch schärfer läßt sich dieser Zusammenhang so formulieren: es besteht eine deterministisch-gerichtete Beziehung zwischen Theorie und Anwendung dergestalt, daß Theorien zwar zur Verbesserung einer Anwendungssituation beitragen können, aus einer erfolgreichen Anwendungssituation aber keineswegs eine Verbesserung des Status der Theorie möglich ist.

Zweifelhaft erscheint ein solcher Ansatz, wenn man mit der Frage nach der *Entwicklung* einer Wissenschaft an diesen Zusammenhang herangeht, d. h. wenn man versucht, auch ihre zukünftige Entwicklung in den Griff zu bekommen. Daß solche Bedenken angemessen sind, wird aus der Darstellung der Entwicklung der Naturwissenschaften deutlich, die in dem Schema auf S. 59 dargestellt worden ist.

Aus der Diskussion des Theorie-Praxis-Problems in der Psychologie, wie sie im 2. Kapitel dargestellt worden ist, ist aber auch deutlich geworden, daß – wenn auch vorerst noch in einem ganz unspezifischen Sinne – die Praxis bestimmte Anforderungen an die Theorie und die wissenschaftliche Tätigkeit stellt, die von diesen nicht ignoriert werden können und die sich spontan in der Krisen-Diskussion und der Erfahrung des Versagens der Theorien und des Theoriebildungsprozesses Geltung verschaffen und zu einer Veränderung im System der psychologischen Tätigkeiten führen.

Dieser Zusammenhang muß berücksichtigt werden, wenn es um die Darstellung der Entwicklung des Verhältnisses von Theorie und Praxis, von Wissen und Technik, Gesetzeswissen und Regelwissen geht. Dabei kann davon ausgegangen werden, daß die wissenschaftliche Tätigkeit die höchste Stufe ihrer Entwicklung nicht dann schon erreicht hat, wenn sie ihren Ausgangspunkt bei wissenschaftlichen Problemen (im *Gegensatz* zu praktischen) nimmt und von der wissenschaftlichen zur praktischen Problemlösung voranschreitet. Eine solche Auffassung scheint die Grenze der Entwicklungsfähigkeit der Wissenschaft „zu niedrig" anzusetzen. Die höchste Stufe ihrer Entwicklung scheint die wissenschaftliche Tätigkeit als Lösung von wissenschaftlichen Problemen dann zu erreichen, wenn sie von Problemen einer *verwissenschaftlichten* Praxis ausgehen kann und selbst zur Verwissenschaftlichung der Praxis durch wissenschaftliche Problemlösung beitragen kann.

Diesen Zusammenhang wollen wir in Erweiterung des auf S. 59 dargestellten Schemas in der folgenden Abbildung veranschaulichen:

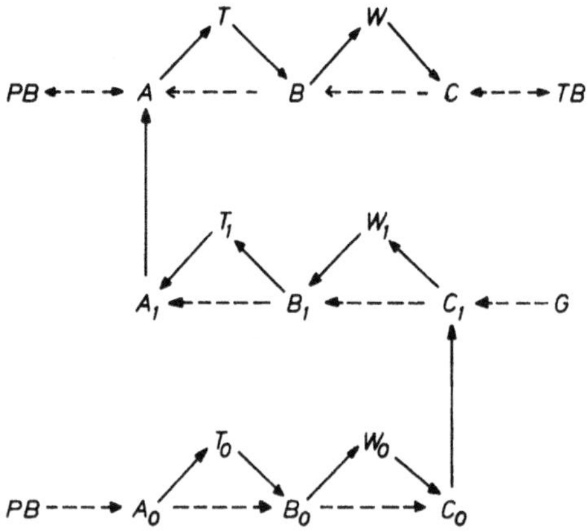

Abb. 2. Wissenschaftliche Problemlösung in verwissenschaftlichter Praxis

A_0 = Praktisches Problem
B_0 = Technisches Problem
C_0 = Wissens-Problem
T_0 = Technik
W_0 = Wissen
A_1 = Praktisches Problem
B_1 = Technisches Problem
C_1 = Wissenschaftliches Problem
T_1 = Technologie
W_1 = Wissenschaftliches Wissen

A = Praktisches Problem in einer verwissenschaftlichten Praxis
B = Technologisches Problem
C = Wissenschaftliches Problem
T = Technologie
W = Wissenschaft
PB = Praktisches Bedürfnis
TB = Theoretisches Bedürfnis
G = Einflüsse aus der Geschichte der Wissenschaft, Geschichte der Disziplin, Theorien usw.

In diesem Schema wird deutlich, daß sich auf der untersten Stufe der Entwicklung der Wissenschaft zu einer Produktivkraft aus praktischen Bedürfnissen praktische Probleme ergeben, die mit Hilfe bestimmter Regeln und Techniken (T_0) gelöst werden. Die Verallgemeinerung und Erweiterung dieser Problemlösung schafft ihrerseits technische Probleme (B_0), die durch den Erwerb und Ausbau schon systematisierten Wissens, Regelwissens (W_0) gelöst werden. Ergebnis dieses Entwicklungsprozesses ist ein Regelwissen, sind Regelsysteme, die aber nur insofern mit wissenschaftlicher Problemlösung etwas zu tun haben, als sie die wissenschaftliche Problemstellung und -lösung in ein neues Stadium bringen. Der Beginn wissenschaftlicher Tätigkeit zeichnet sich dabei dadurch aus, daß sie von wissenschaftlichen Problemen (C_1) ausgeht, wobei diese sowohl durch das Regelwissen (C_0) als auch den historischen Entwicklungsstand der Wissenschaft selbst (G) bestimmt werden. In der wissenschaftlichen Problemlösung wird Gesetzeswissen (W_1) produziert, das sich bei der Lösung technologischer Probleme (B_1) in Technologien in begründete Regeln umsetzen läßt ($B_1 \rightarrow T_1$) und damit der praktischen Problemlösung (A_1) dient.

Auf der höchsten Stufe der Entwicklung der Wissenschaft trifft diese auf eine praktische Problemsituation, in der bereits Elemente wissenschaftlicher Erkenntnisse vergegenständlicht worden sind ($C_1 \rightarrow B_1 \rightarrow A_1$), m.a.W. die Praxis verwissenschaftlicht worden ist. Hier geht die wissenschaftliche Tätigkeit von praktischen Problemen (A) aus und trägt zugleich zur Verwissenschaftlichung dieser Praxis bei (sie vereint in dieser Weise wissenschaftliche und praktische Problemlösungen, wobei deren jeweilige Selbständigkeit erhalten bleibt). In der Darstellung dieses Zusammenhangs drückt sich das darin aus, daß neben $A \rightarrow B \rightarrow C$ auch $C \rightarrow B \rightarrow A$ gilt, also ein Wechselwirkungs- oder Rückkopplungszusammenhang vorliegt. Der oben hervorgehobene grundlegende Unterschied zwischen Theorie und Praxis, zwischen Wissen und Handeln wird damit nur noch zu einem relativen, er verschwindet in dem Maße, indem sich Wissenschaft und Praxis einander annähern, praktische Probleme immer mehr wissenschaftliche und wissenschaftliche immer mehr praktische Probleme werden. Damit ist jedoch nur eine Tendenz in der Wissenschaftsentwicklung angezeigt. Sie zeigt aber an, daß der Unterschied zwischen Theorie und Praxis nicht verabsolutiert werden darf, wenngleich die Verwischung der Unterschiede im augenblicklichen Stand der Entwicklung der Wissenschaft und vor allem der Sozialwissenschaft natürlich nicht erlaubt ist.

Aus dieser Darstellung ist deutlich geworden, daß wissenschaftliche Tätigkeit vermutlich eine neue Stufe erst noch erreichen muß, die in der relativen Einheit von praktischer und wissenschaftlicher Problemlösung liegt, ebenso, daß praktische Problemlösung in höherem Maße eine Einheit mit wissenschaftlicher Problemlösung bilden muß. Diese Bestimmung ist jedoch noch sehr allgemein. Wenngleich nur als Tendenz zu charakterisieren, lassen sich dennoch aus dieser groben Skizze einige wesentliche Gedanken für die Untersuchung des Verhältnisses von Theorie und Praxis in der Psychologie ableiten. Das heißt aber, daß die einzelnen Seiten für die Psychologie noch genauer spezifiziert werden müssen. Dabei – auch dies läßt sich aus dem eben dargestellten Schema ablesen – hat die Einschätzung der Rolle der Technologie eine hervorragende Bedeutung. Hier sollen nun zunächst die wissenschaftstheoretischen Kenzeptionen zur Technologie kurz in ihren verschiedenen Ansätzen dargestellt und kritisiert werden, die spezifische Problematik einer psychologischen Technologie erörtert werden und schließlich im 4. Kapitel am Beispiel psychologisch-therapeutischer Technologie die Entwicklung von Theorie, Technologie und Praxis in der Psychologie untersucht werden.

3.2 Technologie: in der Aussagen- und Nicht-Aussagen-Konzeption

Die Frage nach der Anwendung von Theorien zu stellen, heißt hier vor allem, zu fragen, wie unterschiedliche Theorien die Genese von Theorien erklären. Bis auf eine Ausnahme werden die im folgenden darzustellenden Theorien deren Anwendung aus den Prinzipien ihrer Genese ableiten, die Prinzipien der Genese zu Prinzipien der Anwendung machen. Eine solche Vorgehensweise hat ernsthafte Mängel insofern der grundlegende Unterschied zwischen wissenschaftlicher Problemsituation und praktischer, angewandter Problemsituation nicht hinreichend berücksichtigt wird.

Die *Aussagenkonzeption* der Theoriegenese – auch „Standard"-(*Hempel* 1970) oder „orthodoxe" (*Feigl* 1970) Konzeption genannt, geht dabei von einer Theorievorstellung aus, wie sie in der folgenden Darstellung abgebildet ist:

Feigl erläutert diese Konzeption wie folgt[1]:

„das uninterpretierte Postulat-System ‚schwimmt' oder ‚schwebt' frei über der Ebene der empirischen Fakten. Nur durch die ‚Verbindungsglieder'... erhält das Postulat-System empirische Bedeutung... Wie die Abbildung zeigt, werden die grundlegenden theoretischen Begriffe... implizit durch die Postulate

[1]) Eine ähnliche Darstellung findet sich bei *Hempel* (1952), zit. bei *Groeben & Westmeyer* (1975, 61f.).

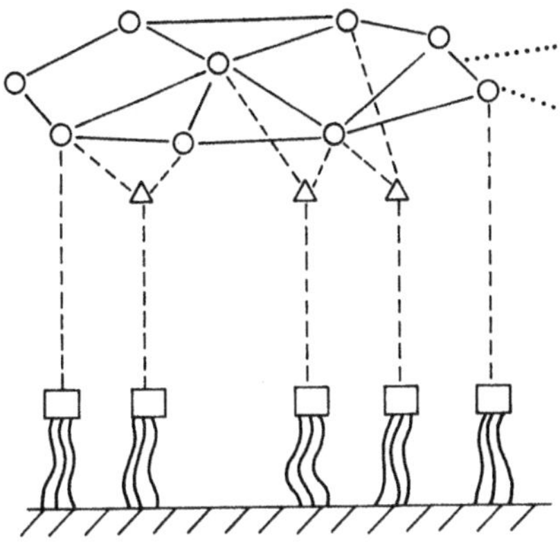

Abb. 3. Darstellung der Theorie in der Aussagen-Konzeption (Erläuterung im Text)

definiert, in denen sie vorkommen. Diese grundlegenden Begriffe (○) oder gewöhnlich noch stärker die abgeleiteten Begriffe (△) ... werden dann durch Korrespondenzregeln mit den Begriffen (□) verbunden, die sich auf Beobachtungsgegenstände beziehen ... Die empirischen Begriffe werden ihrerseits ‚operational definiert', d. h. durch eine Spezifizierung der Regeln der Beobachtung, der Messung, des experimentellen Vorgehens oder des statistischen Designs, welche ihre Anwendbarkeit und Anwendung bestimmen und begrenzen" (*Feigl* 1970, 5 f.).

Die schwache Stelle der Aussagenkonzeption der Theoriegenese (und -anwendung) liegt vor allem in der Konzeptualisierung von Inhalt und Funktion des Begriffs der *Korrespondenz-Regel.* Ihre Funktion erhalten die Korrespondenz-Regeln nämlich erst, nachdem eine scharfe Trennung zwischen den beiden Sprachen, der Beobachtungssprache und der theoretischen Sprache vollzogen ist. Die Schwächen dieser Konzeption liegen darin, daß die Korrespondenz-Regeln den Zusammenhang – die empirische *Bedeutung* theoretischer Begriffe – zwischen zwei unabhängigen Sprachsystemen erst stiften müssen. Der Status der Korrespondenz-Regel ist jedoch, verglichen mit ihrer andererseits bestehenden großen Bedeutung, noch gänzlich unklar, die Verwendung dieses Begriffs wird zunehmend der Kritik unterzogen (vgl. die Conference on the Problems of Correspondence Rules, Minnesota Studies in the Philosophy of Science, Vol. IV: *Radner & Winokur* 1970; darin: *Feigl* 1970; *Hempel* 1970; *Maxwell* 1970).

Vor allem aber dadurch, daß sich ein alternatives Verständnis der Theorie-Genese und Theorie-Verdrängung ausbreitet, das einer "upward seepage"-Vorstellung (einem „Durchsickern" nach oben) vom Zustandekommen der empirischen Bedeutung theoretischer Begriffe (vgl. *Feigl* 1970) der Aussagenkonzeption diametral entgegengesetzt ist (z. B. *Kuhn* 1967; *Stegmüller* 1973,

1974; *Feyerabend* 1974), erweist sie sich in zunehmendem Maße als unzureichend. Auch der Erklärungs-Begriff dieses Ansatzes, der die Voraussetzung für die Anwendbarkeit der Theorie auf reales Geschehen darstellt, erscheint durch die o.g. zunehmende Kritik belastet.

Daneben erscheint die Aussagen-Konzeption unter dem Gesichtspunkt ihrer Brauchbarkeit ebenfalls als defizitär: die Anwendbarkeit der Theorien würde in dieser Konzeption voraussetzen, daß in der Psychologie ein wesentlich fortgeschritteneres Stadium der Erkenntnis von Gesetzmäßigkeiten vorliegt, worauf *Westmeyer* (1974) hingewiesen hat. Die Einwände gegen die Aussagen-Konzeption beziehen sich also nicht nur auf die inhaltliche Struktur, sondern auch auf deren offensichtliche Unbrauchbarkeit, die vorhandene Situation des Verhältnisses von Theorie und Anwendung in der Psychologie zu erklären.

Im Rahmen der Aussagen-Konzeption, wenn auch nicht deckungsgleich mit der oben kurz dargestellten „Standard"-Konzeption, haben *Prim & Tilmann* (1975) auf kritisch-rationalistischer Grundlage eine explizite Technologie-Konzeption entwickelt, die der impliziten Technologie-Auffassung der Aussagen-Konzeption in den hier diskutierten und thematisierten Grundzügen gleicht. Auch sie versuchen, aus den Prinzipien der Theoriegenese und -überprüfung die Prinzipien der Anwendung von Theorien abzuleiten, ja sie behaupten sogar, daß diese in logischer Hinsicht völlig identisch seien.

Ausgangspunkt ihrer Argumentation ist der Erklärungs-Begriff: „Mit dieser Grundleistung der empirischen Theorie (der Erklärung, F.S.) ist zugleich die Möglichkeit gegeben, die Folgen bestimmter Gegebenheiten und Ereignisse vorherzusagen: *Prognosen* und nachzuweisen, was getan werden kann, um bestimmte Ziele zu erreichen: *Technologien.* Prognose und Technologie haben die gleiche logische Struktur wie die Erklärung. Als Anwendungsformen theoretischen Wissens unterscheiden sie sich voneinander lediglich durch den nach praktischen Gesichtspunkten je unterschiedlich gewählten Ausgangspunkt der Ableitungskette" (op. cit., 100).

Als Derivat der Erklärung nach dem *Hempel-Oppenheim*-Schema stellt sich die Technologie für *Prim & Tilmann* (op. cit., 105) wie folgt dar:

Gesetz	(gesucht)
Randbedingungen	(gesucht: Maßnahmen/Techniken)
Explanandum	(gegeben als Ziel)

Für *Prim & Tilmann* hat die Technologie eine logisch äquivalente Form wie die Erklärung: „... weil logisch abgeleitet wird, welche Maßnahmen (Techniken) zu realisieren sind, um bestimmte Ziele zu erreichen" (op. cit., 104).

Dieser Konzeption liegen einige schwerwiegende Mißverständnisse zugrunde, die kurz dargestellt und kritisiert werden sollen:

Das *Ziel* der Anwendung einer Theorie in der Technologie befindet sich ganz offensichtlich nicht nur nicht auf der gleichen Ebene wie das Explanandum der Erklärung im H–O-Schema, es befindet sich überhaupt nicht auf einer wissenschaftlichen Sprachebene, sondern auf einer Modell-Ebene, die Handlungssysteme abbildet.

Das eben genannte scheint aber nicht das schwerwiegendste Mißverständnis zu sein: die Gleichsetzung von Erklärung und Technologie auf der Ebene der logischen Folgebeziehungen tut ja so, als sei das Hauptproblem des Verhältnisses von Theorie und Technologie als Anwendung der Theorie bereits gelöst, wie nämlich *inhaltlich* die Bestimmung von Techniken und Regelsystemen aus Theorien möglich ist. Wieder gilt: der grundlegende Unterschied zwischen Wissens- und Handlungsproblemen wird nicht beachtet. Die Regeln, Techniken oder Maßnahmen sind ja nicht als bloße Randbedingungen Teil desjenigen, das „erklärt", also Teil des Explanans: es geht doch gerade um die „Erklärung" oder Begründung von Techniken, Regeln, Maßnahmen durch die Theorie als Anwendung dieser Theorie. Wir werden diesen Sachverhalt mit der Technologie-Konzeption von *Bunge* noch schärfer fassen können. Eine solche Konzeption, wie sie *Prim & Tilmann* vorstellen, kann natürlich vor allem dann entstehen, wenn nicht beachtet wird, daß Techniken als Regeln und Technologien als Regelsysteme bereits schon entstehen, ohne daß sie als durch wissenschaftliche Theorien begründet angesehen werden können, das heißt aber, daß es offenbar einen wesentlichen Unterschied zwischen Technologie und wissenschaftlicher Erklärung gibt, der durch die Behauptung der logischen Äquivalenz beider nicht eingefangen wird. Dies ist u.a. Ergebnis einer Betrachtungsweise, die das Verhältnis von Theorie und Technologie aus der „Statik" der Theorie erklären will und versäumt, die dynamischen Entwicklungsbedingungen im Aufbau von Theorien wie Technologien zu berücksichtigen, den Zusammenhang also nicht historisch untersucht.

Auch für die kritisch-rationalistische Variante der Aussagen-Konzeption[1] des Verhältnisses von Theorie und Anwendung in der Technologie gilt, daß sie sich offenbar unter den gegebenen Bedingungen des Standes der Theorieentwicklung in der Psychologie als unbrauchbar erweist. Dies soll kurz begründet werden.

Ist das Problem der Anwendung von Theorien auf die Art gelöst worden, daß Erklärung und Technologie als logisch äquivalent gesetzt werden[2], gilt

---

1 Diese Bezeichnung könnte u.U. als unzulässig angesehen werden, wobei diese Einschränkung besonders für *Groeben & Westmeyer* (1975) gilt. Sie kann unter zwei Gesichtspunkten gerechtfertigt werden: (a) *Groeben & Westmeyer* schließen sich der Auffassung an, die *Stegmüller* (1973) vertritt, daß bei vorliegender Nicht-Anwendbarkeit der Nicht-Aussagen-Konzeption auf psychologische Theorien, wohl die Aussagen-Konzeption von Theorien für solche „Proto-Theorien" (i.S.v. *Bunge* 1967) weiterhin Gültigkeit besitzt; (b) auch das Technologie-Problem wird als Problem der logischen Beziehung zwischen Sätzen aufgefaßt.

2 Wobei es durchaus richtig ist, Erklärung und Prognose als logisch äquivalent anzusehen (vgl. auch *Westmeyer* 1973).

es nur noch zwei Voraussetzungen zu erfüllen (nach *Groeben & Westmeyer* 1975, 214): erstens, daß erforschte Gesetzmäßigkeiten im Bereich des Explanans überhaupt vorliegen; zweitens, daß „... halbwegs informationshaltige Theorien aufzufinden sind, die nicht entweder empirieleere Hypothesen ... oder einen völlig impraktikablen, parzelliert-überdifferenzierten (eventuell noch in sich inkonsistenten) Randbedingungspool, sondern auch einige wichtige in praktische Maßnahmen umsetzbare Antezedenzbedingungen bieten" (op. cit., 214; im Original z. T. hervorgehoben).

Die Erfüllung des Kriteriums der *Umsetzbarkeit*, der „Verbindung von Handeln und Wissen" (op. cit., 215) wird daran geknüpft, ob die Vorschläge eines liberalisierten kritisch-rationalistischen Konzepts des progresssiven Theoriewandels, des Wandels von Forschungsprogrammen im Sinne von *Lakatos* (1974) von den wissenschaftlich Tätigen auch befolgt werden und diese ihre Immunisierungsstrategien, die bislang die Entwicklung von informationshaltigen und *damit* praxisrelevanten Theorien verhindert haben, aufgeben (op. cit., 214f.): „... ob das Konzept der Forschungsprogramme in der Tat die Verbindung von Wissen und Handeln ermöglichen kann, wird endgültig aber erst auf der Grundlage empirisch-historischer (zukünftiger) Analysen zu entscheiden sein" (op. cit., 215; im Original z. T. hervorgehoben).

So bleibt für den kritischen Rationalisten das Problem der Anwendung von Theorien in der Technologie zur Zeit vor allem noch eins der Ziele und Werte.

Prim & Tilmann scheinen hierbei im Konzept einer werturteilsfreien kritisch-rationalistischen Wissenschaft nicht mehr auf einer strikten Trennung von „Wertbasis der Wissenschaft" und „Werturteil in der Wissenschaft" zu bestehen (vgl. op. cit., 134–145). Eine solche „Einsicht" wird natürlich vor allem durch die spezifischen Formen des Entwicklungsprozesses der wissenschaftlichen Tätigkeit (des Systems wissenschaftlicher Tätigkeiten) vermittelt. Würde eine solche Trennung vollzogen, dann hieße das für den kritischen Rationalisten, daß die Wissenschaftsentwicklung und damit die Bedingungen, unter denen die eigene Tätigkeit vonstatten geht, „... wenigstens zum Teil der kritischen Reflexion der Wissenschaftler entgleitet und für externe Steuerungen anfällig wird" (*Groeben & Westmeyer* 1975, 217f., im Original z. T. hervorgehoben; vgl. dazu auch *v. Ferber* 1965; *Snijders* 1969).

Die Trennung von Wissenschaft und Wert soll sich dabei als eine Art *Rollenspiel* vollziehen: in der Trennung der Rolle des Wissenschaftlers von der Rolle des politisch tätigen Bürgers oder in der Trennung von wissenschaftlich begründeten Sätzen und bloß wertenden Sätzen auf sprachlicher Ebene und der Sichtbarmachung dieser Trennung, wobei der Begriff der wissenschaftlichen Aussage sehr eingeengt und der Begriff des Werts sehr ausgeweitet wird (vgl. *Prim & Tilmann* 1975). Die Lösung des Problems der Verbindung von Wissen und Handeln durch die Trennung verschiedener Rollen in der Person des Wissenschaftlers zu versuchen, findet sich auch bei *Miller*

(1969), *Walker* (1969), *Baron* (1971), vgl. zur Kritik auch *Mitroff* (1972), *Churchman* (1973).

Wie stellt sich nun das Verhältnis von Theorie und Anwendung in der Nicht-Aussagen-Konzeption dar? Auf diese Fragen könnte es zunächst eine sehr einfache Antwort geben: der Kernpunkt der *Nicht-Aussagen-Konzeption* (NAK) ist, daß Theorien in axiomatisierter und mathematisierter Form vorliegen müssen, damit sie adäquat durch diese Konzeption beschrieben werden können, psychologische Theorien dieser Art liegen jedoch nicht vor, deshalb kann die Anwendung von Theorien in der Psychologie nicht durch die NAK dargestellt werden (so z. B. *Herrmann* 1974; *Westmeyer* 1974).

Wenngleich dieses Argument ernst zu nehmen ist, hat es *Herrmann* (1974) nicht daran gehindert, „ ‚untechnisch' und analogisierend" (op. cit., 2) den Versuch zu machen, die NAK für eine neue Auffassung der Genese (und Anwendung) psychologischer Theorien zu gebrauchen. Wir werden daher im folgenden die Kerngedanken der NAK skizzieren, wie sie durch *Stegmüller* (1973, 1974) entwickelt worden sind. Da es hier auf die Grundzüge des Gedankengangs ankommt, wählen wir als Ausgangspunkt einen Text von *Stegmüller* (1974), der die Charakteristika und zentralen Gedanken der NAK zusammenfaßt. Im Anschluß daran werden wir uns der NAK-Variante von *Herrmann* (1974) zuwenden.

Stegmüller versucht zu zeigen, daß *Kuhns* „Struktur der wissenschaftlichen Revolutionen" in logischer Form rekonstruiert, die Ablösung des Verständnisses der Theorie-Genese und -überprüfung/-bestätigung sowie des Verständnisses der gesamten Wissenschaftsentwicklung in der Aussagen-Konzeption erzwingt. Was *Kuhn* zeigen konnte, war ja, daß kein einziger Prozeß der Wissenschafts- und Theorieentwicklung, der bislang untersucht worden ist, auch nur die geringste Ähnlichkeit mit der „Falsifikations-Schablone" *Popper*scher Herkunft hat.

Es geht *Stegmüller* darum, die *Kuhn*schen Aussagen über die Falsifikationsresistenz von Theorien/Paradigmata so zu rekonstruieren, daß klar wird, daß eine Theorie „gegen potentielle Falsifikation *immun ist* und nicht erst ‚immunisiert' zu werden braucht" (*Stegmüller* 1974, 189). In diesem Zusammenhang – betont *Stegmüller* – kann man die Auffassung fallen lassen, daß die Rationalität der Wissenschaften sich auf eine spezifische Art der Argumentation gründet, wie dies die Aussagen-Konzeption annimmt. Entsprechend der *Kuhn*schen Unterscheidung von „normaler" und „revolutionärer/außerordentlicher" Wissenschaft, zwingt sich ihm eine *dualistische Rationalitätsauffassung* auf (op. cit., 173): die wissenschaftliche Tätigkeit des „normalen" Wissenschaftlers (Theorieimmunität) folgt ganz anderen Kriterien als die Tätigkeit des „außerordentlichen" Wissenschaftlers (Theorieverdrängung).

Aus den Eigenschaften der logischen Komponente einer Theorie, nämlich der Unterscheidung von Strukturkern K und Kernerweiterung E mit Hilfe von Spezialgesetzen, wobei gilt, daß nur die Kernerweiterung bzw. die Spezialgesetze empirischer Bewährung oder Falsifikation ausgesetzt werden können, folgt, daß der Strukturkern[1] einer Theorie gegen Falsifikation immun ist (op. cit., 183).

Stegmüller unterscheidet zwischen drei Formen der *Theorieimmunität:*

1. das Scheitern des Versuchs der Kernerweiterung kann nicht als Scheitern der Theorie aufgefaßt werden: es zeigt nur die Erfolglosigkeit der Kernerweiterung selbst: es zeigt sich, „daß die Unfähigkeit, mit einer Theorie eine Lösung zu finden, niemals die Theorie, sondern nur den Wissenschaftler diskreditiert (*Stegmüller* 1974, 190; im Original z. T. hervorgehoben);
2. die Zuordnung von Theorie und Anwendung mit Hilfe paradigmatischer Beispielmengen kann nicht unabhängig von der Theorie vorgenommen werden: die Regel der Autodetermination des Anwendungsbereichs einer Theorie sorgt für eine weitgehende Immunität der Theorien gegen potentielle Falsifikation (op. cit., 192);
3. es gibt keine theorieunabhängige Messung. Ergibt sich ein Widerspruch von Gesetz und Messung, so kann dieser Widerspruch vor allem der Messung und nicht dem Gesetz angelastet werden.

Was geschieht nun, wenn tatsächlich einmal *neue* Theorien, neue Strukturkerne auftauchen? *Stegmüller* versucht genau zu explizieren, was geschieht, wenn die falsifikationsresistenten Theorien verschwinden, wenn (i.S.v. *Kuhn*) ein altes Paradigma durch ein neues verdrängt wird. *Stegmüller* nennt diesen Vorgang „unmittelbare Theorieverdrängung durch eine Ersatztheorie" (op. cit., 194). In seiner Rolle als logischer Interpret der historischen Ideen *Kuhns*, gibt *Stegmüller* zwei Bedingungen für die rationale Analyse des Prozesses der Theorieverdrängung: es geht darum, die offenbar vorhandene Rationalitätslücke beim Vorgang der Theorieverdrängung erstens richtig zu lokalisieren und zweitens zu schließen. Die Rationalitätslücke ist bereits von verschiedenen *Kuhn*kritikern falsch lokalisiert worden. Sie haben versucht, eine kritische Stufe oder eine kritische Ebene zu finden, an der genau eine Theorie aufgegeben werden muß, einen Punkt, an dem die Anomalien das (Paradigma-)Faß zum Überlaufen bringen. Wenn man einem solchen Phantom nachjagt, kann man nach *Stegmüllers* Meinung die Rationalitätslücke nicht richtig lokalisieren. Seine Argumente: die „*Binsenweisheit,* daß ein von Menschen benötigtes aber arg heimgesuchtes Objekt noch immer besser ist als keines" (op. cit., 197) oder der logische Grund: „... daß keine noch so große endliche Anzahl von Kernerweiterungen einen schlüssigen Beweis für die Unmöglichkeit der Existenz einer erfolgreichen Kernerweiterung liefert. Und das Auftreten von Anomalien kann man zumindest im physikalischen Fall

---

[1] Der Strukturkern K einer Theorie ist definiert als die geordnete Menge (1) der möglichen Modelle, (2) der möglichen Partialmodelle, (3) einer Restriktionsfunktion, (4) der Modelle, (5) der Nebenbedingungen. Zusammen mit den Spezialgesetzen bildet er die logische Komponente der Theorie.

mit dem häufigen und fortgesetzten Scheitern von Kernerweiterungen gleichsetzen" (ebenda). Die Rationalitätslücke versucht *Stegmüller* mit Hilfe des Begriffs des wissenschaftlichen Fortschritts zu bestimmen: die Rationalitätslücke ist dort anzusiedeln, wo *Kuhn* von der Inkommensurabilität von verdrängender und verdrängter Theorie spricht. Die Schließung der Rationalitätslücke fällt dann leicht mit Hilfe des Begriffs der *Theorie-Reduktion:* „Revolutionärer wissenschaftlicher Fortschritt liegt dann vor, wenn die verdrängte Theorie auf die Ersatztheorie reduzierbar ist" (op. cit., 198; im Original hervorgehoben).

Eine solche Konzeption des (von *Stegmüller* hervorgehoben: nicht-teleologischen) Begriffs des wissenschaftlichen Fortschritts scheint auf den ersten Blick mit *Kuhns* Inkommensurabilitätsthese nicht vereinbar. Macht man sich jedoch – so *Stegmüller* – klar, daß erstens Strukturkern der verdrängenden und Strukturkern der verdrängten Theorie nicht identisch sind, und zweitens, trotzdem andersartige, „unvergleichliche" (eben wegen der verschiedenen Strukturkerne) Theorien auf der Basis eines Leistungsvergleichs miteinander doch verglichen werden können, d. h. der Reduktionsbegriff angewendet werden kann („die reduzierende Theorie leistet in explanatorischer und prognostischer Hinsicht mindestens dasselbe wie die auf sie reduzierte Theorie", op. cit., 199), dann hat man die Rationalitätslücke geschlossen. Obwohl also Theorien miteinander nicht kommensurabel sind, können sie doch miteinander verglichen werden. *Stegmüller* faßt zusammen:

> „Die Schließung der Rationalitätslücke nach dem eben angedeuteten Verfahren ermöglicht es, zwei Grundvorstellungen über den wissenschaftlichen Fortschritt miteinander zu versöhnen, die bislang diametral entgegengesetzt zu sein schienen: *Kuhns* These von der Nichtkumulativität derjenigen Formen von Fortschritt, der in revolutionärer Theorieverdrängung besteht, ist durchaus verträglich mit dem Gedanken einer kumulativen Wissensvermehrung im Verlauf solcher revolutionärer Phasen. Der scheinbare Widerspruch verschwindet, sobald man die Äquivokation im Ausdruck ‚kumulativ' erkannt hat: Nichtkumulativ im *Kuhn*schen Sinne ist der Prozeß insofern, als die Strukturkerne von verdrängender und verdrängter Theorie verschieden sind... Kumulativ ist der Prozeß sofern eine Reduktion der alten auf die neue Theorie vorliegt" (op. cit., 200).

3.3 Herrmanns: „Psychologische Theorien – nicht als Aussagengefüge betrachtet"

Wie wir bereits festgestellt haben, besteht grundsätzlich darüber Einigkeit, daß die NAK nicht auf psychologische Theorien anwendbar ist. Dennoch hat *Herrmann* (1974)[1] versucht, die NAK für psychologische Theorien an-

[1] Während der Korrektur des Manuskripts erschien die Vorankündigung von *Herrmanns* „Die Psychologie und ihre Forschungsprogramme" (1976)

zuwenden. Wir werden uns im folgenden mit diesem Lösungsversuch ausführlicher beschäftigen, dabei aber im Bewußtsein behalten, daß sich dieses Problem von *Herrmann* sozusagen noch im Vorfeld der Diskussion des Zusammenhangs von Theorie und Anwendung befindet: ihm geht es in erster Linie darum, den Gedanken der NAK nach *Stegmüller* fruchtbar zu machen, daß „Theorien" empirisch nicht falsifiziert werden können. Wie dann der Zusammenhang von empirisch doch überprüfbaren Zusatzannahmen oder Spezialgesetzen und deren technologischer Anwendung beschaffen ist, ist für ihn sekundär. Wie sich aus der Formulierung, „Theorien" seien empirisch nicht falsifizierbar, schon ergibt, muß für psychologische Theorien eine gegenüber der NAK veränderte Terminologie gewählt werden (da psychologische Theorien nicht die Voraussetzung für die Anwendbarkeit der NAK erfüllen, nämlich einen mathematisierten Strukturkern zu besitzen). *Herrmann* spricht denn auch nicht von Strukturkern einer Theorie, sondern von *Annahmekern,* versucht dabei aber, die Grundzüge und Eigenschaften der NAK nach *Stegmüller* völlig analog auf diesen Zusammenhang anzuwenden. Wir werden sehen, daß eine solche Vorgehensweise nicht unproblematisch ist.

An den Gedanken anknüpfend, daß Theorien als ganze überhaupt nicht falsifizierbar seien (was natürlich schon eine Verallgemeinerung ist, die nicht – wie wir sehen werden – für alle Arten von Theorien gleichermaßen gilt), geht *Herrmann* davon aus, daß die Tatsachen, mit denen es die Psychologie zu tun hat, „stets theoriegetränkt" seien. Der Verlust der Gewißheit, mit dem Prinzip der Falsifikation ein sicheres und bewährtes Instrument zur empirischen Überprüfung und Bestätigung von Theorien in der Hand zu haben, signalisiert eine *„Rechtfertigungskrise"*. Die Anwendung der NAK kann sich – so *Herrmann* – in diesem Zusammenhang als ein Weg aus der Krise erweisen. Im Anschluß an *Stegmüller* (1973) und *Shapere* (1973) faßt *Herrmann* die Psychologie als „Bündel institutionalisierter Problemlösungsprozesse" auf (op. cit., 4). Theoriebildung ist in diesem Zusammenhang „Teilhandlung bei wissenschaftlichen Problemlösungsprozessen; Theorien sind partielle ‚Antworten' auf Fragen, die aus wissenschaftlichen Problemsituationen entstehen" (ebenda).

Der Begriff des „Problems", so wird hier bereits deutlich, wird sich als zentral für die Konzeption *Herrmanns* erweisen. Er formuliert den Begriff des Problems im Anschluß an *Süllwold* in einer sehr allgemeinen Form als: ein Problem liegt dann vor, wenn ein Individuum ein bestimmtes Ziel erreichen will, aber nicht weiß, wie, weil ihm die Verfahren, Techniken und Operationen fehlen. Ein wissenschaftliches Problem zeigt sich, wenn sich bestimmte „Schwierigkeiten" ergeben. Diese können (a) von „außen", aus der psychologischen Praxis, den Nachbarwissenschaften, aus gesellschaftlichen Problemen oder (b) aus vorhergehender psychologischer Forschung stammen. Bei der Frage, wie die „außerpsychologischen Probleme" „forschungsprogrammspezifisch" umgeformt werden, kann *Herrmann* nur angeben, daß sie sich dabei mehr oder weniger von „vorwissenschaftlichen“ Problemstellungen entfernen.

Es zeigt sich, daß das Auftauchen von Problemen, ihre Transformation in der einzelwissenschaftlichen Rezeption und ihre Behandlung schließlich in den einzelnen Forschungprogrammen wichtige Fragestellungen sind, die auch der historischen Methode einen neuen und wichtigen Stellenwert zuweisen.

Kernpunkt der *Herrmann*schen Argumentation ist aber „die Grundidee, daß jedes wissenschaftliche Problem mit einem Annahmekern unlöslich gekoppelt ist“ (op. cit., 6). Hier wird auf der einen Seite die Herkunft dieser Grundidee aus der dargestellten NAK von *Stegmüller* deutlich, andererseits deuten sich auch kommende Schwierigkeiten an: wie wird es *Herrmann* gelingen, auf der einen Seite die „unlösbare Kopplung“ von Annahmekern und Problem aufrechtzuerhalten und zugleich einen Unterschied zwischen „Annahme“ und „Problem“ einzuführen?

Herrmann geht bei der Lösung dieses Problems von einer Definition des „Problems“ im Anschluß an *Dörner* (1974) aus, der Probleme als Bereiche auffaßt, die gekennzeichnet sind durch eine Menge *S* von Zuständen und eine Menge *R* von Operationen, die der Überführung von Zuständen in andere Zustände dienen. Eine solche Definition von „Problem“ ist auffallend unzulänglich: durch nichts wird hierbei problemlösendes Handeln von anderen Formen der Tätigkeit unterschieden; so erfüllen z. B. automatisierte Handlungen vollständig die Definition, wie sie oben gegeben worden ist. Natürlich ist dann auch nicht zu erwarten, daß es *Herrmann* gelingen wird, die Beziehung von „Annahmekern“ und „Problem“ adäquat zu bestimmen. Er schreibt:

> „So enthält jede Problemkognition Annahmen über einen Bereich, über dessen tatsächliche und mögliche Zustände, über mögliche Zustandsüberführungen, über Hindernisse für angestrebte Zustandsüberführungen u. dgl. Dieser *Kern von Annahmen,* der einen problematisierten Bereich betrifft, kann als äquivalente Bestimmung für das jeweilige *Problem* gelten. Das ‚Problem‘ Genannte und das als ‚Annahmekern‘ Bezeichnete sind danach gewissermaßen unlösbar miteinander verknüpft. Ändert sich der Annahmekern, so ändert sich das Problem. Mit dem historischen Aufkommen eines Problems ... kommt ein Kern von zentralen Annahmen auf; wird ein Annahmekern durch einen anderen ersetzt, so ist ein Problem verschwunden, und ein neues Problem liegt vor“ (op. cit., 7 f.).

Aus dieser Definition der Beziehung von Annahmekern und Problem glaubt *Herrmann* bereits ableiten zu können, „... daß bei der Lösung bzw. Erforschung von Problemen die mit dem jeweiligen Problem vorhandenen Kernannahmen selbst nicht zur Disposition stehen“ (op. cit., 8). Er illustriert diesen Sachverhalt am Beispiel des Schachspiels: bei der Lösung von Schachproblemen steht „Schach“ als Spiel und Regelsystem selbst nicht zur Disposition.

Im Anschluß an dieses Beispiel formuliert *Herrmann* dann die „Aufgabe, auch psychologische Forschungsprobleme (d.h. Themen psychologischer Forschungsprogramme) über ihren jeweiligen Annahmekern zu bestimmen" (op. cit., 9), m.a.W.: Themen von Forschungsprogrammen über deren Annahmekern zu bestimmen.

Mit Hilfe eines „Verfahrens", das er „versuchsweise Annahmeelimination" (ebenda) nennt, versucht *Herrmann* nun zu zeigen, daß sich die Kernannahmen von Forschungsprogrammen rekonstruieren lassen, dabei werden mögliche Kernannahmen versuchsweise ausgeschlossen: verschwindet das Problem/Thema, dann hat es sich um eine Kernannahme gehandelt. Konzeptualisiert man diesen von *Herrmann* gemeinten Prozeß unter einem anderen Gesichtspunkt, so wird sich zeigen lassen, wie trivial dieses Verfahren ist (s. unten).

Die völlig unzureichende Bestimmung des Problem-Begriffs rächt sich besonders dann, wenn *Herrmann* versucht, den Zusammenhang von Problemen und Kernannahmen analog zur *Kuhn*schen Unterscheidung von normaler und revolutionärer Wissenschaft, oder analog zu *Stegmüllers* Theorieimmunität und Theorieverdrängung zu konstruieren.

Er unterscheidet: (a) „echte" Problemlösung, durch den Übergang von einem Soll- in einen Ist-Zustand, bei Beibehaltung des Problems und damit des Annahmekerns (oder sollte man lieber sagen: bei Beibehaltung des Annahmekerns und damit des Problems?). Dabei werden aus dem Annahmekern plus Zusatzannahmen Sekundärananhmen generiert, die empirisch überprüft werden können, wobei bei erfolgter Falsifikation auch die Zusatzannahmen aufgegeben werden können, niemals jedoch der Annahmekern; (b) „unechte" Problemlösung, Problemersetzung, wobei der Annahmekern plus Problem durch einen neuen ersetzt wird. *Herrmann* unterscheidet hierbei drei Formen: eine solche Problemersetzung findet statt, erstens, wenn außerwissenschaftliche Probleme durch die wissenschaftliche Psychologie aufgegriffen werden, zweitens, wenn Kernannahmen sich langfristig als erfolglos erwiesen haben, drittens, wenn ein Problem aus einem Forschungsprogramm durch Umstrukturierung in ein anderes Forschungsprogramm übernommen werden kann (vgl. op. cit., 13).

Besonders bemerkenswert ist hieran, daß „Problemlösung" bei *Herrmann* bedeutet, daß das Problem bestehen bleibt! Das scheint das Ergebnis der äußerst unscharfen Bestimmung des Unterschieds von „Annahme" und „Problem". Weil „ex definitione" nicht sein kann, was nicht sein darf, ergibt sich dieser Widerspruch: würde das Problem gelöst und sich verändern, müßten sich ganz offensichtlich auch Veränderungen im Annahmekern ergeben. Eine solche Möglichkeit ist jedoch nicht für die Problemlösung, sondern nur für die „Problemersetzung" vorgesehen. Was daraus folgt, ist der Widerspruch, daß die „echte Problemlösung" eigentlich keine ist, denn würde das Problem gelöst und *damit aufhören zu existieren,* müßte sich auch der Annahmekern ändern. Daraus folgt: „echte" Problemlösung ist gleich Problemersetzung, was aber wiederum nicht sein kann.

Aber wir wollen *Herrmann* nicht zu wörtlich nehmen. Was gezeigt werden sollte ist, wie ungenau die Bestimmung und Verwendung des Problem-Begriffs ist und zu welchen Komplikationen und Scheinklarheiten sie führt. Was *Herrmann* hier unter „Problem" zusammenfaßt, scheint sich eher auf den „Gegenstand" (oder wie wir weiter unten sehen werden: das Modell-Objekt) eines Forschungsprogramms zu beziehen.

3.4 Reformulierung des Problem-Begriffs I: Zur Psychologie des Problemlösens

Im folgenden Abschnitt wird untersucht werden, in welcher Weise die dargestellten Unklarheiten in der NAK *Herrmanns* darauf zurückzuführen sind, daß er bei der Bestimmung des Problem-Begriffs von einer bestimmten, nicht-adäquaten *psychologischen* Theorie des Problemlösens ausgeht und diese auf wissenschaftliche Tätigkeit als Problemlösen überträgt. Weil die Charakteristik der Beziehung von wissenschaftlichem Erkenntnisprozeß und Psychologie noch ausgesprochen kontrovers ist (siehe z. B. die Diskussion zwischen *Popper* 1966, 1974; *Kuhn* 1967, 1974; aber auch *Mischel* 1971; *Singer* 1971; *Wolman* 1971; *Mitroff* 1972; *Piaget* 1973, 1974; *Bromme & Hömberg* 1977; *Buss* 1975), kann hier nicht erschöpfend dargestellt werden, daß sich mit Hilfe einer vollständigen und angemessenen Fruchtbarmachung einer psychologischen Theorie der Problemlösung auch schärfere und fruchtbarere wissenschaftstheoretische Aussagen über die Bedeutung des Problem-Begriffs machen lassen werden. An dieser Darstellung unter dem Aspekt psychologischer Theorie wird sich denn auch in einem nächsten Abschnitt die Fruchtbarkeit in wissenschaftstheoretischer Hinsicht erweisen müssen.

Für die Bestimmung des Problem-Begriffs in einer Theorie menschlichen Problemlösens erweist sich als wesentlich, was *Klix* hierzu anmerkt: „Bei der Bestimmung des Begriffs Problem muß man eine spezifische Beziehung zwischen objektiv gegebenen Situationseigenschaften und ihrer Abbildung in einer internen kognitiven Struktur als Ausgang nehmen" (*Klix* 1971, 640).

Es ergeben sich drei Bestimmungsstücke für die Existenz einer Problemstellung, die den *kognitiven* Prozeß bestimmt, der hier Problemlösung genannt wird:

1. ein Zustand, der hier beschrieben ist durch die Merkmale oder Merkmalsstrukturen inklusive deren Relationen. Daraus wird ein Problemzustand, wenn die beiden folgenden Bedingungen erfüllt sind;
2. ein Zustand muß gegeben sein, der aus 1. abzuleiten ist: *Zielzustand,* dessen Erreichung die Problemlösung bedeutet;
3. „... das dritte (komplexe) Merkmal eines Problems besteht darin, daß die Überführung des Anfangszustandes in den Lösungszustand nicht oder noch nicht unmittelbar gelingt. Das bedeutet, *daß keine mit der Merkmals-*

bildung schon gegebene Relation hinreicht, um den Lösungszustand zu erzeugen" (ebenda, Hervorhebung, *F. S.*).

Diesen zuletztgenannten außergewöhnlich wichtigen Punkt bei der Bestimmung des „Problems" suchen wir bei *Herrmann* (1974) vergebens.

Zum guten Teil scheint eine Lösung des durch die nicht eindeutigen Ausführungen *Herrmanns* hervorgerufenen Problems auch darin zu bestehen, sich zu vergewissern, mit welcher Art von „Problemen" sich die psychologischen Theorien, von denen er ausgeht, eigentlich beschäftigen. Dann wird zugleich zu fragen sein, ob dieser psychologische Problem-Begriff sich als adäquat für die Übertragung auf die wissenschaftstheoretischen Fragestellungen erweist.

Als wichtiger Ausgangspunkt muß dabei die Feststellung gelten, daß wissenschaftlich-problemlösendes Verhalten sich nicht auf die Lösung konkreter oder individueller Probleme bezieht, dergestalt, daß *einem* wissenschaftlichen Problem *eine* reale Problemsituation zugeordnet werden kann. Vielmehr muß davon ausgegangen werden, daß die abstraktive Leistung in der Formulierung eines wissenschaftlichen Problems genau darin besteht, verallgemeinerte Problemzustände aus vielen Problemsituationen zu generieren.

Einer solchen Charakteristik des „Problems" entsprechen Lösungsverfahren oder -techniken, die man als *heuristisch* bezeichnen kann. Wir wollen die Grundgedanken von *Klix* (1971) zum Charakter von heuristischen Strategien in Problemlöseprozessen darstellen. Dabei läßt sich feststellen, daß sie einen guten Ausgangspunkt für die weiteren Überlegungen darstellen.

Klix kennzeichnet heuristische Strategien wie folgt:

„Heuristische Strategien beruhen ... auf Klassifizierungen, die für problemlösende Systeme charakteristisch sind. Die zu klassifizierenden Objektmengen sind Vorgehens- oder Verfahrensweisen, die in gewissen Mengen von Problemlösungssituationen als invariante Prozeduren herausgehoben werden können. Es sind Verfahren, die sich in bestimmten Klassen von Problemsituationen *generell* bei Lösungsrealisierungen bewährt haben. ... die heuristische Technik (hängt) von den in Klassen von Problemen enthaltenen invarianten Struktureigenschaften und ihrer Transformierbarkeit (ab)" (op. cit., 723).

Hält man sich nur eine der wesentlichen Eigenschaften von wissenschaftlichen Problemlösungen vor Augen, nämlich ihren hohen Allgemeinheitsgrad, ihre Abstraktheit, dann wird deutlich, daß die psychologische Problematisierung unter dem Gesichtspunkt der Untersuchung heuristischer Strategien beim menschlichen Problemlösen wohl die fruchtbarsten Analogien abwerfen wird. Die *Herrmann*sche Auffassung von Annahmekern und Problem wird sich unter diesem Aspekt schlüssiger reformulieren lassen (wie auch im nächsten Abschnitt unter dem wissenschaftstheoretischen Aspekt noch zu zeigen sein wird).

Die Kernfrage bei der Untersuchung heuristischer Strategien beim menschlichen Problemlösen ist: wie gelingt es den Problemlösenden, nur durch einen

Wechsel der Strategie, d.h. ohne zusätzliche Erfahrung mit dem konkreten Problem zu haben, den Lösungsweg zu finden, neue Information durch einen Wechsel in der Strategie zu gewinnen (vgl. *Klix* op. cit., 717)? Die Beantwortung dieser Frage liegt in der oben gegebenen Definition von heuristischen Strategien: die Problemlösenden benutzen hierfür Strategien, die sie in ganz voneinander verschiedenen Problemstellungen erworben haben. Dieser „abstraktive" Charakter (op. cit., 723) bedeutet aber auch, daß die heuristischen Strategien, den „Weg zur Lösungsfindung öffnen, die Lösungsrealisierung speziell aber nicht garantieren. Denn die hängt in der Regel von der *konkreten* Struktur des Problems ab, die heuristische Technik hingegen von den in Klassen von Problemen enthaltenen invarianten Struktureigenschaften und ihrer Transformierbarkeit" (ebenda).

Am deutlichsten kommt diese Leistung heuristischer Strategien in der Beschreibung einer allgemeinen heuristischen Technik zum Ausdruck: der Modellbildung (Analogiebildung) oder heuristischen Modellierung.

Aufgrund der Abstraktion von der konkreten Problemstruktur und der Anwendung verallgemeinerter Transformationsregeln ermöglicht es eine heuristische Modellbildung, „die nur zum Teil, oft nur zum geringen Teil bekannte Struktur eines gegebenen Problems auf einen Problemraum mit bekannter Grundstruktur zu projizieren, in ihm mit den vom Problem vorgegebenen Parametern die Lösung zu suchen und – rückführend – auf das Originalproblem zu übertragen" (op. cit., 724 f.). Diese Darstellung des Problemlösungsprozesses nach *Klix*[1] erlaubt es nun, die Aussagen von *Herrmann* über die Beziehung von Annahmekern und Problem anders zu formulieren:

Probleme stellen ein Verhältnis zwischen einer objektiv gegebenen Situation und ihren Eigenschaften zu deren Abbildung in einer kognitiven Struktur dar, wobei die Transformation bestimmter Zustände in Zielzustände kognitiv als problematisch abgebildet wird. Um diesen Ansatz zu übertragen auf das Verhältnis von Problem und Annahmekern: Probleme (und wohl auch etwas, das man als Äquivalent zu *Herrmanns* „Annahmekern" bezeichnen kann) werden von einer realen objektiven Problemsituation und nicht ausschließlich über den Annahmekern bestimmt. Das, was *Herrmann* „Annahmekern" nennt, scheint sich mit dem Begriff der heuristischen Modellbildung besser reformulieren zu lassen: es handelt sich um verallgemeinerte, abstrakte Strategien aus bekannten Problemlösungen, auf die ein *konkretes* Problem projiziert werden kann, um einen Lösungsweg zu finden. Hier findet die Translation des *Herrmann*schen Textes aber auch schon ihre Grenzen. Zwar ließe sich jetzt tendenziell auch erklären, warum dieser Komplex „Annahmekern"/ „heuristisches Modell" resistent gegen Falsifikation ist: die abstraktiven Strategien sind entweder brauchbar oder nicht, sie können gewechselt wer-

---

[1] Erstaunlich ist, daß auch *Herrmann* (1974) *Klix* zitiert; ersterer scheint letzteren allerdings nur „analogisierend" in Anspruch zu nehmen.

den. Im konkreten Problemlösungsprozeß bedeutet aber ein solcher Wechsel nie, daß solche Strategien damit auch als falsifiziert betrachtet werden können, sie sind eben mehr oder weniger *brauchbar.* Offenbar liegen aber die Grenzen der Übersetzungsmöglichkeiten vor allem in dem *Herrmann*schen Herangehen und der Analyse dieses Zusammenhangs mit Hilfe einer psychologischen Theorie des Problemlösens. Um eine angemessenere Variante des *Herrmann*schen Textes produzieren zu können, müssen wir wohl den Rahmen des psychologischen Ansatzes verlassen.

Immerhin hat uns dieser Abschnitt zweierlei gezeigt: daß das psychologische Herangehen an diesen Zusammenhang, das *Herrmann* vorführt, von einer problematischen Unklarheit über die Stellung des Problems beherrscht wird und allgemein das psychologische Herangehen hier Grenzen hat; zweitens, daß sich der Begriff des Modells für die weitere Diskussion als wesentlich erwiesen hat.

3.5 Reformulierung des Problem-Begriffs II: Zur Theorie wissenschaftlicher Problemlösung

Natürlich kann im Zusammenhang dieser Arbeit nicht der Gesamtprozeß wissenschaftlicher Erkenntnistätigkeit dargestellt und rekonstruiert werden. Es kann hier nur darum gehen, im Rahmen der besonderen Fragestellung dieses Kapitels die Zweifel an der Fruchtbarkeit der NAK für die Analyse des Prozesses der Theorie-Genese und -Anwendung zu erhärten und die Umrisse und Bedingungen einer alternativen Konzeptualisierung des Verhältnisses von Theorie und Technologie darzustellen.

Dabei sind für die Kritik der NAK-Übertragung auf die Psychologie, wie sie *Herrmann* vorgenommen hat, vor allem die zwei Grundgedanken von besonderer Bedeutung:

1. die Übertragung des Begriffs der *Theorieimmunität:* „Annahmekerne“ sind als gegen potentielle Falsifikation immune Gebilde aufzufassen;
2. die Übertragung des Begriffs der *Theorieverdrängung* in analoger Weise: Annahmekerne wechseln entweder als ganze oder gar nicht.

Diese beiden Annahmen sollen im folgenden kritisiert werden: es soll gezeigt werden, daß das Aufgeben der Bedeutung der Empirie, oder der realen Situation, auf die sich eine faktische Theorie bezieht, für den Prozeß der Theorie-Genese (und -Anwendung), die mit diesen beiden Annahmen verbunden ist, keine notwendige (und auch nicht hinreichende) Bedingung für die Erklärung derjenigen Sachverhalte ist, die durch die Begriffe der Theorieimmunität und Theorieverdrängung in der NAK erklärt werden sollen. In der „psychologischen“ Reformulierung des NAK-Ansatzes war bereits gezeigt worden, daß sich der Fehler, nicht zwischen realer Problemsituation und deren kognitiver Abbildung zu unterscheiden, auch auf die weitere Untersuchung des Sachverhaltes entscheidend auswirkt.

Bei der wissenschaftstheoretischen Reformulierung des Prozesses der Theorie-Genese und -Anwendung stützen wir uns im folgenden auf zwei Aufsätze von *Bunge:* „Testability today" (1973a) und „Concepts of model" (1973b). Die dort vorgenommene Untersuchung des Kriteriums der Überprüfbarkeit von Theorien in der heutigen Wissenschaftstheorie und die Ausführungen zum Modell-Begriff erlauben es, den hier dargestellten Zusammenhang zu formulieren, ohne dabei die Beziehung von Theorien, Modellen und realer Situation auszublenden oder die Frage der Überprüfbarkeit von Theorien als irrelevant (wegen der Theorieimmunität) auszuklammern.

Bunge geht in seinen Ausführungen davon aus, daß die Existenz empirisch nicht prüfbarer Theorien eine Erklärung verlangt. Anders als *Stegmüller,* der seine Aussagen nur auf bestimmte physikalische Theorien bezieht, zeigt er auf, daß es viele Theorien gibt, die empirisch *nicht* prüfbar sind, aber dennoch als wissenschaftlich bezeichnet werden müssen. Dazu gehören: die Informationstheorie, die Kybernetik, die Systemtheorie, die Spieltheorie, die Theorie der Automaten wie auch die allgemeine Feld-Theorie. Diese Theorien beziehen sich auf Eigenschaften und Verhalten von Systemen der verschiedensten Arten: sie sind in diesem Sinne „inhaltsleer" (oder wie *Bunge* sagt: „stuff free", 1973 a, 34), da sie von der konkreten inhaltlichen Bestimmung von Systemen absehen. Das bedeutet aber nicht, daß sie nicht anwendbar wären, sie sind dagegen nicht falsifizierbar. Sie stellen *generische Bezugssysteme*[1] für ganze Klassen von Ereignissen in verschiedenen Ereignisgebieten dar. Wird z. B. die Informationstheorie auf ein konkretes System angewendet und es stellt sich heraus, daß die Anwendung nicht gelingt, so wird das System fallengelassen, die Theorie aber beibehalten. Das heißt aber, daß bei solchen Theorien die Frage nach ihrer Bestätigung/Überprüfung[2] einfach gegenstandslos ist (op. cit., 35).

Diese Theorien vom Typ Informationstheorie sind zwar nicht falsifizierbar, aber sie sind korrigierbar (op. cit., 37). Über Anwendungen der Theorie stellt sich heraus, ob es sinnvoll ist, sie zu erweitern, zu verbessern.

Bunge bestimmt den wissenschaftlichen Charakter dieser Theorien durch den Gedanken, daß sie sozusagen nur in „Symbiose" mit anderen spezifischen Theorien ihre Fruchtbarkeit demonstrieren können.

Ihre Anwendung und Anwendbarkeit bestimmt ihren wissenschaftlichen Charakter: „Ihre Anwendung auf spezifische Situationen erfordert einiges Wissen über die letzteren ... Was also einem Brauchbarkeits-Test (nicht einem Wahrheits-Test) unterzogen wird, ist ein allgemeines Bezugssystem der oben

---

1 Die unglückliche Übersetzung von „generic" in „generisch" mag hingenommen und weiterhin toleriert werden, da als Alternative nur die nicht weniger unglücklichen Begriffe „gattungsspezifisch" oder „artspezifisch" zur Verfügung standen.

2 Hier ist sowohl das empiristische „confirmation" als auch das falsifikationistische „corroboration" gemeint.

beschriebenen Art zusammen mit einem definierten Modell des konkreten Systems, um das es geht" (op. cit., 37).

Diese Charakterisierung der Theorien vom Typ Informationstheorie nimmt *Bunge* nun zum Ausgangspunkt für die Bildung einer *Hierarchie von Theorien*. Die Dimensionen dieser Hierarchiebildung bilden die *semantischen* (Beziehungen von Theorie-Zeichen und Bezeichnetem) und methodologischen (Prüfbarkeit) Charakteristika von Theorien. Es werden drei Typen von Theorien unterschieden (vgl. op. cit., 38 f.):

	Charakteristika			
	Semantische		Methodologische	
	Faktischer Bezug	Referenz Klasse	Konzeptuelle Überprüfbarkeit	Empirische Überprüfbarkeit
Typ I spezifische Theorien	ja	enge Klasse	ja	ja
Typ II generische interpretierte Theorien	ja	Gattung, die mehrere Typ I Klassen enthält	ja	nein
Typ III generische semi-interpretierte Theorien	nein	Familie von Gattungen Typ II	ja	nein

Die verbale Ausformulierung dieses Überblick-Schemas zeigt folgendes:

Typ I:

Spezifische Theorien (theoretische Modelle), deren grundlegende Zeichen einen faktischen Bezug haben, (sich auf Fakten beziehen), wobei diese Fakten aus einer relativ klar abgegrenzten Art konkreter Fälle bestehen, die wenigstens zum Teil von der Theorie abgebildet werden. Diese Theorie ist konzeptuell, im Hinblick auf Konsistenz mit schon vorhandenem Wissen, und empirisch, im Hinblick auf die Konfrontation mit Daten, prüfbar.

Typ II:

Generische interpretierte Theorien, deren grundlegende Zeichen faktische Bedeutung haben, wobei die Fakten aus einer „Gattung" bestehen, die aus einer unbestimmten Menge von „Arten" des Typ I gebildet werden. Diese Theorie ist konzeptuell, aber nicht empirisch prüfbar. Empirisch prüfbar wird sie erst dann, wenn ihr ein *Modell-Objekt* zugeordnet wird. Mit Hilfe eines Modell-

Objekts, das sich auf konkrete Fälle bezieht, ist die Theorie vom Typ II transformierbar in eine vom Typ I und so empirisch prüfbar.

Typ III:

Generische semi-interpretierte Theorien, deren Zeichen keinen faktischen Bezug haben, die sich auf „Familien" beziehen, die aus „Gattungen" vom Typ II gebildet werden. Diese Theorie ist konzeptuell prüfbar, empirisch nicht prüfbar. Sie kann durch Spezifizierung „stellvertretend" empirisch geprüft werden, was bedeutet, daß sie (oder ihre Spezifizierung) zu einer Theorie vom Typ II wird.

Die Darstellung liefert für die Diskussion der Reformulierung der Annahme der Theorieimmunität in der NAK schon wesentliche Argumente: die Trennung in zwei Arten von Theorien – die fortgeschritteneren, mit mathemathischem Strukturkern und die zurückgebliebenen –, wobei auf die ersten die NAK angewendet werden kann und die zweiten weiterhin nur unter der Aussagenkonzeption verständlich bleiben, erweist sich nach dieser Darstellung als überflüssig; eine bloße Erweiterung dieser Trennung in *drei* Arten von Theorien wird dadurch vermieden, daß die Bedingungen angegeben werden, unter denen Theorien vom Typ II und III in jeweils „niedrigere", d.h. auch in empirisch prüfbare transformiert werden können; das bedeutet aber schließlich, daß das Kriterium der empirischen Prüfbarkeit von Theorien nicht aufgegeben werden muß oder das Charakteristikum der empirischen Nicht-Prüfbarkeit von Theorien nicht in dieser Form, wie es die NAK-Variante in der Adoption durch *Herrmann* tut, verallgemeinert werden muß. Diese Tendenz zur Verallgemeinerung der Eigenschaft der Immunität gegen falsifizierende Erfahrung scheint vor allem dann aufzutreten, wenn die Vertreter solcher Tendenz auch in allgemein weltanschaulich-philosophischer Hinsicht eher als Anhänger einer Auffassung angesehen werden können, die man als epistemologischen Pessimismus kennzeichnen könnte. Eine solche Position – und *Herrmann* gehört zu ihren Vertretern – vergißt nur zu leicht, daß wissenschaftliche Tätigkeit sich auf reale Systeme bezieht, diese mehr oder weniger und mehr oder weniger adäquat abbbildet: ihren Ausdruck findet eine solche Position unter anderem in der dargestellten Konzeption des „Annahmekerns" (und seiner Beziehung zu den wissenschaftlichen „Problemen"), in der die Beziehung dieses Annahmekerns zur Realität, die er abbildet – egal ob *Herrmann* das nun thematisiert oder nicht –, einfach als gegenstandslos angesehen wird. Bleibt man bei der simplen Formulierung und Verallgemeinerung des Prinzips der Theorieimmunität stehen, mündet eine solche Konzeption in den Agnostizismus. Wie *Bunge* gezeigt hat, kommt es darauf an, aufzuweisen, daß solche Typ III- und Typ II-Theorien ihre Bedeutung nur dann erhalten, wenn man den Prozeß ihrer Transformation in eine prüfbare Typ I-Theorie mitdenkt: sobald sie angewendet werden sollen, muß dieser Transformationsprozeß einsetzen. Für die Theorien vom Typ II bedeutet das: *Konkretisierung* mit Hilfe eines Modell-Objekts, für die Theorien vom Typ III:

Spezifizierung mit Hilfe konkretisierbarer subsidiärer Hypothesen (vgl. *Bunge* 1973b, 106).

Als bedeutsam erweist es sich ferner, die methodologischen Implikationen der konzeptuellen Prüfbarkeit als Bestandteil eines allgemeinen, „liberalisierten“ Kriteriums der Prüfbarkeit (op. cit., 42) aufzufassen. Alle hier vorgestellten Theorien sind konzeptuell prüfbar. Das ist zwar keine direkte empirische Prüfung, aber sie ist nicht weniger bedeutsam. *Herrmann* versucht übrigens selbst auch mit seinem Verfahren der „versuchsweisen Annahmeelimination“ eine – wenn auch triviale – Methode der konzeptuellen Prüfung anzuwenden.

Den Unterschied, der in der NAK zwischen mathematischem Strukturkern einer Theorie und Kernerweiterung (vgl. *Stegmüller* op. cit.) gemacht wird, kann *Bunge* (1967, I, 423–434) auf den Unterschied zwischen einem semantischen System (einer interpretierten Theorie) und einem syntaktischen System (einer abstrakten Theorie) inklusive der Beziehung zwischen beiden zurückführen.

Eine abstrakte Theorie wird von ihm aufgefaßt als eine Menge von Annahmen, die durch eine Deduzierbarkeits-Relation geordnet werden: $S = A, \vdash$, während eine interpretierte Theorie sich darstellt als Menge von Annahmen, die durch $\vdash$ geordnet werden und die inhaltlich bestimmt werden durch eine Menge I_n von Interpretations-Annahmen: $M_n(S) = A, I_n, \vdash$ (vgl. op. cit., 430).

Das Prinzip der Kernerweiterung lautet in *Bunges* Ansatz:

„Es gibt so viele theoretische Modelle $M_n(S)$ einer gegebenen abstrakten Struktur S wie Mengen I_n von Regeln der Interpretation der primitiven Symbole“ (op. cit., 430) und weiter: „Jede abstrakte Theorie oder Struktur kann auf eine Vielzahl von Arten interpretiert werden, sowohl partiell als auch total. Umgekehrt gilt, daß nur ein rein syntaktisches Schema übrigbleibt, wenn man die Theorie der interpretativen Annahmen entkleidet, die ihr einen Gehalt geben. Die einfachste Interpretation einer abstrakten Theorie, die gegeben werden kann, ist es, die Gegenstände der Theorie ... als natürliche Zahlen zu betrachten; jede syntaktisch konsistente Struktur macht eine solche Interpretation möglich, die das ergibt, was man fälschlicherweise ein *abzählbares Modell* nennt“ (op. cit., 433).

Bunge (1973b) führt aus, daß mathematische Modelle aus der reinen Mathematik (Modell-Theorie) nicht mit den theoretischen Modellen (der spezifischen oder Typ I-Theorie) gleichgesetzt werden dürfen. Es zeigt sich, daß der mathematische Modell-Begriff auf die verschiedensten Arten interpretiert werden *kann*, er *muß* interpretiert werden, wenn er sich auf Fakten, reale Sachverhalte beziehen soll. Ein solches formales Modell kann auf die unterschiedlichsten realen Sachverhalte angewendet werden, von *einem* abstrakten Modell in *viele* semantische Modelle (vgl. op. cit., 112). Es scheint nahezuliegen, die Theorieimmunität der NAK zu beziehen: a) auf die Charakteristika generischer Theorien, b) die Charakteristika abstrakter Strukturmodelle, und sie nicht als Eigenschaften von Theorien überhaupt zu erklären. Der Zusammenhang von Theorien vom Typ I, II und III kann erklären, warum generische Theorien zwar nicht empirisch prüfbar sind, aber prüfbar werden müssen, wenn sie angewendet werden.

Bis hierher ist zwar versucht worden, das allgemeine Prinzip der Theorieimmunität der NAK in Begriffen zu reformulieren, die es erlauben, ein – wenn auch liberalisiertes – Kriterium der Prüfbarkeit auf sie anzuwenden. Das Prinzip der „Theorieverdrängung" ist dabei noch nicht näher diskutiert worden. Im folgenden soll das Prinzip der Theorieverdrängung der NAK, wie es in der Konzipierung des Verhältnisses von Annahmekern und Problem bei *Herrmann* (1974) zum Ausdruck kommt, mit Hilfe der Begriffe „Modell-Objekt" und „theoretisches Modell" reformuliert werden.

Wir wollen hierbei davon ausgehen, daß wissenschaftliche Tätigkeit es nicht mit praktischen, sondern mit wissenschaftlichen Problemen zu tun hat. Wissenschaftliche Probleme sind in Modell-Systemen zu Hause, nicht in realen Systemen, wenngleich sie sich auf reale Systeme beziehen. In diesem Sinne sind nicht die realen (System-)Objekte Gegenstand der Wissenschaft, sondern schematisierte und idealisierte Modelle bilden diesen Gegenstand, die aber reale Systeme (mehr oder weniger vollständig) abbilden (vgl. *Smirnov* 1967; *Bunge* 1967, Vol. I). Spezifische Theorien (oder: theoretische Modelle) sind in diesem Sinne Theorien über Modell-Objekte, die Teile einer realen Situation abbilden.

Das Verhältnis von Modell-Objekt, spezifischer Theorie (Typ I) und generischen Theorien (Typ II und III) ist so vorzustellen, daß aus einer Theorie vom Typ II (s. o.) mit Hilfe von subsidiären Hypothesen eine spezifische, empirisch prüfbare Theorie ableitbar ist. Dabei charakterisieren die subsidiären Hypothesen ein Modell-Objekt (vgl. *Bunge* 1973b, 106).

Es lassen sich zwei Entwicklungswege wissenschaftlicher Problemlösung unterscheiden:

a) die Einbettung von Modell-Objekten in generische Theorien (vorausgesetzt, solche stehen zur Verfügung) durch reduktive Konkretisierung, wobei sich Theorien vom Typ I ergeben;
b) die expansive Ausarbeitung von Modell-Objekten zu generischen Theorien oder besser: zu generischen Bezugssystemen oder Bestandteilen von Theorien.

Der erste Entwicklungsweg ist dabei charakteristisch für entwickelte Wissenschaftsgebiete, während b) für die noch wenig entwickelten typisch ist (vgl. op. cit., 106 f.). Wir können hier davon ausgehen, daß die Situation in der Psychologie am ehesten nach Entwicklungsweg b) gekennzeichnet werden kann: Ausgangspunkt ist in der Regel ein Modell-Objekt, dessen Eigenschaften versuchsweise in theoretischer Form spezifiziert und verallgemeinert werden, so daß sie empirisch prüfbar werden. Ausgehend von dieser Unterscheidung von Modell-Objekt und theoretischem Modell/spezifischer Theorie wollen wir nun versuchen, einige Annahmen der NAK-Variante von *Herrmann* zu reformulieren. Setzen wir für „Annahmekern" Modell-Objekt und gehen davon aus, daß „Probleme“ sich nur im Rahmen einer spezifischen Theorie als wissenschaftliche Probleme ergeben, so dürfte die Reformulierung der NAK *Herrmanns* nicht zu große Schwierigkeiten bereiten:

Das Prinzip der „Theorieverdrängung“, wie es *Herrmann* auf die Konzeption des Annahmekerns anwendet, läßt sich aus der Charakterisierung der Funktion und Eigenschaft des Modell-Objekts erklären. Die Verdrängung von Annahmekernen durch neue bedeutet in diesem Sinne nicht mehr und nicht weniger, als daß ein Modell-Objekt durch ein anderes ersetzt wird. Die Gründe für diese Verdrängung können in außerwissenschaftlichen, gesellschaftlichen Problemen liegen oder Ergebnis längerfristig-„erwiesener“ Unbrauchbarkeit des Modell-Objekts sein oder in beiden liegen. Im vorherigen Kapitel ist ja ausführlich dargestellt worden, wie die Diskussion um die Kritik des black box-Modell-Objekts sowohl gesellschaftliche als auch Adäquatheits-Gründe thematisiert.

Die Reformulierung des „Annahmekerns“ durch den Begriff des Modell-Objekts leistet jedoch noch mehr, als den Zusammenhang anders zu formulieren: eine solche Reformulierung ist ja vor allem dadurch zu rechtfertigen, daß sie einen Zusammenhang besser erklärt und Fehler vermeidet. Das soll kurz dargelegt werden. Wie schon mehrfach hervorgehoben, ist für den Begriff des Modell-Objekts wesentlich, daß die Beziehung von Abbild und realem System hier thematisiert wird. Wichtig ist aber auch, daß Modell-Objekte, gerade durch ihre Eigenschaft, nur partielle, schematische Abbilder realer Systeme zu sein, beinhalten, daß sie immer mit einem bestimmten *Ziel*, für einen bestimmten *Zweck* gebildet werden: die Eigenschaften, die für das zu erreichende Ziel als irrelevant angesehen werden, tauchen in dem Modell erst gar nicht auf. Benutzt man z.B. eine Uhr vor allem daz ι die Zeit abzulesen, kann man sie getrost als black box-Modell-Objekt behandeln, für einen Uhrmacher ist ein solches Modell absolut ungeeignet: ihm hilft nur ein translucid box-Modell. Daraus läßt sich verallgemeinern: genügt es für bestimmte Ziele, nur den Input und Output eines Systems zu manipulieren, dann genügt ein black box-Modell-Objekt, will man das System verstehen oder verbessern (z.B. reparieren), tut es nichts weniger als ein translucid box-Modell-Objekt (vgl. *Bunge* 1973b, 103f.)

Diese Zielbestimmtheit von Modellobjekten ist nun zweifellos sehr wesentlich für die Erklärung, wie sich bestimmte „außerwissenschaftliche“, gesellschaftliche Probleme oder die Erfolglosigkeit von Modell-Objekten überhaupt in dem Heraufkommen neuer Modell-Objekte niederschlagen können. Eine solche Möglichkeit bietet die Konzeption des „Annahmekerns“ in der NAK durchaus nicht. Die Mechanismen der Ersetzung von Annahmekernen erscheinen in der NAK als beliebig.

Das von *Herrmann* vorgeschlagene Verfahren der „versuchsweisen Annahme elimination“ stellt sich hier reformuliert so dar: eliminiert man potentielle Kernannahmen – so hieß es ja bei *Herrmann* – so stellt man ihren Status als Kernannahmen dadurch fest, daß mit der Annahme auch das Problem verschwindet. Das läßt sich nun so formulieren: werden wesentliche Eigenschafte des Modell-Objekts, d. h. solche Eigenschaften, die Seiten des realen Gegenstandes/Systems abbilden, eliminiert, dann verändert sich damit natürlich das wissenschaftliche Problem, es wird ein anderes, weil andere Eigenschaften des realen Systems abgebildet werden und sich die Beziehung von spezifischer Theorie und Modellobjekt ebenfalls verändert. Das wiederum heißt aber nur, daß damit ein Wissenschaftler andere Ziele verfolgt, denn außer durch die Art des abgebildeten realen Systems wird das Modell-Objekt und seine Dimensionen ja wesentlich durch die Zielsetzung des Wissenschaftlers bestimmt, der sich eines solchen Modells bedient, d. h. dadurch, welche Probleme er eigentlich lösen will.

Fassen wir zusammen: es dürfte klar geworden sein, daß die vorhandenen Schwächen der NA-Konzeption nicht dazu beitragen können, das Verhältnis von Theorie und Anwendung in fruchtbarer, der Entwicklung der Psychologie dienlicher Weise zu klären. Die Ergebnisse dieser Erörterung können wir folgendermaßen in ihren für den weiteren Verlauf der Diskussion besonders bedeutsamen Aspekten zusammenfassen:

1. Für die Konzeption einer Technologie muß man es als ausgesprochen unzweckmäßig bezeichnen, von einer deterministisch gerichteten Beziehung von Theorie und Anwendung auszugehen. Die Untersuchung der Rolle der Modell-Objekte, auf die eine Theorie sich bezieht, hat herausgestellt, daß die Modell-Objekte immer auf ein bestimmtes Ziel hin gebildet werden, ein Ziel, das mithin auch die Ausbildung der Theorie beeinflußt. In dieser Konzeption ist denn auch einfach zu erklären, wieso „äußere" z. B. gesellschaftliche Probleme sich in einer Änderung des Modell-Objekts niederschlagen: wie im zweiten Kapitel am Beispiel der amerikanischen Diskussion der Krise der Psychologie dargestellt worden ist, werden unter dem Druck gesellschaftlicher Probleme die Ziele (Diskussion um gesellschaftliche Verantwortung der Psychologen), nach denen Modell-Objekte des Gegenstands der Psychologie konstruiert werden, verändert. Anders formuliert: durch die Veränderung der Ziele (z. B. soziale Probleme zu lösen) erweisen sich bestimmte Modell-Objekte – hier vor allem das black box-Modell-Objekt – als unangemessen.

2. Es kann davon ausgegangen werden, daß für wissenschaftliche, praktische und technologische Problemlösung unterschiedliche Modell-Objekte relevant sind. Die Unterschiede dieser Modell-Objekte herauszuarbeiten, wird im nächsten Abschnitt versucht werden: wissenschaftliche Modell-Objekte sind *Ausgangspunkt* wissenschaftlicher Problemlösung, technische Modelle sind aus wissenschaftlichen Theorien in Regelsysteme *umgesetzte* Modell-Objekte, praktische Erfahrungs-Modelle sind *Ergebnis* praktischer Problemlösung (vgl. dazu auch *Raeithel* 1976).

3. Aus der Darstellung der Krisen-Diskussion im zweiten Kapitel und der Entwicklung der Bedeutung des Begriffs des Modell-Objekts hat sich immer wieder herausgestellt, wie wichtig es ist, die Entstehung von wissenschaft-

lichen Problemen zu verstehen als Repräsentation von Teilen „äußerer" Probleme, die über das Modell-Objekt, das eine reale Situation partiell abbildet, vermittelt sind[1].

Dies aber stellt in anderer Formulierung nur die Bedeutung heraus, die die „äußere" Anwendungssituation auf die Entwicklung von Theorien als Voraussetzung für Technologien hat, wie dies am idealisierten Beispiel der Entwicklung der Naturwissenschaften bereits dargestellt worden ist. Von diesem Gesichtspunkt ausgehend, wollen wir im folgenden Abschnitt in Umrissen eine (Technologie-)Konzeption des Verhältnisses von Theorie und Anwendung darstellen, die die beschriebenen und kritisierten Unklarheiten der zuvor diskutierten Konzeptionen vermeidet. Dabei werden zugleich die Bedingungen und Schwierigkeiten der Konzeptualisierung einer *psychologischen Technologie* erörtert werden.

3.6 Wissenschaft und Technologie: Gesetz und Regel

Eine angemessene Darstellung des Verhältnisses von Theorie und Anwendung wird von der Herausarbeitung der wichtigen – wenn auch z. T. nur graduellen – Unterschiede von Wissenschaft, Technologie und Praxis ausgehen müssen. Dabei erweisen sich solche Auffassungen als unangemessen, die entweder behaupten, daß die Praxis direkt der Prüfstein jeder Theorie sei oder solche, die davon ausgehen, daß Theorien mit der Prüfung in der Praxis nichts zu tun haben.

Wir wollen hier von folgender Bestimmung der Technologie ausgehen: eine Technologie ist ein System von Wissen, das in Form von Regeln oder Regelsystemen besteht, die durch wissenschaftliche Theorien begründet sind und/ oder durch die Anwendung der „wissenschaftlichen Methode" (i.S.v. *Bunge*) bei der Lösung praktischer Probleme sich ergeben[2].

Die Wissenschaft, die sich mit der Aufstellung solcher Regeln und Regelsysteme mit Hilfe von Theorien befaßt, nennen wir angewandte Wissenschaft oder Technologie. Bei der Beantwortung der Frage, ob bestimmte Regeln

---

[1] Auch *Bunge* (1973b) hebt dies an mehreren Stellen hervor: „Es ist niemals zwecklos, zu betonen, daß jedes Modell-Objekt die Idealisierung eines Systems oder eines Tatbestandes darstellt, von dem angenommen wird, daß sie wirklich oder zu verwirklichen sind" (op. cit., 96; vgl. auch op. cit., 105; *Bunge* 1967, I, 385ff.).

[2] Wir wollen Technologien hier als System von Regeln und nicht als System von „Techniken" bestimmen, um die vielleicht naheliegenden Assoziationen des Technik-Begriffs mit „industrieller Fertigung" usw. oder automatisierten „skills" (Mal-Technik, Fahr-Technik) zu vermeiden.

oder Regelsysteme die anvisierten praktischen Probleme auch lösen, verwendet die Technologie die „wissenschaftliche Methode" (vgl. *Bunge* 1967, II, 121f.; *Wendt* 1974). Zielt die Wissenschaft auf die Aufstellung von Gesetzesaussagen, so die Technologie auf die Aufstellung von begründeten Regeln.

Bei der Lösung praktischer Probleme sind schon immer Regeln „gefunden" oder aufgestellt worden. Warum diese Regeln effektiv waren, blieb dabei unwichtig: sie waren das Ergebnis einer Geschichte von Versuch und Irrtum, die von einer überlieferten Erfahrung ausgingen. Von diesem akkumulierten Wissen über die Wirkungen und Bedingungen von regelgeleiteter Tätigkeit zur Frage nach der Begründung der Wirksamkeit überzugehen, markiert die Entstehung der modernen (wissenschaftlichen) Technologie (vgl. *Bunge* op. cit., 133). *Bunge* (ebenda) unterscheidet dabei zwei Entwicklungswege der modernen Technologie:

a) vorhandene Regeln oder Regelsysteme werden begründet,
b) aus Gesetzesaussagen werden technologische Regeln abgeleitet.

Den Unterschied von Gesetzesaussagen und Regeln führt *Bunge* (op. cit., 134) auf den Unterschied von *nomologischen* Sätzen (Beispiel: $A \rightarrow B$) und *nomopragmatischen* Sätzen (Beispiel: um B zu erhalten, mache A) zurück.

Dies läßt sich an folgendem Beispiel (nach *Bunge* op. cit., 133 f.) verdeutlichen:

Es sei die folgende Gesetzesaussage gegeben: „Wenn die Temperatur eines magnetisierten Körpers seine *Curie*-Temperatur (770 Grad Celsius für Eisen) übersteigt, wird er entmagnetisiert". Daraus läßt sich die nomopragmatische Aussage ableiten: „Wenn ein magnetisierter Körper aus Eisen über 770 Grad Celsius erhitzt wird, dann wird er entmagnetisiert", die wiederum zur Begründung der folgenden 2 Regeln (z. B.) dienen kann: R 1: „Um einen Körper aus Eisen zu entmagnetisieren, erhitze ihn über 770 Grad Celsius" und R 2: „Um zu verhindern, daß ein Körper aus Eisen entmagnetisiert wird, erhitze ihn nicht über 770 Grad Celsius". Regeln haben so nomopragmatische Aussagen zur *Voraussetzung* und diese wiederum haben nomologische Aussagen zur Voraussetzung, was sich wie folgt darstellen läßt: Nomologische Aussage $\vdash$ Nomopragmatische Aussage $\vdash$ Regel 1, Regel 2 .

Nomopragmatische Sätze haben keinen Wahrheitswert wie nomologische Sätze, sie haben eine Effektivitätswert. Zwischen nomologischen und nomopragmatischen Aussagen besteht so eine deterministisch gerichtete Beziehung: aus Gesetzesaussagen lassen sich Regeln ableiten und begründen, aber aus Regeln können keine Gesetze abgeleitet oder durch Regeln keine Gesetzesaussagen bestätigt werden. Was eine wirksame, effiziente Regel leisten kann, ist, daß sie auf neue und für eine wissenschaftliche Untersuchung relevante Variablen hinweist und das Problem stellt, die gesetzmäßigen Beziehungen und Bedingungen aufzudecken, die die offensichtliche Wirksamkeit der Regel erklären. Dies hat eine wichtige Konsequenz für die Methodologie der Regeln und die Beziehung zwischen Wissenschaft und Technologie: es gibt keinen einzelnen Weg von der Praxis zum Wissen, vom Erfolg (der Regeln) zur Wahrheit (der Gesetzesaussagen). Der Erfolg einer Regel gewährleistet noch nicht die Möglichkeit, von der Regel auf eine Gesetzmäßigkeit zu schließen, sondern stellt nur die Notwendigkeit, das Problem, die augenscheinliche Effektivität der Regel zu erklären, wissenschaftlich zu lösen. Es gibt also so viele Wege vom Erfolg einer Regel zur Wahrheit einer Gesetzesaussage, daß sie für die Theorie unbrauchbar oder jedenfalls fast unbrauchbar sind. Keine Sammlung von Regeln kann zu einer wahren Theorie führen, sie kann aber auf die relevanten Variablen hinweisen. Auf der anderen Seite sind die Wege von der Gesetzesaussage zur Regel, von der Wahrheit zur Wirksamkeit durch die Machbarkeit begrenzt. Das ist auch einer der Gründe, warum der Erfolg einer Regel oder regelgeleiteten Handelns, z. B. einer psychotherapeutischen Behandlung kein Wahrheitskriterium für die zugrundeliegende Hypothese sein kann, warum also auch die Ansicht der Technologie von *Prim & Tilmann* (1975), Technologie als Abart der wissenschaftlichen Erklärung anzusehen als durchaus unzutreffend zu bezeichnen ist. Technologien beginnen nicht mit Regeln und hören mit Theorien auf, sondern ihr Auf- und Ausbau erfolgt anders herum. Technologie ist eben angewandte Wissenschaft, Wissenschaft aber nicht raffinierte/gereinigte Technologie (vgl. zu diesem Komplex *Bunge*, op. cit., 136 f.).

Wir wollen uns im folgenden mit dem wesentlichen Aspekt der Unterscheidung von Wissenschaft und Technologie beschäftigen, dem Unterscheidungsmerkmal, das auf die folgenden Eigenschaften von nomologischen und nomopragmatischen Sätzen zurückzuführen ist: *nomologische Sätze beziehen sich auf objektive Sachverhalte, während sich nomopragmatische Sätze auf menschliches Handeln beziehen,* wobei wie ausgeführt die nomologischen Aussagen in bestimmter Weise den *Ablauf* (oder einen Algorithmus) menschlichen Handelns *begründen* können und ihn in Hinblick auf ein bestimmtes Ziel *optimieren.*

Wenn wir diese Bestimmung des Unterschieds von Wissenschaft und Technologie auf die Klärung der Charakteristika einer *psychologischen* Technologie anwenden, ergibt sich eine bemerkenswerte Verdopplung: der objektive Sachverhalt, auf den nomologische Aussagen sich beziehen, fällt mit dem Bezugspunkt nomopragmatischer Aussagen zusammen, beide beziehen sich auf *menschliche Handlung.* Dabei darf natürlich nicht unterschlagen werden, daß sich wissenschaftliche Tätigkeit und praktisch-problemlösende Tätigkeit mit jeweils anderen Zielen auf diesen Bezugspunkt „menschliches Handeln" ausrichten. Die Qualität der unterschiedlichen Probleme führt zu einem Unterschied in der Tätigkeit, den *Bunge* (1967, II, 260) so zusammenfaßt: „Der Handwerker und der Techniker gebrauchen Wissen, um zu handeln, wohingeben der Wissenschaftler handelt, um zu wissen: dort, wo die ersten Regeln anwenden, die mehr oder weniger gut begründet sind, wendet der Wissenschaftler Hypothesen an oder überprüft sie".

Hier sind wir an dem Punkt angelangt, an dem sich präzisieren lassen wird, was im zweiten Kapitel (siehe oben S. 52ff.) in Annäherung formuliert worden ist: daß nämlich das Problem der Anwendung und Anwendbarkeit psychologischen Wissens vermutlich nur dann richtig formuliert werden kann, wenn die menschliche Handlung als zentraler *Gegenstand* psychologischer Erkenntnistätigkeit und zugleich als Ebene der praktischen *Vergegenständlichung* des Ergebnisses der Methode dieser Erkenntnistätigkeit – des psychologischen Wissens (sei es nun substantiv oder operativ) – aufgefaßt wird. Wir wollen diesen Zusammenhang jetzt näher bestimmen und die Charakterisierung einer psychologischen Technologie versuchen, die vermutlich auch zu einer etwas veränderten Konzeptualisierung des generellen Verhältnisses von Wissenschaft und Technologie Anlaß geben könnte.

Man kann davon ausgehen, daß für die Psychologie zur Zeit noch keine Technologie existiert, die als begründet durch wissenschaftliche Theorien angesehen werden kann. Eine Technologie (in dem von *Bunge* gemeinten Sinne) als Produkt wissenschaftlicher Theorie und praktischer Problemlösung fehlt einfach noch. Die im 2. Kapitel dargestellte Grundsatzdiskussion kann genau so gelesen werden. Die Diskussion über die Ursachen dieser „Zurückgebliebenheit" der Psychologie könnte viele Bände füllen.

Die Spezifik des Gegenstandes der Psychologie, seine „Reflexivität" kann als eine der wichtigsten Ursachen angesehen werden, die sich auch in der Spezifik der Entwicklung der Psychologie als Wissenschaft äußert. Mit der Charakterisierung dieser Spezifik als „Zusammenfallen" der Gegenstandsebene und der Ebene der Vergegenständlichung psychologischer Theorie (oder als Zusammenfallen der Theorie über den Gegenstand mit der Theorie der Anwendung) haben wir für den Theoriebildungs- und Theorieanwendungsprozeß einen Schritt zu ihrer präziseren Bestimmung getan.

Legt man das Schema der Entwicklung der Naturwissenschaft (s. S. 59f.) für die Einschätzung der „Zurückgebliebenheit" der Psychologie zugrunde, so kann man – sehr pauschalisierend und vorläufig – formulieren: auf der Ebene der praktischen, vorwissenschaftlichen Lösung von Problemen hat sich im psychologischen Gegenstandsbereich nur sehr vereinzelt ein Regelwissen aufbauen können, das als Basis für wissenschaftliche Problemlösung dienen konnte. Es war auch gar nicht erforderlich, die *wirklichen* Bedingungen menschlichen Handelns zu kennen, um es zu beeinflussen, zu steuern und zu lenken zu Zwecken und Zielen, die gar nichts mit den Zielen und Absichten der „beeinflußten" Menschen zu tun hatten (wobei natürlich wiederum dies gerade als die wirklichen Bedingungen angesehen werden können). Das „Verhalten" der Natur oder der Materie zu beeinflussen war dagegen nur möglich, wenn die Menschen auch bereits (z. B. in Form von Daumenregeln, handwerklichen Regeln) sich ein bestimmtes Wissen über die Gesetzmäßigkeiten dieses „Verhaltens“ angeeignet hatten. Im Unterschied dazu wurden im gesellschaftlichen Bereich die Bedingungen selbst produziert, von denen das Verhalten der Menschen bestimmt wurde[1].

Nun können wir auch im Zusammenhang mit dieser Darstellung der Spezifik einer psychologischen Technologie besser verstehen, warum mit der Frage der Nützlichkeit der Psychologie in der Darstellung im 2. Kapitel dieser Arbeit die „Gesellschaft als Ganzes“ als Rezipient psychologischen Wissens angesprochen wird oder es als Bedingung für die Nützlichkeit der Psychologie angesehen wird, daß sie „weggegeben“ wird (*Miller* 1970; *Heckhausen* 1975): die Verwissenschaftlichung der Praxis – nur ein anderer Ausdruck für das Weggeben der Psychologie – ist die Voraussetzung dafür, daß eine psychologische Technologie entstehen kann, wie andererseits der psychologische Theoriebildungsprozeß von psychologischen Alltagserkenntnissen, der Alltagspsychologie oder dem Regel-Wissen von psychologischen Praktikern ausgehen muß. Gerade wegen der Spezifik psychologischer Theorie und Technologie, daß nämlich – einmal anders formuliert – die psychologische Theorie eine „Theorie der Technologie“ ist, insofern ihr Gegenstand die menschliche Handlung ist, kann man die Verwissenschaftlichung der Praxis und das Ausgehen von der Alltagspsychologie nicht voneinander trennen, wenn man den Entwicklungsprozeß einer psychologischen Technologie beschreiben will. Die „zwei Wege“ der Entwicklung einer Technologie, entweder gefundene Regeln mit wissenschaftlichen Theorien zu begründen oder aus der Theorie Regeln abzuleiten, verweisen also in einer psychologischen Technologie notwendig aufeinander, haben sich wechselseitig zur Voraussetzung.

Im folgenden Kapitel werden wir untersuchen, wie sich diese allgemeine Bestimmung psychologischer Technologie am Beispiel einer sich entwickelnden psychologisch-therapeutischen Technologie demonstrieren läßt.

---

1 Daraus erklärt sich unter anderem auch, warum im Bereich der Sozialwissenschaften „spontane“ wissenschaftliche Erkenntnisse zumindest anders, wenn nicht gar nicht, zustandekommen als im naturwissenschaftlichen Bereich (vgl. dazu *Bernal* 1961; *Neumann* 1974; *Jaroschewski* 1975; *Rilling* 1975). Aus der hier vorliegenden Arbeit lassen sich aber Hinweise ableiten, daß in der augenblicklichen psychologischen Grundsatzdiskussion sich auch spontan bestimmte wesentliche Auffassungen über z. B. das Verhältnis von Theorie und Anwendung herausbilden.

4. Therapie als Technologie: Entwicklung und Theorie

In diesem Kapitel wird versucht werden, die allgemeinen wissenschaftstheoretischen Ausführungen, die zur Problematik einer psychologischen Technologie im vorangehenden Kapitel gemacht worden sind, auf psychologische Therapie als exemplarisches Beispiel einer solchen Technologie anzuwenden. Dabei wird von der These ausgegangen, daß eine (psychologische) Technologie sensibler gegenüber gesellschaftlichen Bedürfnissen – im Falle psychologischer Therapie: sensibler gegenüber sozial-individuellen Problemen – ist als die Wissenschaft. In der psychologischen Technologie müßte sich daher auch die Krise der Nützlichkeit der Psychologie direkter und deutlicher niederschlagen. In der Suche nach wirksamen Technologien ist dabei das Kriterium der Nützlichkeit ebenfalls nicht zu umgehen. Für diese These sprechen einige Untersuchungen über die Entwicklung von nicht-psychologischen Technologien (vgl. *Johnston* 1972; *Rammert* 1974).

Es kann vorwegnehmend festgehalten werden, daß die im vorigen Kapitel durchgeführte Bestimmung von Technologie als Anwendung der „wissenschaftlichen Methode“ zur praktischen Problemlösung für die Charakterisierung einer *psychologischen* Technologie zumindest unvollständig ist. Vor allem die deterministisch gerichtete Beziehung von der Theorie zur Technologie ist für die Analyse der *Entwicklung* psychologischer Technologien unzutreffend, wenngleich sie *logisch* als zutreffend aufrechterhalten werden muß. Wenn auch noch nicht ausdiskutiert, läßt sich doch schon anmerken, daß ernste Zweifel daran bestehen, daß irgendeine psychologische Theorie existiert, die in dieser Form in eine Technologie umsetzbar wäre. Wir werden auf diese Diskussion noch eingehen. Der Entwicklungsstand psychologischer Technologie kann grob skizziert so dargestellt werden: es existieren vereinzelte psychologische Prinzipien und Miniaturtheorien, die im Rahmen bestimmter, miteinander als konkurrierend wahrgenommener therapeutischer Technologien zur Lösung praktischer Probleme angewendet werden. Diese Anwendungssituation ist gekennzeichnet durch die Tatsache, daß bei dem für die Praxis und Anwendung zu unentwickelten Stand der Theoriebildung die Anwendung stark durch den Einfallsreichtum von Praktikern bestimmt ist: neue Therapiemodelle entstehen nicht durch wissenschaftliche Entdeckungen, nicht durch Entwicklungsarbeit im Laboratorium, sondern durch „Ausprobieren“ in der Praxis. *Bergin & Strupp* (1972, 435) fassen ihre Untersuchungen in diesem Sinne zusammen: „Neue Behandlungsmethoden ... entspringen nicht den Bemühungen von Forschern oder als Ergebnis experimentellen Vorgehens im Laboratorium; sie kommen vielmehr als Reaktion auf gesellschaftliche Bedürfnisse zustande, die vom Scharfsinn und vom Einfallsreichtum charismatischer Therapeuten aufgenommen werden“ (*Bergin & Strupp* 1972, 435). Und *Kanfer & Grimm* (1975, 6) führen aus: „Was die Verhaltenstherapie zur Zeit anbieten kann, sind lediglich grundlegende Prinzipien. Ihre vernünftige Anwendung auf einen besonderen Fall bleibt eine Kunst, die sehr stark von den Fähigkeiten des Klinikers abhängig ist".

Für die Theorie bleibt zu klären, warum diese Methoden oder Modelle wirken. In der Anwendungssituation generiert der Praktiker bestimmte Regelsysteme oder Modellsysteme unter den Bedingungen ungenügender Anleitung durch die Theorie, die wiederum von anderen Praktikern aufgenommen und angewendet werden können, wobei jeder Praktiker diese Modelle variiert und für seine Zwecke brauchbar macht, oder sie in vorhandene Modellsysteme integriert. Klassisches – und umstrittenes – Beispiel ist etwa das Modell „Systematische Desensibilisierung" (*Wolpe* 1958, 1969; *Wolpe & Lazarus* 1966; u. a.): die Wirkung dieses Modells in der Praxis durch das Prinzip der „reziproken Hemmung" *erklären* zu wollen, scheint hoffnungslos (vgl. *Locke* 1971). Der Begriff der reziproken Hemmung scheint hier nur eher als Analogie, als Hinweis oder Etikett in Anspruch genommen zu werden.

Für die Theorie bleibt also zu klären, *warum* und *wie* diese Modelle wirken. Dazu scheint wesentlich auch die Untersuchung des Handelns der Praktiker zu führen. Es ist dabei zu klären, wie praktisches Wissen akkumuliert wird, das sich in solchen Modellen manifestiert.

Unter dem Aspekt des Problems der Nützlichkeit der Psychologie interessieren uns dabei vor allem die Entwicklungen in der Herausbildung einer psychologischen Technologie. Man könnte hier zwei Herangehensweisen unterscheiden, die sich auf den ersten Blick auch als die Linien der Entwicklung psychologischer Technologie darstellen: die Herausbildung einer therapeutischen *Technologie als Anwendung* einer psychologischen Theorie auf Verhaltens-Probleme (Beispiel: Verhaltenstherapie, -modifikation) und die Herausbildung der therapeutischen *Technologie aus Erfahrungen* klinisch-therapeutischer Praxis (Beispiel: klientenzentrierte Gesprächspsychotherapie). Die Klarheit dieser Trennung von zwei Therapien und zwei Entwicklungslinien ist jedoch trügerisch. Die augenblickliche Situation scheint eher durch die folgende Charakterisierung getroffen: verhaltensmodifikatorische Ansätze, die sich der „modernen Lerntheorie" verpflichtet haben, entwickeln Modelle und Techniken, die mit einer klassischen S-R-Theorie als nicht mehr vereinbar angesehen werden können (z. B. *Lazarus* 1971; *Mahoney* 1974; vgl. auch *Kanfer & Goldstein* 1975), während die klientenzentrierten Ansätze unter Zuhilfenahme kognitiver Theorien, Theorien der Informationsverarbeitung oder des Lernens reformuliert werden (vgl. z. B. *Wexler & Rice* 1974).

In diesem Kapitel wird das Hauptaugenmerk auf der Entwicklung der *Verhaltenstherapie/Verhaltensmodifikation* (VT/VM) liegen. Wie schon im 2. Kapitel betont, halten wir die Untersuchung der VT/VM vor allem deshalb für wichtig, weil ihre Fokussierung auf den *Handlungsaspekt* und den *Problemaspekt* („Symptomorientierung") für die Entwicklung der konkreten, praktischen Nützlichkeit dieser Technologie von Bedeutung ist. Die generelle *Handlungsorientierung* der S-R-Theorie bietet dabei eher einen losen Rahmen –

London (1972) nennt es überzogen: eine Ideologie – für eine verhaltensmodifizierende Technologie. Uns interessiert der Prozeß, in dem eine solche handlungs- und problemorientierte Technologie gerade durch den Kontakt mit realen sozial-individuellen Problemen diesen Rahmen sprengt (vgl. *Jaeggi* 1975) und die tatsächliche oder tendenzielle Rückwirkung dieses Prozesses auf den wissenschaftlichen Theoriebildungs- und -entwicklungsprozeß.

In diesem Kapitel werden entsprechend diesem Ziel die folgenden Themenkomplexe behandelt werden:

- die Diskussion der Krise der klinischen Psychologie unter besonderer Berücksichtigung der Therapie, wobei vor allem der Entstehungsprozeß einer genuin psychologischen Therapie von Interesse sein wird, ferner die Diskussion um die wissenschaftliche Absicherung/Begründung therapeutischer Praxis;
- die Bedeutung einer handlungs- und problemorientierten therapeutischen Technologie und die Vernachlässigung der Kategorie „Kognition/Abbild" in der S-R-Theorie und die Konsequenzen und Reaktionen in der therapeutischen Technologie;
- das Beispiel: *Mahoneys* (1974) „Cognition and behavior modification".

4.1 Die Krisen-Diskussion in der klinischen Psychologie

Colbys Annual Review-Artikel von 1964 beginnt mit der einfachen und düsteren Feststellung: „Es herrscht Chaos" (op. cit., 347). Dieses Chaos, worunter *Colby* die Orientierungslosigkeit in der Psychotherapie, das Fehlen eines gemeinsamen Paradigmas versteht, ist in der Charakterisierung nicht neu. Es gab noch niemals ein gemeinsames, breit akzeptiertes Modell in der Psychotherapie, das die Bezeichnung „Paradigma" im Sinne von *Kuhn* (1967) verdient hätte. *Colby* stellt heraus, daß nicht das Fehlen eines Paradigmas die Ursache der Krise sei, vielmehr sei diese Ursache darin zu sehen, daß dieses Fehlen jetzt in der Öffentlichkeit rezipiert und wahrgenommen wurde (vgl. op. cit., 348). Dies sei darauf zurückzuführen, daß die therapeutische Situation sich in einem zuvor unbekannten Maße geöffnet habe, öffentlich geworden sei. Wir werden auf diesen wichtigen Punkt noch zurückkommen.

Auf der Suche nach der Ursache für das Fehlen eines Paradigmas auf dem Gebiet der Therapie hatte *Colby* bereits 1962 die Verwechslung von Wissenschaft und Kunstfertigkeit („art") als verantwortlich entdeckt: nach seiner Meinung ist die Psychotherapie keine Wissenschaft und kann auch nie eine werden (op. cit., 95; *Colby* 1964, 349). *Colby* thematisiert hier das oben angesprochene Problem der Entwicklung einer psychologisch-therapeutischen Technologie. Wenn auch seine Diagnosen über den Entwicklungs*stand* richtig sein mögen, seine Prophezeiung über die Entwicklungs*möglichkeiten* scheinen aus der Luft gegriffen, besonders wenn er behauptet, daß die Psychotherapie auch niemals eine angewandte Wissenschaft, also eine Technologie, werden könnte. Sehr richtig hebt er aber die Bedeutung des Wissens hervor, das beim gegebenen Stand der Entwicklung *in der Praxis* gewonnen werden kann:

„Die praktischen Kunstfertigkeiten sind Quelle von grundlegenden Tatbeständen, die auf andere Weise nicht entdeckt werden würden und die Psychotherapie ist hierfür in der Psychologie ein hervorragendes Beispiel“ (op. cit., 351).

Zu recht kritisiert *Colby* auch den Kunstgriff, den manche Teilnehmer an der Diskussion über ethische Probleme der Psychologie angewendet haben, indem sie sich „objektiver“ und wissenschaftlicher gefühlt haben, wenn sie es geleugnet haben, überhaupt etwas mit Werturteilen zu tun zu haben.

Über diese Probleme hatte in der Tat die Diskussion über die ethischen Implikationen von Psychotherapie gegen Ende der fünfziger bis Mitte der sechziger Jahre stattgefunden: vgl. *Shaffer* 1953; *Patterson* 1958; *Watson* 1958; *Lowe* 1959; *Krasner* 1962; *Kanfer* 1965 b.

Wir wollen die allgemeinen Entwicklungen darstellen und diskutieren, die zu dieser Krise in der klinischen Psychologie/Psychotherapie geführt haben.

Unsere These ist: die angeführte und in veränderter Form noch andauernde Krisen-Diskussion drückt den Prozeß der Emanzipation der Psychologie *in der Praxis* klinisch-psychotherapeutischer Tätigkeit aus. Dabei hat sich eine psychologisch orientierte Psychotherapie vor allem gegen das Bündnis von Medizin und Psychoanalyse zu behaupten und durchzusetzen, welches das Feld psychiatrischer, klinisch-psychotherapeutischer Tätigkeit beherrschte.

Um ein Beispiel zu nennen: von fast 4000 in den USA praktizierenden und interviewten Therapeuten sind Mitte der sechziger Jahre über 70% psychoanalytisch orientiert, keiner verhaltenstherapeutisch (*Henry, Sims & Spray* 1973), erst in den Annual Review-Artikeln von 1964 und 1965 bemerken *Colby* (1964) und *Matarazzo* (1965) eine leichte Abnahme der Bedeutung der Psychoanalyse auf dem Gebiet der psychotherapeutischen *Forschung!*

In der Diskussion der Krise psychotherapeutischer Tätigkeit kommt zum Ausdruck, daß die psychoanalytischen Therapieverfahren sich als zu schwerfällig, zu zeitraubend erweisen, um einen wirklich nützlichen Beitrag zur breiten Lösung sozial-individueller Probleme zu leisten. Der Entfaltung einer solchen Nützlichkeit stand auch die Orientierung auf eine spezifische Klientel der gehobenen Mittel- und Oberschicht entgegen. Im Unterschied zu der Orientierung auf die YAVIS-Persönlichkeit (Young, Attractive, Verbal, Intellige Successful, nach *Schofield* 1964) betonen *Krasner & Ullmann* (1973, 300): „Die Verhaltenstherapie begann mit den Alten, den Unattraktiven, den Stummen, den Zurückgebliebenen – mit denen, die von den anderen aufgegeben worden waren“.

Zwei Hauptaspekte der Auseinandersetzung der VT/VM mit der psychoanalytischen Therapie im Kampf um die Unabhängigkeit der VT/VM wollen wir kurz darstellen: die Kritik des *„medizinischen Modells“* der Verhaltensstörungen[1] und die Bedeutung der *vergleichenden Untersuchungen* über Theorieerfolge.

Die Kritik des medizinischen Modells der Verhaltensstörungen, die psychoanalytische Konzeption der Verbindung von aktuellen Symptomen und Kindheitserlebnissen in Erklärung und therapeutischem Vorgehen bildet von Anbeginn an einen wichtigen Punkt in der Diskussion um die Begründung der Notwendigkeit einer Neuorientierung psychologischer Therapie (vgl. z. B. *Eysenck* 1959, 1960; *Wolpe* 1958; *Eysenck & Rachman* 1967; *Yates* 1970; *Krasner & Ullmann* 1973).

Die Problem/Symptom- und Handlungsorientierung der VT/VM wird dabei voll gegenüber der psychoanalytisch orientierten Therapie ausgespielt: die VT/VM – so wird argumentiert – löst einfacher und schneller, kurz: effektiver die psychischen Probleme, die eine Psychotherapie zu lösen hat. Am Erfolg mißt sich auch die Richtigkeit des „Lern-Modells" dieser psychischen Störungen.

Wir wollen diese Diskussion hier nicht in dem Sinne aufgreifen, daß wir versuchen zu klären, ob das Modell der VT/VM oder das Modell der Psychoanalyse „richtig" ist. Oft scheinen Verhaltenstherapeuten wie z. B. *Eysenck* (1972) die Entscheidung für oder gegen eines der beiden Modelle eher wie eine Art „Nagelprobe" aufzufassen: wer gegen das Lern-Modell ist, kann nur für das medizinische Modell sein, wer gegen „Klein-Albert" als Paradigma ist, der ist für „Klein-Hans"[2]. Gegen diese Dichotomisierung, bei der die VT/VM allen anderen Therapieformen gegenübergestellt wird, hat *Lazarus* (1971) Bedenken angemeldet. Auch die problematische Beanspruchung der „Überlegenheit" der VT/VM über alle anderen Therapieformen soll uns hier nicht weiter beschäftigen: neuere Untersuchungen lassen Zweifel an der Berechtigung dieses festen Bestandteils der VT/VM-Argumentation aufkommen (vgl. *Bergin & Suinn* 1975). Der größte Vorteil der VT/VM scheint eher ihre Ausbaufähigkeit, ihre „Flexibilität" (*Kanfer & Phillips* 1975).

Es scheint angemessener zu sein, die starke Resonanz und Rezeption der VT/VM nicht durch ihre nachgewiesene Überlegenheit erklären zu wollen, worauf *Portes* (1971 a) hingewiesen hat. Dabei ist ebenso in Zweifel zu ziehen,

---

[1] Die fehlende Nützlichkeit des „medizinischen Modells" im Hinblick auf konkrete Eins-zu-eins-Therapieformen ebenso wie die mangelnde Berücksichtigung des Präventionsgedankens im Rahmen dieses Modells kritisiert eine andere Bewegung: der gemeinwesenorientierte Therapie-Ansatz. Zur Kritik am „medizinischen Modell" unter diesem Aspekt siehe z.B.: *Riessmann & Miller* 1964; *Smith & Hobbs* 1966; *Zax & Cowen* 1972; *Cowen* 1973; *Keupp* 1972, 1974a, 1974b. *Hersch* (1968, 504) konstatiert einen Wechsel von einem klinischen Modell zu einem Modell öffentlicher Versorgung.

[2] „Klein-Albert" bezieht sich dabei auf einen Konditionierungsversuch von *Watson* (*Watson & Rayner* 1920), „Klein-Hans" auf die Therapie einer Phobie durch *Freud*.

ob der Sieg der VT/VM durch ihre Fundierung auf eine als wissenschaftlich ausgewiesenere „moderne Lerntheorie" erklärt werden kann (vgl. zur Kritik dieser Annahme *Breger & McGaugh* 1965, 1966; *Weitzman* 1967; *Meyer* 1969; *Lazarus* 1971, 1972; *Portes* 1971a, 1971b; dagegen *Rachman & Eysenck* 1966; *Wiest* 1967; *Eysenck* 1971, 1972; vgl. auch *Katahn & Koplin* 1968; *Lambley* 1970).

Die unter dem Druck ständig wachsender sozialer Probleme sichtbar gewordene Krise der klinisch-therapeutischen Tätigkeit gibt einen geeigneten Rahmen ab, in dem die breite Rezeption der VT/VM eine Erklärung finden kann. In dieser Krise der Nützlichkeit psychotherapeutisch-psychoanalytischer Verfahren schien keine andere Therapie berufener zu sein, zur Lösung dieser Krise beizutragen. *Hersch* (1968) beschreibt die Situation auf dem Gebiet der Psychiatrie und psychotherapeutischen Versorgung als gekennzeichnet durch eine „explosion of discontent".

„Das meiste von dem, was selbstverständlich schien, ist wieder in Frage gestellt worden. Die Entwicklung läuft jetzt, wo die Tradition keine Rolle mehr spielt, in viele Richtungen zur gleichen Zeit und es herrscht ein Gefühl der Unsicherheit, wenn nicht der Konfusion" (op. cit., 504).

In einer solchen Situation wird die Entwicklung von therapeutischen Technologien vor allem durch die Nützlichkeit für die Lösung eben der Probleme bestimmt, die zu der Krise geführt haben. Die Handlungs- und Problemorientierung der VT/VM ist Ausdruck dieses gesellschaftlichen Bedürfnisses. Wie zwingend diese Determination durch die konkreten gesellschaftlichen Bedürfnisse ist, zeigt selbst die Entwicklung der psychoanalytischen Therapie: auch sie hat sich in der Form der Kurz-Psychoanalyse (vgl. z. B. *Bellak & Small* 1972) zu einer problemorientierten Technik gewandelt, die in der Effektivität der VT/VM äquivalent erscheint (vgl. die Untersuchungen von *Di Loreto* 1971 *Roback* 1971; *Sloane* et al. 1974). So erscheint es zwar erstaunlich, für die Charakterisierung des Verhältnisses von Technologie und gesellschaftlichen Bedürfnissen aber nur folgerichtig, wenn *Bergin & Suinn* (1975, 525) bemerken: „Dieses Sammelreferat ist zu der überraschenden Feststellung gekommen daß die empirische Unterstützung zugunsten der Verhaltenstherapie und der *Rogers*-Therapie abgenommen hat, während sich der empirische Status der psychoanalytischen Therapie verbessert hat".

Das Ergebnis der dargestellten Entwicklung ist: die konkrete Nützlichkeit einer psychologisch-therapeutischen Technologie hat sich für die Lösung von Problemen als notwendig herausgestellt, die im Rahmen des medizinisch-psychiatrischen Paradigmas nicht oder nur ungenügend gelöst worden sind. Zur institutionellen und methodisch-technischen Unabhängigkeit einer psychologisch-therapeutischen Technologie hat die Entwicklung der VT/VM entscheidend beigetragen. Dieser Prozeß hat aber die ursprünglichen, einem strikten S-R-Ansatz verpflichteten Konzeptionen nicht unverändert gelassen: im Kontakt und in der Auseinandersetzung mit den praktischen Problemen, in der die konkrete Nützlichkeit unter Beweis gestellt werden muß, erweisen sich solche Modelle als ungenügend, die programmatisch wesentliche Wirkungszusammenhänge dieser praktischen Problemsituationen ausblenden und damit in wesentlichen Bereichen den Praktiker seinem gesunden Menschenverstand oder seiner Erfahrung überlassen[1].

In der Entwicklung der Selbständigkeit einer genuin psychologischen therapeutischen Technologie sind die *vergleichenden Untersuchungen* über die Erfolge verschiedener Therapieformen von großer Bedeutung (vgl. z. B. *Strupp* 1955; *Ford & Urban* 1963; *Gottschalk & Auerbach* 1966; *Kiesler* 1966, 1969; *Paul* 1966; *Chassan* 1967; zusammenfassend *Bergin & Strupp* 1969, 1972).

Diese Untersuchungen unterstreichen noch einmal, daß eine therapeutische Technologie vor allem unter dem Gesichtspunkt der Nützlichkeit betrachtet wird: die vergleichenden Untersuchungen tragen wesentlich dazu bei, daß die therapeutischen Prozesse entmystifiziert werden (*Matarazzo* 1965; *Cartwright* 1968), daß ihre Wirksamkeit sozusagen Gegenstand öffentlicher Diskussion wird. Der Zweck einer psychologisch-therapeutischen Technologie wird dabei noch einmal ganz deutlich: es kommt nicht so sehr darauf an, ob sie als Abkömmling einer plausiblen Theorie gelten kann, einziges Kriterium ist ihre Effektivität bei der Lösung sozial-individueller Probleme. Wie schon im 3. Kapitel hervorgehoben, ist das aber nur das allgemeine Merkmal einer Technologie. Die vergleichenden Untersuchungen drücken dieses Merkmal hervorragend aus.

Die vergleichenden Untersuchungen über Therapieerfolge stellen aber zugleich noch zwei wesentliche Fragen, die für die praktische wie theoretische Bestimmung einer Technologie entscheidend sind:

– untersucht man verschiedene Therapieformen, so ist offensichtlich, daß das Ergebnis nicht nach Kriterien bewertet werden kann, die entweder spezifisch aus der jeweiligen Therapieform abgeleitet werden können oder die aus nur einer Therapieform für alle anderen abgeleitet werden können. Damit stellt sich in aller Schärfe die Frage nach *verbindlichen* Zielen für Psychotherapie überhaupt (vgl. *Bergin & Strupp* 1969). Auch in dieser Hinsicht hat die VT/VM die Entwicklung zu dieser Schärfe der Fragestellung forciert: anders als die Psychoanalyse oder die klientenzentrierte Gesprächspsychotherapie hat die VT/VM die Ziele der Therapie nicht aus dem therapeutischen Prozeß selbst abgeleitet. Versuche dies zu tun, sind kritisiert worden (vgl. *Mahoney* 1974). *Kanfer & Phillips* (1975, 44) können so sagen:

  „... daß die Technologie der Verhaltensmodifikation ein Instrument zur Verwirklichung von Zielen ist, die die Gesellschaft setzt“;

---

1 Möglich ist auch, daß das Schreckgespenst des Mentalismus auf die heute heranwachsende Psychologen- und Therapeutengeneration nicht mehr den Terror ausübt, den es einmal verbreiten konnte. *Skinner* (1965) beklagt dies ausdrücklich!

– zweitens stellt sich die Frage, ob es nicht eine gemeinsame Erklärungsgrundlage für die Wirkungen der verschiedenen Therapieformen gibt, d. h. die vergleichenden Untersuchungen stellen in neuer Schärfe die Frage nach einer gemeinsamen theoretischen Grundlage der Psychotherapie.

Die Frage nach den Zielen der Psychotherapie stellt sich in einer Krise der Nützlichkeit der Psychologie neu: „Wem nutzt sie?" Auch die Frage nach einer theoretischen Grundlegung der Psychotherapie, die Frage nach einer Synthese oder Integration steht auf der Tagesordnung. In der weiteren Entwicklung einer therapeutischen Technologie werden diese Fragen beantwortet werden müssen. Dabei sind die Antworten weniger von der theoretischen Seite von einer theoretischen Integration her zu erwarten. Hier gilt, was *Bunge* (1967, I, 380) anmerkt: „Syntheses are beyond infant science just as they are absent from infant thought". Die Lösungen werden sich aus der praktisch-therapeutischen Tätigkeit ergeben bzw. aus deren Untersuchung. Die Entwicklung einer psychologisch-therapeutischen Technologie erscheint jedenfalls undenkbar ohne die Bestandsaufnahme dessen, was Praktiker gerade unter unzureichender Anleitung durch eine Theorie tun. *Lazarus* (1973, 34) hat dies treffend zum Ausdruck gebracht: „Wenn wir die Psychotherapeuten davon überzeugen, das, was sie tun, von dem zu trennen, was sie annehmen, was wirksam ist, sollte sich der Fortschritt bald zeigen. Wir würden dann im Besitz einer Technologie sein, die vielleicht zu einer Wissenschaft weiter entwickelt werden kann". Theorien scheinen in der VT/VM weniger in Form von Technologien angewendet zu werden. Dies ist beim Stand der Theoriebildung in der Psychologie auch nicht verwunderlich. Sie geben für die Praxis der VT/VM wohl zuweilen eher einen Rahmen ab, innerhalb dessen ein bestimmtes Verfahren legitimiert wird. *Lazarus* führt in diesem Sinne aus, daß Theorien den Praktiker auch davon abhalten können, zu erkennen, welche Prinzipien in der Therapie zur Wirkung gelangen: „Eine solide und genaue psychologische Theorie sollte einem Praktiker Vertrauen darin geben, was er tut und warum er es tut. Eine gute Theorie menschlichen Verhaltens sollte wirksamere Methoden der Behandlung hervorbringen. Viele psychologische Theorien verhindern jedoch – wie die meisten religiösen Tabus –, daß die Praktiker wirkliche helfende Tätigkeiten ausüben" (op. cit., 30). Auch *London* (1972) fordert dazu auf, die Theorie einmal beiseite zu lassen, sie sei nur eine Art Ideologie zur Rechtfertigung des Praktiker-Handelns gewesen. Für ihn ist sie nach der Erringung der Selbständigkeit einer psychologischen Therapie, für die diese „Ideologie" angemessen erschien, überflüssig geworden: ihr „Ende" sei gekommen, nun gehe es darum, eine Technologie der VT/VM ganz ohne die Scheuklappen der Theorie zu entwickeln.

Wenngleich in ihrer Pointiertheit überzogen, lassen diese Ausführungen doch erkennen, daß der psychologisch-therapeutischen Praxis eine neue Bedeutung bei der Lösung der Probleme der VT/VM zukommen wird. Wir werden dies in den folgenden Abschnitten noch deutlicher machen können.

4.2 VT/VM als handlungs- und problemorientierte „Technologie in der Entwicklung" und die Kategorie „Kognition/Abbild"

Wir haben grob skizzierend die Entwicklung der *Psycho*therapie zu einer praktisch potentiell nützlichen und unabhängigen angewandten Wissenschaft dargestellt. Wie schon angedeutet, ist damit noch recht wenig über den augenblicklichen Entwicklungsstand ausgesagt. Bei der Darstellung hatten wir bereits die besondere Rolle der VT/VM in dieser Entwicklung berücksichtigt. Wir wollen im folgenden vor allem die weitere Entwicklung der VT/VM untersuchen. Dabei wollen wir die VT/VM kennzeichnen als „Technologie in der Entwicklung". Eine solche Kennzeichnung scheint angebracht unter Berücksichtigung der folgenden Zusammenhänge: es ist zweifelhaft, daß eine Theorie existiert, die in der VT/VM angewendet wird, es erscheint – wie angemerkt – für die Herausbildung einer sozialwissenschaftlichen Technologie die Verallgemeinerung praktischer Erfahrung von wesentlicher Bedeutung zu sein. Berücksichtigen wir diese beiden Einwände, dann erscheint es angebracht, von einer „Technologie in der Entwicklung" zu sprechen. Diese Charakterisierung richtet zugleich die Aufmerksamkeit auf die wesentlichen Fragestellungen in diesem Zusammenhang: welche Vorbedingungen muß eine Theorie erfüllen, um technologisch anwendbar zu werden und welche Bedeutung kommt in diesem Zusammenhang der praktisch-klinischen Erfahrung zu?

Cartwright (1968, 387) bringt in einer Anmerkung zum Stand der Entwicklung der Psychotherapie diese Kennzeichnung zum Ausdruck: „Es ist heute eine Stimmung in der Literatur, als ob eine neue Ära heraufdämmert, die in ihren Auswirkungen auf den Handwerker-Therapeuten fast gleichzusetzen ist mit denjenigen, die der Rationalisierung der Produktionsmethoden durch die industrielle Revolution folgten".

Betrachten wir diese Analogie etwas näher! Hier kommt zum Ausdruck, was wir zu Beginn des 3. Kapitels bereits angemerkt haben: die Umwälzung der Produktion in der industriellen Revolution im Übergang von der Manufaktur zur großen Industrie nahm ihren Ausgangspunkt bei den Arbeitsmitteln und konnte dabei auf einen reichen Schatz von Erfahrungen zurückgreifen, den Techniker in der Manufakturperiode angesammelt hatten. Natürlich war eine notwendige Vorbedingung, daß während der Manufakturperiode der Arbeitsprozeß bereits so zerlegt und atomisiert worden war, daß die manufakturmäßige Arbeitsteilung durchgeführt worden war und sich durchgesetzt hatte, damit mit Hilfe von Maschinen nun genau jene arbeitsteilig organisierten Prozesse ausgeführt werden konnten. Für dieses Stadium ist nicht kennzeichnend, daß hier von Problemstellungen der Wissenschaft ausgehend, Formen von nützlichem Wissen für die Praxis gewonnen werden. Dies alles trifft den Stand der Entwicklung einer psychotherapeutischen Technologie ziemlich genau: die Wissenschaft beginnt erst sich in dieser oder jener Form in therapeutischen Techniken niederzuschlagen, die Verwissenschaftlichung der therapeutischen Praxis beginnt erst, die Verwissenschaftlichung der psychologischen Praxis überhaupt liegt noch in weiter Ferne. Es kann keine Rede davon sein, daß wissenschaftliche Problemlösungen im allgemeinen für die psychologisch-therapeutische Praxis im konkreten Fall von Bedeutung sind. Es sei denn, es werden im Einzelfall die konkreten praktischen Probleme wissenschaftlich untersucht. Die Möglichkeit der Anwendung wissenschaftlicher Theorie, die unabhängig von der praktisch-therapeutischen Fragestellung ihre Probleme definiert und bearbeitet, ist für eben diese Praxis noch nicht gegeben. Damit – und das ist nur in anderer Form die Wiederholung einer bereits mehrfach getroffenen Feststellung – kann man aber die VT/VM nur als „Technologie in der Entwicklung" kennzeichnen.

Wir wollen vor allem untersuchen, welche Entwicklungsperspektiven in der VT/VM als Technologie i.d.E. sich als Ergebnis der Auseinandersetzung mit den konkreten Problemen ergeben. Die Forderung nach Nützlichkeit wird sich dabei auch für die Theorie, die einer solchen Technologie zugrundeliegen *kann*, als bedeutsam erweisen.

Eine solche Klärung erweist sich auch als fruchtbar, insofern sie zu einer aktuellen Diskussion über die Möglichkeit/Unmöglichkeit einer psychologisch-therapeutischen Technologie beiträgt (vgl. *Wegener* 1974; *Westmeyer* 1974; *Reiter* 1975; *Schulte* 1976).

Die Bestimmung therapeutisch-psychologischer Tätigkeit als Technologie i.d.E. muß den folgenden wichtigen Zusammenhang im Auge behalten:
es ist zu unterscheiden zwischen der logischen Herleitung einer Technologie, ihrer *Begründung* und der konkret historischen *Entwicklung* einer therapeutischen Technologie. Diese beiden Aspekte fallen nicht zusammen. *Die im augenblicklichen Entwicklungsstand problematische „logische" Begründung einer therapeutischen Technologie verweist auf den unentwickelten Stand der Theorie wie den unentwickelten Stand der Praxis, und nicht darauf, daß die logische Herleitbarkeit einer Technologie aus einer Theorie als notwendige Bedingung aufzugeben ist.*

Wir müssen bei der Bestimmung der Technologie i.d.E. den wichtigen Unterschied zwischen wissenschaftlicher und praktisch/technischer Problemlösung im Auge behalten, den wir oben auf S. 59f. dargestellt haben.

Logisch gesehen, scheint der Weg von der Theorie zur Technologie eine Einbahnstraße zu sein: Regeln können aus Gesetzen abgeleitet werden, mit Regeln können aber keine Gesetze überprüft oder bestätigt werden. Unter dem *Entwicklungs*aspekt erscheint der Zusammenhang von Theorie und Technologie jedoch als wechselseitiger Zusammenhang. Die Bedeutung der Technologie i.d.E. für die Theorie scheint vor allem darin zu liegen:
die gesellschaftlichen Bedürfnisse setzen sich über die Technologie i.d.E. vor allem in Form der „Zwecke", „Ziele" und „Dimensionen" durch, welche die Konstruktion des wissenschaftlichen Modell-Objekts bestimmen. Man kann auch sagen, daß die Technologie i.d.E. die „Gegenstandsauffassung" der Wis-

senschaft bestimmt. Wissenschaftliches Wissen in der Anwendung *vergegenständlicht* sich in „Regeln“, in „Techniken“ und Technologien, deren Zweck ein entschieden praktischer ist. Die *Gegenstandsauffassung* wird andererseits (historisch) durch bestimmte Zwecke, durch gesellschaftliche Bedürfnisse bestimmt: diese Bestimmung erfolgt nicht durch die wissenschaftliche Methode oder in ihr, sie erfolgt in der Dimensionierung und Ausarbeitung des wissenschaftlichen Modell-Objekts, also auf der Ebene, auf der die wissenschaftlichen Probleme definiert werden.

Wir haben die Veränderungen des wissenschaftlichen Modell-Objekts, des Menschenbildes bereits dargestellt, Veränderungen, in denen sich veränderte gesellschaftliche Bedürfnisse niederschlagen. Unsere These war, daß diese Veränderungen vor allem über den Kontakt und über die Auseinandersetzung mit konkreten sozial-individuellen Problemen vermittelt werden, wobei die Technologie i.d.E., hier die VT/VM, als Transportmittel angesehen wurde. Wir haben diesen Zusammenhang nun systematischer dargestellt und wollen ihn am Beispiel der VT/VM als Technologie i.d.E. noch konkretisieren:

Wir haben immer wieder die Bedeutung der Handlungs- und Problemorientierung der VT/VM hervorgehoben. Wir wollen sie noch einmal ausführlicher zusammenfassend darstellen und dabei zugleich die Richtung angeben, in der sie als Technologie i.d.E. Veränderungen unter dem Eindruck der zu lösenden Probleme zeigt und damit die potentiellen Rückwirkungen auf die Theorie angeben.

Die Bedeutung der Handlungs- und Problemorientierung der VT/VM liegt einmal in der im 3. Kapitel ausgearbeiteten Besonderheit sozialwissenschaftlicher Technologie: als Anwendung einer möglichen Theorie der menschlichen *Handlung* betrifft sie sowohl das Handeln des Therapeuten wie das Handeln des Klienten. In diesem Sinne *ist die zugrundeliegende Theorie zugleich eine Theorie der Technologie.* Die Entwicklung der VT/VM bringt dies zum Ausdruck: der Anspruch der „modernen Lerntheorie“ als Fundament der VT/VM zu fungieren muß, ernst genommen, zu der Forderung führen, daß sie auch als Erklärung für das Therapeutenverhalten fungiert. Dies drückt sich in der Entwicklung von Konzeptionen der VT/VM darin aus, daß dem Klienten die gleichen Fähigkeiten zur Planung und kognitiven Verarbeitung zugestanden werden, die der Therapeut selbstverständlich für sich in Anspruch nimmt. Fassen wir die Prozesse der internen Repräsentation einer Situation einschließlich des Verhaltens und der Planung dieses Verhaltens unter der Kategorie „Abbild“ (*Jaroschewski* 1975) zusammen, so läßt sich feststellen, daß die Kategorie „Abbild“ auch in der VT/VM nach Anerkennung drängt. Wir werden dies an der Diskussion des Werks von *Mahoney* (1974) ausführlicher demonstrieren können.

Auch die Problemorientierung der VT/VM ist für diesen Prozeß von großer Bedeutung: von Anfang an ist die Bestimmung der „Probleme/Symptome“ in der VT/VM unabhängig von der angenommenen Theorie und der verwendeten Technik bestimmt worden. Zielfindungsprozeß und Therapieprozeß wurden als voneinander unabhängig aufgefaßt (was nicht bedeutet, daß nach der Bestimmung der Ziele diese nicht aufs engste mit dem therapeutischen Prozeß verflochten sind). Diese Trennung hat auch die Durchsetzung der Erkenntnis erleichtert, daß die VT/VM als Technologie i.d.E. vor allem praktischen, ihr selbst nicht immanenten Zielen dient, genauso wie in diesem Rahmen es möglich geworden ist, den Prozeß der VT/VM überhaupt als Problemlösungsprozeß zu begreifen (vgl. *d'Zurilla & Goldfried* 1971; *Mahoney* 1974). Die Analyse der Problemstruktur erweist sich als zentral für die Entwicklung der VT/VM (vgl. *Lazarus* 1971). Wichtiges Ergebnis ist ferner, daß zunehmend der „systemische" Charakter von Problemen (*Bunge* 1967) erkannt wird.

Hierbei ergibt sich auch, daß es nicht angebracht und – nach dem zuvor Angeführten – auch falsch erscheint, den praktischen Problemlösungsprozeß mit dem wissenschaftlichen Problemlösungsprozeß gleichzusetzen. Auf der Ebene des Objekts der Tätigkeit, der Bestimmung des Charakters des zu lösenden Problems wird dies ganz deutlich: wissenschaftliche Probleme werden definiert auf der Ebene eines Modell-Objekts, praktische Probleme auf der Ebene des realen Objekts. Nicht nur die Problemstruktur unterscheidet sich aber: es unterscheidet sich entsprechend auch die Tätigkeit, die zur Lösung dieser Probleme führt. Berücksichtigt man dies, so scheint es unangemessen, von einer Gleichartigkeit wissenschaftlicher und praktisch-therapeutischer Tätigkeit zu reden, wie dies *Kanfer & Phillips* (1975) tun (siehe ebenfalls u. a. *Yates* 1970).

4.3 Mahoneys „Cognition and behavior modification"

Wir haben *Mahoney* (1974) als Beispiel ausgewählt, weil sein Werk in nahezu idealtypischer Weise die verschiedenen Problembereiche, die in der Diskussion um die VT/VM berührt worden sind, zusammenfassend darstellt und versucht, aus dieser Zusammenfassung Konsequenzen zu ziehen. Das Werk drückt in seiner Terminologie, der vorsichtigen Argumentation auf der einen und der spekulierenden Antizipation zukünftiger Entwicklung auf der anderen Seite sehr gut den allgemeinen „Übergangscharakter" in der VT/VM aus, den wir als Technologie i.d.E. gekennzeichnet haben, es drückt die *Aufbruchstimmung* aus, die nach der Krise des Konditionierungsparadigmas um sich greift.

Mahoney beginnt seine Darstellung denn auch mit der Feststellung, daß eine Ära zu Ende gegangen ist, in der die Behavioristen kognitive Prozesse für die Konstituierung des wissenschaftlichen Modell-Objekts nicht zulassen wollten. Eine neu heraufziehende Ära ist durch den „denkenden Behavioristen" gekennzeichnet. Das *Argument der Selbst-Anwendung* enthüllt für *Mahoney* die Unhaltbarkeit der Position der „alten" Ära: „In einem strengen

‚radikalen‘ Sinne des Begriffs ist ein ‚Behaviorist‘ ein Wissenschaftler, der seine Untersuchungen auf öffentlich beobachtbare Sachverhalte beschränkt und ganz bewußt Schlußfolgerungen vermeidet ... Gebraucht man diese Definition, dann würde ich behaupten, daß es mehr Einhörner als Behavioristen gegeben hat“ (op. cit., 5).

Den ersten Hauptteil des Werkes bildet die Auseinandersetzung mit verschiedenen mediationalen Verhaltensmodellen. Dabei erscheint es notwendig, das nicht-mediationale S-R-Modell der black box durch einen „Vermittlungs“-Mechanismus zu erweitern (vgl. zuerst *Osgood* 1953) ausgelöst auch durch das empirische Versagen des nicht-mediationalen Modells (vgl. *Mahoney* op. cit., 35–49).

Als mediationale Modelle, die die Unzulänglichkeiten des nicht-mediationalen Modells vermeiden, stellt *Mahoney* vor: das Modell der verdeckten Konditionierung (covert conditioning), das Informationsverarbeitungs-Modell und das Modell des kognitiven Lernens.

Mediations-Modell der verdeckten Konditionierung. Die zentrale Annahme des Modells der verdeckten Konditionierung ist, daß „private“ Ereignisse als verdeckte Formen beobachtbaren Verhaltens angesehen werden können. Es wird unterstellt, daß die Prinzipien, die der Erklärung beobachtbaren Verhaltens zugrunde gelegt werden, es adäquat beschreiben und erklären. *Mahoney* führt aus, daß diese *Kontinuitätsannahme* zwar in einigen Bereichen als empirisch bestätigt angesehen werden kann, daß ihre Gültigkeit für symbolische Prozesse (z. B. sprachliche) jedoch stark angezweifelt werden muß. Eine prinzipielle Schwäche ergibt sich für die Kontinuitätsannahme des Modells der verdeckten Konditionierung insofern als in ihrem Rahmen die Ergebnisse des nicht-mediationalen Modells nach wie vor die zentrale Bedeutung haben: „... da es sich stark auf die Phänomene der Konditionierung im Laboratorium (der ‚offenen‘ Konditionierung, *F.S.*) bezieht, beruht die Angemessenheit des Modells der verdeckten Konditionierung zum Teil auf der Angemessenheit seines Vorgängers“ (op. cit., 120).

Mahoney faßt das Ergebnis der Analyse des Modells der verdeckten Konditionierung wie folgt zusammen:

„Das Modell der verdeckten Konditionierung hat sich ‚auf Gedeih und Verderb‘ dem Phänomen der Konditionierung im Laboratorium ausgeliefert. Wenngleich neuere Ergebnisse die ‚grundlegende Lerntheorie‘ auch nicht widerlegt haben, so ist durch sie sicher nahegelegt worden, die Verhaltensprozesse als bei weitem komplizierter anzusehen als die meisten Lerntheorien bis jetzt zugestanden haben. Die indirekte Unterstützung durch die Untersuchungen zur Konditionierung im Laboratorium muß also als ‚gegenwärtig in der Revision‘ betrachtet werden. Wir sind nicht im Besitz eines umfassenden und eindeutigen Modells, welches offenes menschliches Verhalten erfassen könnte, ganz zu schweigen von einem solchen Modell, das direkt auf verdeckte Ereignisse übertragen werden könnte“ (op. cit., 122).

Als weitere Annahme, die dem Modell der verdeckten Konditionierung zugrunde liegt, nennt *Mahoney* die *Automatismusannahme:* sie geht davon aus, daß „verdeckte" Ereignisse automatisch durch einfache Assoziation mit positiven oder negativen Qualitäten versehen werden. Dies ist jedoch – stellt man die Vermittlung durch die Sprache in Betracht – eher die Ausnahme als die Regel.

Unter Berücksichtigung dieser Kritik an der Kontinuitäts- und Automatismusannahme muß stark in Zweifel gezogen werden, ob die gegenwärtige Tendenz in der VT/VM, „offene" therapeutische Techniken in Strategien „verdeckter" Konditionierung zu transformieren (vgl. op. cit., 117) wirklich einen Fortschritt in der Entwicklung des Wissens und des praktischen Potentials bedeutet, denn „das Modell der verdeckten Konditionierung trägt nicht dazu bei, vorhandenes Wissen zusammenzufassen oder zu integrieren" (op. cit., 120).

Betrachten wir kurz die wissenschaftstheoretischen Implikationen des Modells der verdeckten Konditionierung unter dem Aspekt der im 2. Kapitel ausgeführten Kritik des black box-Modells.

Das Modell der verdeckten Konditionierung versucht einige der grundlegenden Schwierigkeiten des nicht-mediationalen Modells zu vermeiden oder sie zu berücksichtigen – mit dem Erfolg, sich noch tiefer in die Ungereimtheiten des black box-Modells zu verstricken. Es versucht der Tatsache Rechnung zu tragen, daß nicht-beobachtbare Sachverhalte nicht nur empirisch oder praktisch von nicht zu vernachlässigender Bedeutung sind, sondern auch Kern- und Angelpunkt einer theoretischen Weiterentwicklung sind, wie wir im Kapitel 2.2 ausgeführt haben. Die Lösung dieses Problems versucht das Modell der verdeckten Konditionierung gerade dadurch zu erreichen, daß es die Prinzipien des black box-Modells nicht aufgibt, sondern sie noch einmal auf die nichtbeobachtbaren Ereignisse anwendet und so zu der absonderlichen Formulierung kommen kann: nicht-beobachtbare Ereignisse sind nicht-beobachtbare Formen beobachtbaren Verhaltens. Wenn wir das Modell der black box und das mediationale Modell der verdeckten Konditionierung einmal schematisch darstellen, wird die logische und wissenschaftstheoretische Unhaltbarkeit des Modells der verdeckten Konditionierung noch deutlicher.

Schematisch kann das *nicht-mediationale Modell* der black box wie folgt dargestellt werden:

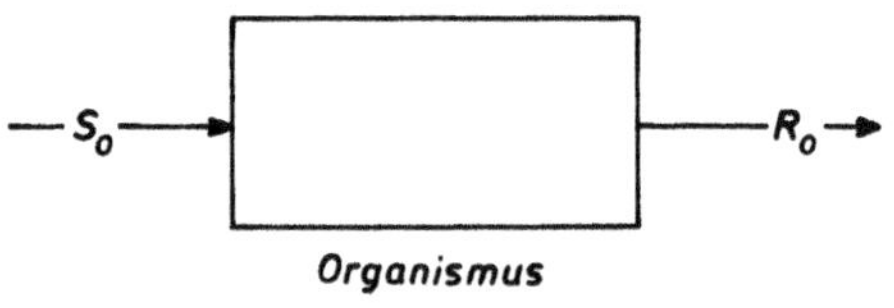

Abb. 4. Nicht-mediationales black box-Modell

Dabei bezeichnet S_0 den auf den Organismus auftreffenden beobachtbaren Reiz und R_0 die vom Organismus emittierte Reaktion. Was zwischen S_0 und R_0 in der black box geschieht, bleibt „dunkel".

Das *mediationale Modell der verdeckten Konditionierung* läßt sich schematisch so darstellen:

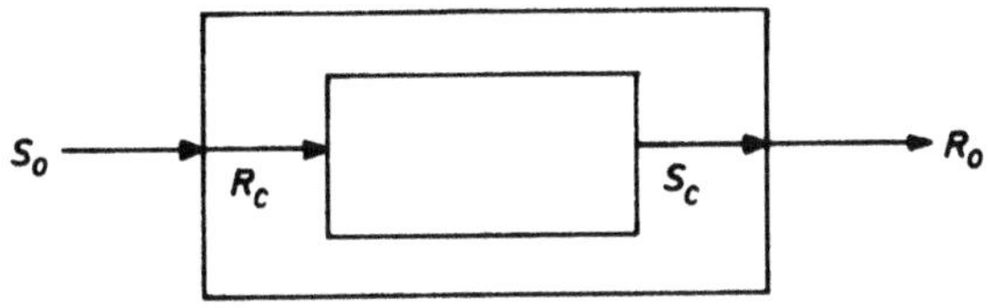

Abb. 5. Mediationales black box-Modell

Dabei bezeichnet R_c die nicht-beobachtbare Reaktion auf S_0 und S_c den nicht-beobachtbaren auslösenden Reiz für R_0. Bei dem Bemühen, die Probleme des nicht-mediationalen Modells zu lösen, *verdoppeln* sich die Probleme, denn nun gibt es eine black box in der black box, einen „undurchsichtigen" Homunkulus, der in der black box steuert und vermittelt. Im Grunde genommen liegt jedoch nicht nur eine Verdopplung, sondern eine Vervierfachung vor, wenn man davon ausgeht, daß die Folgen $S_0 \rightarrow R_c$ und $S_c \rightarrow R_0$ ebenfalls durch eine black box darstellbar sind.

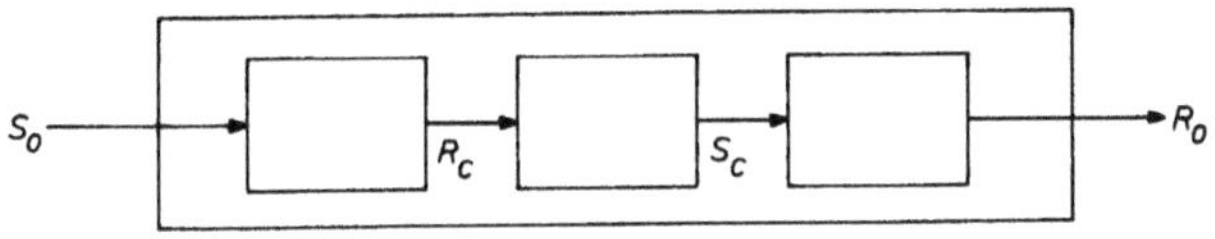

Abb. 6. Mediationales black box-Modell

Das mediationale Modell der verdeckten Konditionierung stellt sich so als verkapptes, „doppelt" nicht-mediationales Modell heraus.

Mediationsmodell der Informationsverarbeitung. Als zweites mediationales Modell diskutiert *Mahoney* das Modell der Informationsverarbeitung, das ausdrücklich *Mechanismen* der Informationsverarbeitung annimmt wie: *Transformation* von Information in komplexe Kodes, *Speicherung* der kodierten Information, *Wiederaufsuchen* (retrieval) der gespeicherten Information und *Benutzen* dieser wiederaufgerufenen Information. In einem Schema läßt sich dieses Modell so veranschaulichen (nach op. cit., 126):

S und *R* bezeichnen hierbei Reiz und Reaktion, *SR* das „Sensorische Register": die wahrnehmungsmäßige Kodierung der Reizdimensionen und der Information, *KZG* das Kurzzeitgedächtnis, *LZG* das Langzeitgedächtnis. Das

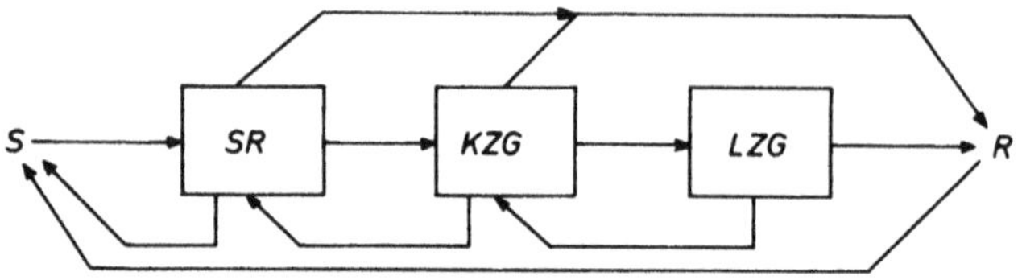

Abb. 7. Mediationsmodell der Informationsverarbeitung

Schema bringt gut zum Ausdruck, wie in diesem Modell versucht wird, der Komplexität menschlicher Informationsverarbeitung durch die wechselseitige Beziehung der verschiedenen Instanzen miteinander Rechnung zu tragen. In der Tat: „Zwischen input und output passiert eine ganze Menge" (op. cit., 125). Nun wird in diesem Modell zwar die „kognitive Seite" des Lernens wesentlich detaillierter beschrieben, ein Modell für menschliches Lernen, menschliches Handeln muß aber auch die „motorische", die ausführende Seite des Prozesses mit einschließen.

Trotz dieser Beschränktheit hat das Modell einen heuristischen Wert. In seiner Betonung der Information als dem grundlegenden Element bei Lernprozessen und in der Hervorhebung des *aktiven* Charakters dieses Lernens (verschiedene Rückwirkungen auf *S*) bietet es eine klare und vielversprechende Alternative zu den definierten nicht-mediationalen Modellen.

Wir haben hier den im 3. Kapitel erwähnten Fall vorliegen, daß eine *generische* Theorie – mit einem psychologischen Modell-Objekt zusammengebracht – eine *spezifische* Theorie psychologisch einzelwissenschaftlichen Charakters ergibt. Die Bedeutung generischer Theorien – seien es nun Informationstheorie, Kybernetik oder Automatentheorie – ist offenbar angesichts der unbefriedigenden theoretischen Weiterentwicklung der S-R-Theorie für die einzelwissenschaftliche Theoriebildung in der Psychologie nicht hoch genug einzuschätzen (vgl. z. B. auch die Anwendung der Computer-Theorie in der kognitiven Psychologie durch die LNR-Gruppe, z. B. *Norman & Rumelhart* 1975).

Die Veränderungen in der Konzeptualisierung des Modell-Objekts, in der Gegenstandsauffassung kommen dabei insbesondere auch in der Anwendung generischer kybernetischer Theorien zum Ausdruck. Dies wird die Diskussion des Mediationsmodells des kognitiven Lernens zeigen.

Mediationsmodell des kognitiven Lernens. Das Modell des kognitiven Lernens ist als Versuch der Konkretisierung des Informationsverarbeitungsmodells anzusehen, es ist anwendungsbezogen: „Gestützt durch schnell anwachsendes Beweismaterial kann man annehmen, daß die Konvergenzen in Richtung auf eine kognitive-behaviorale Perspektive von wesentlicher klinischer Bedeutung sind" (*Mahoney* op. cit., 145).

Die wichtigste Leistung dieses Modells kann dementsprechend auch nicht darin gesehen werden, bereits eine ausgearbeitete und bestätigte Theorie vorlegen zu können, wenngleich solche Ansätze zunehmend versucht werden (vgl.

Bandura 1971; *Kanfer* 1971; *Kanfer & Karoly* 1973; *Kanfer & Grimm* 1975). Seine wichtigste Leistung ist zunächst eine *orientierende.* Die Orientierungsleistung drückt sich dabei in der *Veränderung der Konzeption des Modell-Objekts* aus, in der Veränderung der Gegenstandsauffassung. Wie im Kapitel 2 bereits betont, ist diese Veränderung der Konzeption, des Menschenbildes, aus der praktisch-klinischen Unzulänglichkeit anderer Modelle, ihrer fehlenden Nützlichkeit hervorgegangen und erweist gerade durch die praktische Nützlichkeit seine Überlegenheit. *Mahoney* faßt die Veränderung der Konzeption des Modell-Objekts noch einmal zusammen (s. auch Kapitel 2), wobei er auch die Bedeutung kybernetischer Vorstellungen zum Ausdruck bringt:

> „Der Mensch wird als komplexer Organismus aufgefaßt, der eine beeindruckende Anpassungsfähigkeit besitzt. Er befindet sich in einer permanenten wechelseitigen Beziehung zu seiner Umwelt, einer Beziehung, die mit einer kybernetischen Rückkoppelungsschleife verglichen werden kann. Verhaltensänderungen werden hervorgerufen durch den aktuellen physiologischen Zustand des Organismus, seine Lerngeschichte, die augenblickliche Umweltsituation und eine Menge verschiedener kognitiver Prozesse (z. B. selektive Aufmerksamkeit, antizipierte Konsequenzen, usw.)" (op. cit., 145).

Wir wollen hier die Darstellung der verschiedenen mediationalen Ansätze verlassen und uns ausführlich der Darstellung und Diskussion des *neuen Paradigmas* der VT/VM widmen, das *Mahoney* in Umrissen darstellt: auf der Grundlage einer *Konvergenz* verschiedener Trends in der VT/VM entwirft *Mahoney* ein Konzept der gesamten therapeutischen Situation in Analogie zu den Stadien des *Problemlösungsprozesses* und geht dabei auf die Problematik des Verhältnisses von Therapeut und Klient ein, wobei er diese unter dem Aspekt der *Verantwortung* diskutiert. Es zeigt sich, daß *Mahoney* die Verwissenschaftlichung der Praxis des Therapeuten und der Praxis des Klienten für die Entwicklung der VT/VM betont.

In einer Zusammenfassung der Ergebnisse der bisherigen Untersuchung führt *Mahoney* aus (vgl. op. cit., 267ff.):

1. Die Prüfung der empirischen Ergebnisse hat ergeben, daß mediationale Prozesse wesentliche und überdauernde Eigenschaften und Bestandteile komplexen menschlichen Verhaltens sind; die Unzulänglichkeiten nicht-mediationaler Modelle springen ins Auge;
2. das Modell der verdeckten Konditionierung hat nur bescheidene konzeptuelle Veränderungen mit sich gebracht; auch die Behandlungs-Strategien, die aus diesem Modell abgeleitet worden sind, stellen nur einen zweifelhaften und mageren Beitrag zur Verbesserung der therapeutischen Praxis dar;
3. das Modell des kognitiven Lernens stellt sebst in seiner vorläufigen Form eine umfassende und adäquatere Theorie der menschlichen Handlung dar; wenn auch die klinische Anwendung noch nicht so vielversprechend erscheint wie die heuristische Bedeutung für die Konzeptualisierung, so be-

steht doch die berechtigte Hoffnung, daß auch die Leistungen für die therapeutische Praxis groß sein werden.

An dieser Zusammenfassung interessieren uns jetzt nicht die Aussagen über den Stellenwert der verschiedenen Modelle: diese sind zuvor im Text bereits dargestellt und diskutiert worden. Es geht hier um die *Begründung* für die Unfruchtbarkeit des nicht-mediationalen Ansatzes und des Modells der verdeckten Konditionierung auf der einen Seite und die Begründung für die Fruchtbarkeit des kognitiven Lern-Modells auf der anderen Seite. Nachdem *Mahoney* bei der Untersuchung der nicht-kognitiven Lern-Modelle immer wieder die „Daten", die empirische Bestätigung als entscheidendes Kriterium für die Akzeptierbarkeit einer therapeutischen Technik benutzt hat, kommt er nun zu der erstaunlichen Feststellung: „Es kommt manchmal eine Zeit, in der – bei Abwesenheit adäquater Daten – eben nicht-adäquate Daten vorübergehend genügen müssen. Bedauerlicherweise ist dies in weiten Bereichen gegenwärtiger klinischer Wissenschaft und besonders in der kognitiven Verhaltensmodifikation der Fall" (op. cit., 272).

Dies ist die Kennzeichnung einer wissenschaftlichen Krisensituation, wie sie *Kuhn* (1967) so anschaulich dargestellt hat: wachsende Unsicherheit durch das Auftreten von Anomalien, die im Rahmen des herrschenden Paradigmas nicht mehr erklärt werden können, die Suche nach einem neuen Paradigma, das schließlich nicht aufgrund *nachgewiesener* Überlegenheit gewählt wird, sondern weil mit seiner Hilfe antizipierend viele der aufgetretenen Anomalien erklärt werden können (vgl. *Kuhn* op. cit., z. B. Kap. 12 und 13). Die Unbestimmtheit der Aussagen *Mahoneys* ist typisch für eine solche Situation: „In dem traditionellen Lernmodell ist ‚etwas im Gang' " (*Mahoney* op. cit., 270) und: „Augenscheinlich beginnt sich endlich etwas aus der Masse von Literatur, die von Verhaltensmodifikatoren der ersten und zweiten Generation produziert worden ist, herauszukristallisieren ... Kurz gesagt, das konventionelle ‚Lernmodell' wird von seinen eigenen Begründern kritisch revidiert" (op. cit., 271).

Wir wollen im folgenden versuchen aufzuzeigen, daß die Umrisse eines neuen „Paradigmas" – entsprechend unseren Thesen – vor allem dadurch bestimmt werden, welchen realen Beitrag zur Lösung der Krise der Nützlichkeit die in seinem Rahmen definierten Tätigkeiten ermöglichen. Allgemeinere Probleme der Konzeptualisierung des „Paradigma-Wechsels in der Psychologie" werden im folgenden, letzten Kapitel dieser Arbeit diskutiert werden.

Die Bedeutung des „neuen Paradigmas" hebt *Mahoney* bereits in der Benennung hervor: es ist ein Paradigma für das *Überleben* (paradigm for survival, op. cit., 273), das durch eine qualitativ neue *Verantwortlichkeit* gegenüber dem Klienten ausgezeichnet ist. Wir haben bereits ausgeführt, daß dies eine wesentliche Ebene ist, auf der sich das Bedürfnis nach gesellschaftlicher Nützlichkeit ausdrückt. So haben sich die konzeptuellen Restriktionen des nicht-mediationalen Modells gerade in der praktischen Anwendung herausgestellt:

„seine praktische Nützlichkeit ist durch seine konzeptuelle Begrenztheit außergewöhnlich eingeschränkt worden“ (op. cit., 287), wie sich die praktische Anwendbarkeit des Modells der verdeckten Konditionierung nur als begrenzt herausgestellt hat (ebenda). Die Verantwortung gegenüber dem Klienten gebietet es, „ganzheitlicher“, umfassender und „relevanter“ für das gesamte Leben des Klienten vorzugehen. Eine enge Symptomorientierung muß dabei zurücktreten gegenüber der Forderung, den „systemischen“ Charakter von (Lebens-)Problemen zu berücksichtigen. Der Klient sollte dabei Problemlösungsfähigkeiten lernen, die für das System von Problemen, für sein tatsächliches Leben von Bedeutung sind:

„Der Klient, der über vielfältige Beschwerden klagt, *kann* mit Hilfe von Fließband-Technologien in stückwerkhafter Manier behandelt werden. Meiner Meinung nach ist dies jedoch nicht nur eine Verschwendung der wertvollen Zeit des Therapeuten, es ist auch nicht im Dienste des Klienten, insofern eine solche Behandlung nicht seiner Fähigkeit dient, unabhängig mit zukünftigen Anpassungsproblemen fertig zu werden. Überlebensfähigkeiten auf einer breiten Grundlage verlangen vielleicht vom Therapeuten ein wenig mehr Anstrengung und Einfallsreichtum, aber sie zahlen sich vielleicht in ihrer wesentlich größeren humanistischen Bedeutung auf den Gebieten der Generalisierung, der Versorgung und des unabhängigen Handelns aus“ (op. cit., 237f.).

Mahoney macht hier deutlich, daß die Orientierung auf die Interessen des Klienten den grundlegenden Bezugsrahmen für die Ausarbeitung eines neuen technologisch-therapeutischen „Paradigmas“ abgibt: es kommt darauf an, dem Klienten über die therapeutische Situation und über die Dauer der therapeutischen Beziehung hinaus grundlegende Techniken der Problemlösung zu vermitteln und damit auch eine bestimmte Unabhängigkeit vom Therapeuten zu schaffen. Diese Gedanken werden noch klarer dargestellt, wenn *Mahoney* das „Paradigma“ des *„personal scientist“* erläutert.

Er stellt zunächst einmal fest, daß es unsinnig sei, die *Probleme,* die ein Therapeut „professionell“ behandelt und die persönlichen Probleme eines Klienten als gänzlich voneinander verschieden zu behandeln. Ein solcher doppelter Standard sei sowohl unnötig als auch der optimalen klinischen Wirkung abträglich. Die Überzeugung von der Unnötigkeit einer solchen Dichotomisierung führt *Mahoney* dann zu der Forderung nach einer *Wissenschaft für den Klienten* (personal science):

„Wir sollten dafür vielleicht Sorge tragen, daß unsere Klienten mit den gleichen technischen Fähigkeiten versehen sind, die wir als Forscher benötigen, um problematische Situationen in Angriff zu nehmen und zu lösen. Das heißt, wir sollten ihnen unsere Überzeugung vom Empirismus mitteilen und Therapie auffassen als eine Lehre/Ausbildung, in der personale Wissenschaftler ausgebildet werden sollen – Individuen, die in der funktionalen Analyse geübt sind, die einen ‚hautnahen Empirismus‘ lehren, der angefüllt ist mit Fähigkeiten in der Problemanalyse, der Hypothesen-Generierung, des Experimentierens und der Evaluation usw. Wenn der Kliniker das wissenschaftliche Herangehen als nützliches Paradigma für seine eigene problemlösende Tätigkeit ansieht, dann kann er kaum das Paradigma der personalen Wissenschaften für seinen Klienten ablehnen" (op. cit., 274).

Wie gewaltig der Unterschied zwischen dieser im letzten zitierten Satz ausgedrückten Anschauung über das Verhältnis von Wissenschaft und Nicht-Wissenschaftler und früheren Konzeptionen dieses Verhältnisses ist, haben wir im Kapitel 2 bereits angesprochen. Dieser Unterschied sei noch einmal durch ein Zitat von *Machlup* (1961, 177) verdeutlicht:

„Wissenschaft ist fast schon definitionsgemäß dasjenige, was der Laie nicht verstehen kann. Wissenschaft bedeutet Wissen, das nur großen Geistern unter großer Anstrengung zugänglich ist. Was jeder wissen kann, kann nicht Wissenschaft sein".

Wenn wir *Mahoney's* Gedankengang in der Terminologie formulieren, die wir selbst gebraucht haben, zeigen sich deutliche Übereinstimmungen mit den Erklärungen, wie sie im 2. und 3. Kapitel dargelegt worden sind:

Die Betonung der Unnötigkeit, ja der *praktischen Schädlichkeit* eines „doppelten Standards" der Problemdefinition ist Ausdruck der Anwendungssituation in der Psychologie: wissenschaftlich-psychologische Tätigkeit – so hatten wir formuliert – bezieht sich in ihrem Handlungsaspekt in der Anwendung nicht nur auf das Handeln des Untersuchungsobjekts, sondern auch auf das Handeln des Wissenschaftlers/Therapeuten; wie hervorgehoben wurde, ist es nur folgerichtig, in einer so bestimmten Situation dem Klienten die gleichen Fähigkeiten zuzugestehen, die der Therapeut für sich in Anspruch nimmt (vgl. Kap. 2.2); dieser Wandel in der Konzeptualisierung des Verhältnisses von Therapeut und Klient ist Ausdruck des Bedürfnisses nach größerer Nützlichkeit praktisch-psychologischer (therapeutischer) Tätigkeit, dieses Bedürfnis zu respektieren, ist für den Therapeuten ein Problem der *Verantwortung* gegenüber dem Klienten: diese Verantwortung gebietet ihm, dem Klienten grundsätzlich die gleichen Fähigkeiten zuzugestehen oder ihm zu vermitteln, die der Therapeut annimmt, selbst zu besitzen; dem Klienten ein wissenschaftliches Herangehen an die Lösung der eigenen Probleme zu vermitteln, bezeichnet dabei aber genau das, was wir bisher als „Verwissenschaftlichung der Praxis" bezeichnet haben.

Es erhebt sich natürlich sofort die Frage, ob man die Forderung nach einem „personal science"-Paradigma eigentlich mit Recht nur für Klienten in einer therapeutischen Situation stellen kann. Es erscheint nur konsequent, eine Verwissenschaftlichung des Herangehens an die Lösung eigener Lebensprobleme „für alle" zu fordern; nichts anderes bedeutet *G.A. Millers* Forderung, "to give psychology away to the people who need it" (1970, 999). Jetzt ist aber klarer geworden, wie eng das Problem der gesellschaftlichen Nützlichkeit der Psychologie, das „Praktisch-Werden" der Wissenschaft Psychologie mit dem Problem der Verwissenschaftlichung der psychologischen Praxis zusammenhängt.

Das „Paradigma“ oder Konzept des „personal scientist“ entspricht in seinen grundlegenden Bestandteilen der bekannten Einteilung der Stufen des Problemlösungsprozesses: Orientierung, Problemdefinition, Generieren von Lösungen, Entscheidung, Evaluation (vgl. z. B. *d'Zurilla & Goldfried* 1971; zusammenfassend *Bromme & Hömberg* 1977).

1. *Orientierung.* Der Klient erhält zu Beginn der Therapie einen allgemeinen Überblick über die Therapie als „Lehre“ im Problemlösen, dabei wird stets seine aktive und selbstverantwortliche Rolle betont, der Therapeut stellt sich dar als „technischer Berater“, der seine Verantwortung erklärt, dem Klienten sein Wissen und seine Fähigkeiten zu vermitteln.
2. *Problemdefinition.* Der Klient übt, wichtige Probleme klar zu benennen und sie spezifiziert zu beschreiben. Der Therapeut unterstützt die Entwicklung dieser Fähigkeiten, die als Vorbedingung für den nächsten Schritt (3) angesehen werden.
3. *Problemanalyse.* Der Klient führt selbst mit Hilfe systematischer Beobachtung und Protokollierung/Buchführung die Untersuchung seiner Probleme durch. Ziel ist die Entdeckung von Regelmäßigkeiten in Problemen, problematischen Situationen/Verhalten. Mittel hierzu sind: Selbstexploration und „sokratischer Dialog“.
4. *Generieren von Lösungen.* Ist das Problem definiert und analysiert, werden mögliche Lösungen diskutiert. Der Therapeut rät zu bestimmten Techniken (wie Desensibilisierung, Selbst-Instruktion usw.), wenn die Problemlösungsfähigkeiten nicht vorhanden sind.
5. *Lösungsversuch.* Eine oder mehrere Lösungen werden vom Klienten versuchsweise ausprobiert. Diese Versuche werden ausführlich vom Klienten dokumentiert.
6. *Evaluation.* Der Erfolg der Lösungsversuche wird anhand der dokumentierten Daten gemeinsam mit dem Klienten eingeschätzt, es wird die Weiterführung oder Beendigung der Therapie beschlossen.

Zum Abschluß seines Buches versucht *Mahoney* die Notwendigkeit eines solchen Paradigmas durch die besondere Situation der Wissenschaft und der Verantwortung der Wissenschaftler zu begründen. Es gibt seiner Ansicht nach keine Möglichkeit, sich den Wert-Entscheidungen zu entziehen, die der Therapeut und der Wissenschaftler zu fällen haben. Wenn Therapeuten behaupten, nicht sie, sondern die Klienten würden die Entscheidungen über Ziele und Werte fällen, so ist dies eine „ironische und inadäquate“ (op. cit., 284) Haltung: selbst die Entscheidung, nicht auf die Ziele und Wertbestimmung Einfluß zu nehmen, stellt eine Wertentscheidung dar. Die Entscheidung, die in dieser Situation die Therapeuten zu fällen haben, ist die, sich einem „wissenschaftlichen Humanismus“ und einer „humanistischen Wissenschaft“ zu verpflichten. Die gesellschaftliche Situation erzwingt die Aufhebung der Trennung zwischen „Wissenschaft“ und „Humanismus“: „Die gegenwärtigen Welt-Krisen und die Probleme menschlichen Elends sind häufig die traurigen Zeugen für unser Bedürfnis nach einem wesentlichen und empirischen Humanismus. Man kann nur hoffen, daß das kommende Jahrzehnt uns vereint in unseren Anstrengungen findet, sensible Wissenschaftler zu werden, die sich der empirischen Pflege der humanen Natur des Menschen für den Menschen selbst und seine Mitmenschen gewidmet haben“ (op. cit., 295).

4.4 Zusammenfassung

In diesem Kapitel wurde versucht, die allgemeine wissenschaftstheoretische Charakterisierung psychologischer Technologie, die im 3. Kapitel ausgearbeitet worden ist, auf die Verhaltenstherapie/Verhaltensmodifikation (VT/VM) als Beispiel einer psychologischen Technologie anzuwenden. Ziel dieser „Anwendung“ war es, die Fruchtbarkeit der im 3. Kapitel gemachten Ausführungen zu prüfen.

Zweierlei erschien bei dieser Prüfung von besonderer Bedeutung: erstens sollte untersucht werden, wie sich die Spezifik einer psychologischen Technologie, Handlungsanweisung für den Therapeuten und zugleich für den Klienten zu sein, in der Diskussion der Entwicklung der VT/VM niederschlägt, zweitens sollte versucht werden, die bislang bloß skizzierte Bedeutung der Technologie für die Entwicklung der Theorie genauer zu beschreiben.

Die Ergebnisse lassen sich wie folgt zusammenfassen:

1. Die VT/VM als Beispiel einer psychologischen Technologie und Therapie stellten wir als „Technologie in der Entwicklung“ (i.d.E.) dar. Die Charakterisierung trägt der Tatsache Rechnung, daß diese Technologie nur partiell durch eine *Theorie* begründet und begründbar ist, ebenso wie damit berücksichtigt wird, daß die Herausbildung dieser Technologie den Theoriebildungsprozeß beeinflußt.

2. Wir haben in diesem Zusammenhang das Konzept der Techmologie i.d.E. als charakteristisch für ein bestimmtes historisches Stadium der Entwicklung der gesellschaftlichen Nützlichkeit der Psychologie, der Entfaltung ihres praktisch-problemlösenden Potentials bestimmt. Die Handlungs- und Problemorientierung der VT/VM ist dem Bedürfnis nach praktischer Nützlichkeit entgegengekommen und hat dabei das Hauptanliegen einer therapeutischen Technologie – die praktische Nützlichkeit – schärfer definiert. Die Entwicklung einer eigenständigen, *psychologischen* Therapie ist wesentlich durch das Konzept der VT/VM forciert worden. Wir haben diese Entwicklung zur praktischen Eigenständigkeit, diese Emanzipation von den institutionellen, medizinisch-psychoanalytisch bestimmten Gegebenheiten vor allem am Beispiel der Kritik des „medizinischen Modells“ der Verhaltensstörungen und am Beispiel der Bedeutung vergleichender Untersuchungen über Therapieerfolge kurz dargestellt.

3. Unter dem Aspekt der Nützlichkeit einer psychologischen Technologie betrachtet, konvergieren die beiden zu Beginn genannten Zusammenhänge (Spezifik einer psychologischen Technologie und Bedeutung der Technologie i.d.E. für die Theoriebildung) im Begriff des *Modell-Objekts.* Die Erfordernisse praktischer Nützlichkeit bestimmen hierbei die Veränderungen des Modell-Objekts, der Gegenstandsauffassung: die Auffassung eines passiven, manipulierbaren

und reagierenden Organismus weicht einer Auffassung vom Menschen als aktivem, selbststeuerndem und bewußt handelndem Subjekt. Ein solcher Wandel, der – wie immer wieder hervorgehoben – gerade durch das Bedürfnis nach konkreter, praktischer Nützlichkeit erzwungen wird, wirkt sich sowohl auf den Theoriebildungsprozeß aus wie auf die Tätigkeit und die Reflexion dieser Tätigkeit des Therapeuten: für die Theorie und den Theoriebildungsprozeß ist er konstitutiv für die Definition des wissenschaftlichen Modell-Objekts, für die Tätigkeit des Therapeuten stellt sich damit das Problem seiner gesellschaftlichen Verantwortung im allgemeinen und das Problem der konkreten Verantwortung gegenüber einzelnen Klienten in neuer Schärfe.

4. Für die *Theorie* bedeutet dieser Wandel in der Auffassung des Modell-Objekts, daß die menschliche Handlung umfassender als Gegenstand definiert wird und daß eine Integration verschiedenster Handlungsaspekte versucht wird, der auf der therapeutischen Ebene ein „technischer Eklektizismus" entspricht.

5. Für das Problem der *Verantwortung* des Therapeuten bedeutet dieser Wandel, daß der Therapeut Konsequenzen aus der Einsicht zieht, daß ein Klient im Prinzip über die gleichen Fähigkeiten verfügt oder verfügen sollte, die der Therapeut für sich in Anspruch nimmt: die Vermittlung der „wissenschaftlichen Methode" an den Klienten ist eine Forderung, die sich aus dieser Verantwortungssituation ergibt. Es zeigt sich ebenfalls, daß die Ziele und Zwecke einer therapeutischen Technologie („Werte") sich an den Interessen der Klienten orientieren müssen, wenn der Therapeut dieser Verantwortung Rechnung tragen will.

6. Für die therapeutische Situation – und zugleich über sie hinausgehend – stellt sich damit die Forderung, die Psychologie „wegzugeben", die Forderung nach einer verwissenschaftlichten gesellschaftlichen Praxis. Die Lösung des Problems der *praktischen* Nützlichkeit einer therapeutischen Technologie scheint eng damit verbunden zu sein, inwieweit es gelingt, die durch den Klienten selbst durchgeführte Problemlösung über die Dauer des Bestehens einer therapeutischen Beziehung hinaus zu „verwissenschaftlichen".

Dies scheint aber nur ein Teil des Problems der *gesellschaftlichen* Nützlichkeit der Psychologie zu sein: *das „Praktisch-Werden" der Psychologie als Wissenschaft* – jetzt können wir sagen: ihre gesellschaftliche Relevanz – *ist unlösbar an die Bedingung der Verwissenschaftlichung der Praxis geknüpft.* Es ist aufgezeigt worden, wie dieses allgemeine Prinzip in der Entwicklung einer therapeutischen Technologie zum Ausdruck kommt.

5. Paradigma-Wechsel in der Psychologie?

Die Kritik der wissenschaftlichen Strategie und Taktik unter dem behavioristischen black box-Modellaspekt hat die Frage nach einem Paradigma-Wechsel in der Psychologie gestellt, mehr noch, sie hat einige grundsätzliche Probleme der Entwicklung der Psychologie überhaupt gestellt.

Buss (1975, 988) kann so die einfache Feststellung treffen „daß es eine bedeutende Anzahl von Psychologen gibt, die sich fragen, wohin wir eigentlich gehen, wie wir hierhin gekommen sind und wohin wir von hier gehen werden".

Tatsächlich scheint die Entwicklung der Psychologie, die methodische Aneignung ihrer Vergangenheit wie die Antizipation ihrer Zukunft noch nie in der Geschichte der Psychologie so stark diskutiert worden zu sein. Dies trifft auch zu, wenn man sich darüber klar wird, daß die Geschichte der Psychologie ganz sicher nicht durch die Abwesenheit von grundsätzlichen Diskussionen gekennzeichnet werden kann: der kurze Überblick über die Krisen-Diskussion, der im 1. Kapitel gegeben worden ist, verdeutlicht das.

Kuhns Krisen-Modell der wissenschaftlichen Entwicklung (1967) verleiht der augenblicklichen Krisen-Diskussion wie kein anderes Modell Ausdruck. Im Rahmen der von ihm für die Naturwissenschaften durchgeführten historischen Analyse versuchen die verschiedenen Diskussions-Teilnehmer die Kritik am Behaviorismus als Zeichen einer wissenschaftlichen Krise zu interpretieren. Dabei gehen die einen (z. B. *Palermo* 1971; *Segal & Lachman* 1972; *Weimer & Palermo* 1973; *Weimer* 1974) davon aus, daß der Behaviorismus als Paradigma im *Kuhn*schen Sinne aufgefaßt werden kann, während andere die Psychologie als eine präparadigmatische Wissenschaft auffassen (z. B. *Warren* 1971; *Mackenzie* 1972; *Mackenzie & Mackenzie* 1974) oder als „misparadigmatisch" bezeichnen (*Lipsey* 1974). *Briskman* (1972) versteht den Behaviorismus als „Forschungsprogramm" im Sinne von *Lakatos,* seine Krise entsprechend als „degenerierendes Forschungsprogramm".

Wir wollen auf diese Diskussion hier nicht weiter eingehen: sie erscheint müßig, wenn es darum geht, daß sich die verschiedenen Diskussions-Teilnehmer die „richtige" *Kuhn*-Interpretation vorhalten, zumal *Kuhn* unter dem Eindruck der Kritik (vgl. z. B. *Shapere* 1971; *Masterman* 1974) seine ursprüngliche Position verändert hat und weiter verändert (vgl. *Kuhn* 1967, 1972; *Kisiel & Johnson* 1974; *Lakatos & Musgrave* 1974). Zum anderen verspricht die Erklärung des Tatbestandes, *daß* die Ideen *Kuhns* in so breiter Form in der Psychologie Resonanz gefunden haben, wesentlich mehr über den augenblicklichen Entwicklungsstand auszusagen als etwa die Feststellung, daß der Behaviorismus zwar im Sinne von *Kuhn* 1962 (deutsch: 1967) nicht als paradigmatisch angesehen werden kann, im Sinne von *Kuhn* 1969 (deutsch: 1972) wohl aber eine „scientific community" identifiziert werden kann, die einem gemeinsamen, dem behavioristischen „exemplar" (=Paradigma) folgte (so z.B. *Weimer & Palermo* 1973).

Wie stark die *Kuhn*schen Ideen das Selbstverständnis der Psychologie treffen, wird unter anderem auch daran deutlich, wie viele Alternativkonzeptionen angeboten werden, die den Weg aus der Krise weisen sollen. Um einige Beispiele zu nennen: *Cattell* (1966) ruft dazu auf, sich der „multivariaten Bewegung" anzuschließen, die „kognitive Wende" sehen *Palermo* (1971), *Dember* (1974), *Flores d'Arcais* (1975) u. a. als den neuen Weg, für *Bakan* (1972), *Kvale* (1973), *Buss* (1975), *Gadlin & Ingle* (1975) ist es an der Zeit, das naturwissenschaftliche Ideal aufzugeben und die Phänomenologie wieder aufleben zu lassen, *Campbell* (im Druck) meint, daß ein neues Methodenverständnis heraufziehe, das die Einheit von quantitativen und qualitativen Aspekten des Wissens zentral berücksichtigt. Die Vielfalt der Vorschläge ist außerordentlich groß: sie reichen von der Ermahnung, verstärkt auf dem bisherigen Kurs weiterzufahren (z. B. *Broadbent* 1973; *Boneau* 1974) bis zu der Vorstellung vollständig neuer Konzeptionen (vgl. z. B. *Louch* 1969; *Lachenmeyer* 1973; *Levine* 1974).

Wir wollen in diesem letzten Kapitel versuchen, diesen Tatbestand der Diskussion um die Weiterentwicklung der Psychologie unter dem Gesichtspunkt der bisher vorliegenden Ergebnisse einzuschätzen. Dazu werden wir – von einigen Bemerkungen *Kuhns* zum Entwicklungsstand der Sozialwissenschaften ausgehend – die Frage nach den Determinanten dieser Entwicklung unter dem Aspekt der thematisierten Krise der Nützlichkeit betrachten und die Frage nach der „Innen"- oder „Außen"-Determination dieser Entwicklung stellen. Als Hauptergebnis der Krise wie der Krisen-Diskussion werden wir grundlegende Veränderungen des wissenschaftlichen Modell-Objekts festhalten können, die ein sich veränderndes Verhältnis von Psychologie und Gesellschaft zum Ausdruck bringen.

Für *Kuhn* (1970, 30) ist es noch eine „offene Frage", ob die *Sozialwissenschaften* bereits ein *Paradigma* erworben haben. Paradigmata als „allgemein anerkannte wissenschaftliche Leistungen ... die für eine gewisse Zeit einer Gemeinschaft von Fachleuten Modelle und Lösungen liefern" (op. cit., 11), als „anerkannte Beispiele für konkrete wissenschaftliche Praxis ... Modelle ..., aus denen bestimmte festgefügte Traditionen wissenschaftlicher Forschung erwachsen" (op. cit., 28f.) scheinen genau das zu sein, was aus einer „praktischen Kunst" oder der losen Beschäftigung mit einem Gegenstandsbereich eine Fachwissenschaft werden läßt.

Der Erwerb eines Paradigmas kennzeichnet dabei die Abgeschlossenheit gegenüber „äußeren" Problemen und die Konzentration auf die wissenschaftlichen Probleme:

„... es (ist) manmal nur die Annahme eines Paradigmas, durch welche eine vorher lediglich am Studium der Natur interessierte Gruppe in eine Fachwissenschaft oder zumindest eine Disziplin umgewandelt wird ... (wenn auch nicht auf Gebieten wie Medizin, Technologie und Jura, *deren raison d'être im wesentlichen ein äußeres soziales Bedürfnis ist*)" (op. cit., 40; Hervorhebung F.S.).

Das Paradigma definiert für die Wissenschaftler die „internen" wissenschaftlichen Probleme, die „Rätsel", „an deren Lösung sie nur ihr eigener (der Wissenschaftler) Mangel an Scharfsinn hindern könnte" (op. cit., 61). Das Paradigma etabliert damit eine Abgeschlossenheit gegenüber äußeren Bedingungen und Problemen, die gerade die große Effizienz wissenschaftlicher Problemlösung erklärt[1]:

„In dieser Hinsicht kann ein Paradigma die Gemeinschaft sogar von jenen sozial wichtigen Problemen isolieren, die sich nicht auf die Rätselform reduzieren lassen, da sie nicht im Rahmen des vom Paradigma gelieferten begrifflichen und instrumentalen Rüstzeugs auszudrücken sind. Solche Probleme können eine Ablenkung sein, was ... durch einige zeitgenössische *Sozialwissenschaften* eindringlich veranschaulicht wird" (ebenda; Hervorhebung *F.S.*).

„Noch wichtiger ist, daß die Absonderung der wissenschaftlichen Gemeinschaft von der Gesellschaft es dem einzelnen Wissenschaftler erlaubt, seine Aufmerksamkeit auf Probleme zu konzentrieren, von denen er begründet annehmen darf, daß er sie lösen kann. ... Auch in dieser Hinsicht erweist sich der Gegensatz zwischen den Naturwissenschaften und vielen Sozialwissenschaften als instruktiv. Die letzteren neigen oft dazu (was die ersteren fast niemals tun) die Wahl eines Forschungsproblems – zum Beispiel die Auswirkungen der Rassendiskriminierung oder die Ursachen der Konjunkturzyklen – hauptsächlich mit dem Argument der sozialen Bedeutung einer erzielten Lösung zu rechtfertigen. Von welcher Gruppe darf man eine schnellere Lösung ihrer Probleme erwarten? " (op. cit., 215 f.).

Letzten Endes macht *Kuhn* die *Ausbildung* in den Sozialwissenschaften (wieder im Gegensatz zu derjenigen in den Naturwissenschaften) für das Fehlen eines Paradigmas verantwortlich, wobei das Fehlen eines Paradigmas wiederum die Abbildung bestimmt und damit die Entstehung eines Paradigmas mit verhindert. Anders als in den Naturwissenschaften, in denen die Ausbildung vollständig durch das Studium von Lehrbüchern bestimmt wird, werden in den Sozialwissenschaften die Studierenden nur in einem geringen Ausmaß mit Lehrbüchern konfrontiert: sie lesen Klassiker-Texte ebenso wie die allerneuesten Forschungsberichte:

„Daraus ergibt sich, daß der Studierende jeder dieser Disziplinen ständig mit einer immensen Vielfalt von Problemen vertraut gemacht wird, welche die Mitglieder seiner zukünftigen Gruppe im Laufe der Zeit zu lösen versucht

---

1 Auf die Problematik des Paradigmas als Demarkationskriterium zwischen Wissenschaft und Nicht-Wissenschaft sei hier nur hingewiesen (vgl. auch o.S. 60f.): die Zirkularität der *Kuhn*schen Argumentation ist höchst unbefriedigend.

haben. Noch wichtiger ist, daß er ständig eine Anzahl von konkurrierenden und unvereinbaren Lösungen dieser Probleme vor Augen hat, Lösungen, die er letztlich selbst bewerten muß" (op. cit., 216).

Wissenschaftliche Entwicklung – so führt *Kuhn* hier aus – wird also durch „ein übermächtiges Interesse an nützlichen Problemen ohne Rücksicht auf ihre Beziehung zu vorhandener Kenntnis und Technik" (op. cit., 133f.) blokkiert: eine Aussage, die auf den ersten Blick den Ausführungen widerspricht, die wir bislang in dieser Arbeit dargelegt haben.

Die „beispiellose(n) Absonderung reifer wissenschaftlicher Gemeinschaften von den Forderungen der Laienwelt und des alltäglichen Lebens" (op. cit., 215) ist in der Diskussion der Ursachen der Krise der Psychologie herausgearbeitet worden. *Kuhn* läßt diese „Absonderung" von den realen, z.B. gesellschaftlichen Problemen zu einem Hauptunterschied zwischen Naturwissenschaften und Sozialwissenschaften werden: daß diese Absonderung nicht gelingt, erklärt gerade die „Zurückgebliebenheit" der Psychologie in ihrer wissenschaftlichen Entwicklung – so könnte man seine Aussagen auf die Psychologie anwenden.

Kuhn bringt damit entgegen seiner zu Beginn seines Buches getroffenen Aussage, die „äußeren" Bedingungen wissenschaftlicher Entwicklung in seiner Analyse nicht zu untersuchen, die „äußeren" Bedingungen in dieser Form als wichtigen Punkt in die Bestimmung der Determinanten wissenschaftlichen Fortschritts wieder ein. *Kuhn* hatte dort ausgeführt, daß er nichts gesagt habe „über die Rolle des technologischen Fortschritts oder äußeren – sozialen, ökonomischen und intellektuellen – Voraussetzungen für die Entwicklung der Wissenschaften. Man braucht aber nur an *Kopernikus* und an den Kalender zu denken, um zu erkennen, daß äußere Voraussetzungen dazu beitragen können, eine bloße Anomalie in die Ursache für eine akute Krise zu verwandeln" (op. cit., 13).

Wir wollen uns dieser Frage für die Entwicklung der Psychologie nun ausführlicher zuwenden.

Nach der Untersuchung des in den vorhergehenden Kapiteln ausgebreiteten Materials können wir uns der *Kuhn*schen Auffassung nicht anschließen, daß die Entwicklung der Psychologie (allgemeiner: der Sozialwissenschaften) gerade durch ihre Orientierung auf „äußere" gesellschaftliche Probleme behindert wird. Die Krisen-Diskussion hat gezeigt, daß im Gegenteil die Abschottung gegenüber gesellschaftlichen Problemen für viele Diskussions-Teilnehmer die Hauptursache für die „Zurückgebliebenheit" der Psychologie ist. Wir hatten weiter in der Diskussion von Problemen einer psychologischen Technologie die Spezifik des Verhältnisses von Theorie und Anwendung für die Psychologie herausgearbeitet.

Die Untersuchung der Spezifik des Verhältnisses von Theorie und Anwendung in der Psychologie klärt auch die Determination des Fortschritts der Wissenschaft Psychologie: die „äußeren" Bedingungen, unter denen die Psychologie als Wissenschaft sich entwickelt, sind zugleich Bedingungen, die ihren Gegenstandsbereich und dessen Entwicklung bestimmen. Die Bedingungen gesellschaftlicher Entwicklung bestimmen einerseits als „äußere" die Entwicklung der Psychologie als institutionalisiertes, soziales System „Wissenschaft", andererseits als „innere" die Entwicklung des Gegenstands der Psychologie, der Menschen in dieser Gesellschaft. Die Diskussion der Krise der Psychologie hat gerade gezeigt, daß „äußere" und „innere" Determinanten des Fortschritts der Psychologie nicht voneinadner getrennt werden können: die Nützlichkeit der Psychologie, der Versuch ihrer Vergegenständlichung in der Anwendungssituation bestimmt zentral die Konzeption ihres Gegenstandes, ebenso wie die Konzeptualisierung des Gegenstandes die Adäquatheit psychologischen Wissens für die Anwendung, die potentielle Nützlichkeit bestimmt.

Unter diesem Gesichtspunkt läßt sich auch das Phänomen der notorischen Krisen- und Grundlagen-Diskussion in der Psychologie besser verstehen: ist eine solche Thematisierung in den Naturwissenschaften ein Anzeichen für eine stärkere Orientierung auf „äußere" (z. B. soziale) Probleme in der Diskussion um die potentiellen Nachfolger des alten Paradigmas, so bringt doch die Krisen-Diskussion in der Psychologie nicht nur zum Ausdruck, daß ganz allgemein hier äußere Bedingungen einen Einfluß auf die Entwicklung der Psychologie nehmen, sondern *daß der Hauptinhalt der Krise gerade in dem Verhältnis von Psychologie und „äußeren" Bedingungen, von Psychologie und Gesellschaft zu sehen ist.* Hauptinhalt dieser Krise ist es, daß sich in ihr die doppelte Determination der Entwicklung der Psychologie – die „interne" und die „externe" Determination durch die gesellschaftlichen Bedingungen durchsetzt.

Wenn es richtig ist, daß an den „Wendepunkten der Geschichte der wissenschaftlichen Erkenntnis ... sich besonders deutlich ihre objektive Abhängigkeit von gesellschaftlichen und ideologischen Stimuli (zeigt)" (*Jaroschewski* 1975, 53), dann befindet sich die Psychologie ganz sicher an einem solchen Wendepunkt, oder besser: in einer solchen Periode des Wandels. Gekennzeichnet ist diese Periode des Wandels nicht nur dadurch, daß sie durch „äußere", gesellschaftliche Bedingungen „stimuliert" worden ist: das Verhältnis zu diesen Bedingungen ist Hauptinhalt des Wandels der Psychologie als Wissenschaft.

Wir haben ausgeführt, wie sich dieser Wandel in der Diskussion der Veränderungen des Systems psychologischer Tätigkeiten ausdrückt (Kap. 2) und wie die Rückwirkung sich entwickelnder psychologischer Technologie auf den Theoriebildungsprozeß konzipiert werden kann (Kap. 3 und 4).

Für die Theorie äußert sich der Wandel des Verhältnisses von Psychologie und Gesellschaft vor allem in der von uns dargestellten Veränderung des Modell-Objekts der Psychologie als Wissenschaft. Das Modell-Objekt hatten wir als die „Instanz" angesehen, in der die praktischen, sozial-individuellen Probleme, die gesellschaftlichen Anforderungen an die Psychologie umgesetzt werden in wissenschaftliche Probleme. Wir können sagen, daß die Veränderungen des Modell-Objekts, die durch die Krise der Nützlichkeit der Psychologie bewirkt worden sind, einen veränderten Rahmen für die Definition wissenschaftlicher Probleme bilden. Wir haben damit einen Schritt zu der Bestimmung des Verhältnisses von praktischen Problemen und wissenschaftlichen Problemen getan: praktische Probleme liefern eine Art „Vorspannung" für die Konstruktion des Modell-Objekts in Form der praktischen Zwecke und Ziele, diese Zwecke und Ziele, die in die Konstruktion des wissenschaftlichen Modell-Objekts eingehen, bestimmen dabei zusammen mit der spezifischen Theorie vermittelt die wissenschaftlichen Probleme. Es besteht also keine direkte eindeutige Verbindung zwischen praktischen und wissenschaftlichen Problemen, sondern eine über das wissenschaftliche Modell-Objekt vermittelte. Zu beachten ist, daß diese Aussage für den Bedingungszusammenhang praktische Probleme → wissenschaftliche Probleme gilt. Für den Bedingungszusammenhang wissenschaftliche Problemlösung → praktische Problemlösung hatten wir die Beziehung von Gesetz und Regel als wesentlich bestimmt (vgl. Kap. 3).

Die Veränderungen des Modell-Objekts, der Gegenstandsauffassung haben sich als Ergebnis und im Prozeß der Veränderung des Verhältnisses von Psychologie und Gesellschaft ergeben, einem Prozeß, der noch nicht abgeschlossen ist, den wir hier nur als Tendenz darstellen konnten. Wenn überhaupt die Rede von einem Paradigma-Wechsel in der Psychologie sinnvoll erscheint, dann zur Kennzeichnung dieses Zusammenhangs: implizit und explizit wird dieses Verhältnis von Psychologie und Gesellschaft zum zentralen Problem der Entwicklung der Psychologie. Die Kritik der wissenschaftlichen Strategie und Taktik des Behaviorismus hat den einzigen Kandidaten für ein beherrschendes Paradigma in der Psychologie aus dem Rennen geworfen: alternative Paradigmata scheinen dabei vor allem eine wesentliche Eigenschaft aufweisen zu müssen, damit sie zu einem Modell für den Fortschritt der Psychologie werden können:
sie dürfen sich nicht als bloße Alternative zu dem einen oder anderen psychologischen Ansatz, zu dieser oder jener Schule verstehen, *sie müssen wahrhaft integrativ sein.* Mit der abnehmenden Vorherrschaft des Behaviorismus ist nun auch *der Anspruch bloß einer Schule verschwunden, für das Gesamtgebiet der Psychologie als Wissenschaft zu fungieren, ebenso wie dieser Anspruch selbst unmöglich geworden ist.* Statt von Paradigmata zu sprechen, die einander im Anspruch wechselseitig ausschließen, scheint für das Gebiet der Psychologie viel eher die Charakterisierung zuzutreffen, daß hier eine Anzahl von miteinander nur scheinbar konkurrierenden Forschungsprogrammen vorliegt. Eine solche Situation deutet darauf hin, daß die zukünftige Psychologie die Integration der Ergebnisse der Vergangenheit zu leisten hat und sie sich nicht mehr als Negation einer spezifischen Forschungsrichtung oder eines spezifischen Ansatzes wird profilieren können (vgl. *Jaroschewski* 1975; *Herrmann* 1976).

Dieser Entwicklungsrichtung entspricht die von uns dargestellte Veränderung der Gegenstandsauffassung, die Veränderung des wissenschaftlichen Modell-Objekts: das von uns grob skizzierte Modell-Objekt (s. o. S. 112f.) erweist sich vor allem als *integrationsfähig*. Sein ganzheitlicher Charakter schließt nicht wie etwa das behavioristische black box-Modell von vornherein bestimmte Seiten psychischer Tätigkeit aus, sondern schließt die verschiedensten Ansätze der Psychologie, die verschiedenen Schulen in ihrer Brauchbarkeit für die Erklärung der verschiedenen Aspekte menschlichen Handelns in fruchtbarer Weise auf.

In einer anderen Beziehung ist dieses Modell-Objekt und seine Charakterisierung noch von Bedeutung: es grenzt sich in dieser allgemeinen Charakterisierung nicht mehr konsequent von naiv-psychologischen Auffassungen vom Menschen ab, wenngleich die Spezifizierung wissenschaftlicher Probleme im Rahmen dieses Modell-Objekts damit natürlich nicht mit der naiven Alltagspsychologie gleichzusetzen ist!

Auch dieses scheint ein Ergebnis der Krise der Nützlichkeit zu sein, das bereits im 2. Kapitel dargestellt worden ist, daß nämlich die wissenschaftliche Psychologie ein neues Verständnis der naiven Alltagspsychologie gewinnt und gewinnen muß, wenn sie einen Beitrag von gesellschaftlicher Nützlichkeit leisten will.

Das Argument der „Selbst-Anwendung" psychologisch-wissenschaftlicher Aussagen auf die Tätigkeit des Psychologen illustriert diesen Sachverhalt: ganz offenbar kann die Anwendung dieser Aussagen nicht vor dem Psychologen als Menschen haltmachen, sie müssen auch in irgendeiner Weise mit dem eigenen Selbstverständnis kongruent sein (vgl. *Groeben* 1975).

Die auf der Dimension des Verhältnisses von wissenschaftlichen und praktischen Problemen beschriebenen und in den Veränderungen des Modell-Objekts zum Ausdruck kommenden Tendenzen machen sich in ähnlicher Weise auf der *Ebene der psychologischen Tätigkeit* bemerkbar. Mit dem Problem der gesellschaftlichen Nützlichkeit werden die *psychologischen Praktiker* sicher am unmittelbarsten konfrontiert: für sie entsteht das Problem, bei ungenügender Absicherung, Anleitung durch eine wissenschaftliche Theorie den Nutzen der eigenen Tätigkeit zu maximieren. Die Erfahrung der gesellschaftlichen Bedingtheit der Probleme wie der gesellschaftlichen Bedingung der Problemlösung ist für sie ganz unmittelbar: sie teilen damit die Erfahrung, die bei dem Versuch des Management anderer gesellschaftlicher Subsysteme gemacht worden ist, daß nämlich die Verbesserungen von Teilsystemen eines Gesamtsystems nach dem Modell des piecemeal-engineering notwendig *suboptimal* bleiben.

Churchman (1973) führt aus, „... daß wir Verbesserungen in einem Individuum nicht beurteilen können, sofern wir nicht die Natur des Gesamtsystems, in welchem dieses Individuum lebt, einigermaßen verstehen" (op. cit., 19). Es ist unsinnig anzunehmen, „... daß der einzige mögliche Weg einer Planung für den Fortschritt in fragmentierter Einzelplanung (piecemeal planning) besteht..., daß die Verbesserung eines Sektors nach dem anderen, ohne Rücksicht auf die Gesamtwelt – die gesamte Nation oder künftige Generationen – sich zu gesellschaftlichem Fortschritt addieren wird" (op. cit., 79).

Ein anderes Problem, das sich in dem Maße mehr stellt, in dem die Anforderungen an seine Problemlösungskapazität steigen, ist das Problem der Ziele und Zielbestimmung der Tätigkeit des praktischen Psychologen, die Berücksichtigung der Interessen der Klienten.

Was sich in der Situation des praktisch tätigen Psychologen als sprunghafte Erhöhung der Anforderung an die eigene Problemlösefähigkeit darstellt und als Erkenntnis, daß die eigene Fähigkeit in der grundlegenden Verbesserung der Problemsituation, die die Probleme generiert, zu deren Lösung er aufgerufen ist, begrenzt bleibt, führt auch zu einer Veränderung der *wissenschaftlich-psychologischen Tätigkeit.* Wir haben diese Veränderungen schon ausführlich dargestellt: die Anerkennung der gesellschaftlichen Nützlichkeit der Psychologie, die in der Diskussion um die gesellschaftliche Verantwortung der Psychologen zum Ausdruck kommt; ein tendenziell sich veränderndes Verhältnis von wissenschaftlicher und naiv-alltäglicher Psychologie; die Anerkennung der Bedeutung der Verwissenschaftlichung der psychologischen Praxis wie der gesellschaftlichen Praxis für die Weiterentwicklung der Psychologie und die Ausarbeitung einer psychologischen Technologie (vgl. Kap. 2, 3 und 4) wie auch die Zusammenhänge zwischen diesen einzelnen Punkten. Weiter hatten wir hervorgehoben, welche Bedeutung der Veränderung des Modell-Objekts unter den Bedingungen der Entwicklung der gesellschaftlichen Nützlichkeit der Psychologie zukommt: daß es tendenziell die Integration verschiedenster psychologischer Ansätze aufschließt. Fassen wir diese verschiedenen Entwicklungen zusammen, so scheint die Rede von einem Paradigma-Wechsel in der Psychologie diese Veränderungen nur unzureichend zu kennzeichnen. Diese Veränderung ist mehr als ein Paradigma-Wechsel: mit der Veränderung des Verhältnisses von Wissenschaft und Gesellschaft verändert sich hier die Psychologie als Wissenschaft. Die dargestellten Tendenzen bringen zum Ausdruck, daß die Psychologie sich an einer Wende in ihrer Geschichte befindet, die von ähnlicher Bedeutung ist wie der Prozeß ihrer Emanzipation von der Philosophie und die Konstituierung eines selbständigen Gegenstandsbereichs um die Jahrhundertwende.

Diese Entwicklung ist selbstverständlich nicht eindeutig und nicht eindimensional. Es existieren zahlreiche Entwicklungstendenzen, die z. T. auch gegen diese skizzierte Entwicklungsrichtung stehen. Einige dieser Tendenzen, die dem Fortschritt der Wissenschaft Psychologie entgegenstehen und aktueller Herkunft sind, wären beispielsweise: die Tendenz, das psychologische bedingungskontrollierte Experiment als Erkenntnismittel aufzugeben, die Phänomenologie als neue psychologische Schule mit Alleinvertretungsanspruch für die Psychologie zu etablieren oder durch die strikte Ablehnung der *Lern*theorie behavioristischer Provenienz einem neuen Nativismus das Wort zu

Die im 2. Kapitel diskutierten Ergebnisse der Kritik des bedingungskontrollierten Experiments haben dazu geführt, daß das Experiment als Erkenntnismittel überhaupt abgelehnt wird (vgl. z. B. *Gadlin & Ingle* 1975; *Heinze* et al. 1975; *Treppenhauer* 1976), wobei in der Regel impliziert wird, daß die Orientierung am „naturwissenschaftlichen" Modell des Experiments die Entfaltung des Potentials der Psychologie bislang behindert habe und man mit dem Experiment auch die Orientierung an der Naturwissenschaft überwinde und die Weichen für eine ungehinderte Entfaltung der Psychologie stelle (z. B. *Bakan* 1972). Wir wollen auf diese z. T. spekulativen und irrationalistischen (z. B. *Heinze* et al. 1975; *Treppenhauer* 1976) Ansätze nicht weiter eingehen: sie wiederholen zum großen Teil, was *Kunz* (1957) und *Wellek* (1957) über das "psychologische Experiment aus „geisteswissenschaftlicher" Sicht ausgeführt haben (vgl. Kap. 1). Daß eine Neudefinition der Beziehung von Versuchsleiter und Versuchsperson unerläßlich ist und der Begriff der Bedingungskontrolle neu bestimmt werden muß, haben wir im 2. Kapitel dargestellt. Unter dem Integrationsaspekt kann natürlich aber auch nicht behauptet werden, daß die experimentelle bedingungskontrollierte Vorgehensweise die *einzige* Quelle wissenschaftlicher Erfahrung sei.

Die Anhänger phänomenologischer Orientierung behaupten genau dies: daß die Selbst-Beobachtung die einzig wahre unverstellte, nicht-entfremdete Quelle der wissenschaftlichen Erfahrung sei. Daß die kontrollierte Selbstbeobachtung auch eine Quelle der wissenschaftlichen Erfahrung sein kann, sei unbestritten. Hier soll nur der anachronistische Charakter einer solchen Auffassung in Bezug auf ihren Alleinvertretungsanspruch für die ganze Psychologie herausgestellt werden.

Vielleicht die beunruhigendste Tendenz, die in dieser Entwicklung anzutreffen ist, besteht darin, daß mit der Vertreibung der S-R-Theorie menschlichen Verhaltens auch die Auffassung von der Bedeutung des *Lernens* für die menschliche Entwicklung gegenüber einem neuen Nativismus zurücktritt, worauf z. B. *Palermo* (1971), *Kamin* (1974) und *Flores dArcais* (1975) hingewiesen haben. Die *Jensen*-Kontroverse (vgl. z. B. *Skowronek* 1973; *Kamin* 1974) hat aufgezeigt, wie ein bildungspolitisch restriktives Klima günstig für die Ausbreitung von Theorien menschlicher Intelligenz ist, die die Bedeutung menschlichen Lernens gegenüber angeborenen Reaktionen in den Hintergrund stellen. Welche Bedeutung diese (und andere) Tendenzen in der weiteren Entwicklung der Psychologie erlangen werden, hängt nicht nur von der innerwissenschaftlichen Auseinandersetzung ab: letzten Endes wird die gesellschaftliche Entwicklung sich als mehr oder weniger förderlich für die verschiedenen Tendenzen erweisen.

Vielleicht läßt sich überhaupt feststellen, daß die Lösung der Probleme der Psychologie nur zum Teil aus eigenen Kräften erreicht werden kann, ganz in dem Sinne, in dem *Piaget* anmerkte, daß die Psychologie die Geheimnisse, von denen sie abhängig ist, nicht in Händen hält (zit. n. *Sève* 1972, 53). Der Übergang von tendenzieller psychologischer Nützlichkeit zur gesellschaftlichen Relevanz ist denn auch nur zum Teil ein Problem der Psychologie selbst. Besonders deutlich wird das, wenn wir bedenken, daß wir die Verwissenschaftlichung der gesellschaftlichen Praxis als eine wesentliche Bedingung für die Weiterentwicklung.psychologischer Theorie wie Technologie ansehen können. Dazu sind aber nicht nur die Ergebnisse und Beiträge der anderen Wissenschaften notwendig, sondern auch allgemeine Bedingungen, die der Wissenschaft eine veränderte Wertschätzung angedeihen lassen. Dazu ist notwendig, daß Wissenschaft als gesellschaftlicher Wert akzeptiert wird.

Die Diskussion um die gesellschaftliche Verantwortung der Psychologen bringt den hier angesprochenen Punkt ebenfalls zum Ausdruck: die Psychologen erkennen, daß viele der Probleme der Entwicklung der Psychologie als Wissenschaft nicht ausschließlich mit psychologischen Mitteln gelöst werden können: an den Problemen der Forschungsfinanzierung z. B. wie an psychologischen Aspekten staatlicher Gesundheitspolitik wird den Psychologen klar, daß ihre Interessen und die Interessen, die sich an eine Weiterentwicklung der Psychologie knüpfen, nur dann berücksichtigt werden, wenn sie der erkannten gesellschaftlichen Verantwortung auch organisatorisch Ausdruck verleihen. Eine solche Tendenz wird deutlich an der Rolle, die der große amerikanische Berufsverband der Psychologen, die APA, bei der Diskussion um die gesellschaftliche Verantwortung gespielt hat (s. Kap. 2). Gerade in dieser Form können die Psychologen den Fortschritt ihrer Wissenschaft sichern und stimulieren.

Auch in der Psychologie selbst kann der Fortschritt dieser Wissenschaft vorangetrieben werden. Die Integration der verschiedenen Aspekte menschlicher Handlung und der Ansätze zu ihrer Untersuchung verspricht dabei die fruchtbarsten Perspektiven. Die Rolle der Theoriebildung kann in diesem Zusammenhang gar nicht hoch genug eingeschätzt werden. Das bedeutet auch, daß quantitative und qualitative methologische Aspekte eine Einheit bilden sollten (vgl. *Campbell* im Druck).

Zum Abschluß sei noch einmal die Bedeutung der Verwissenschatlichung der gesellschaftlichen Praxis für den Fortschritt der Wissenschaft Psychologie hervorgehoben. *Churchman* (1973, 105; Hervorhebung, *F.S.*) hat dies als Forderung treffend ausgedrückt:

„Statt sich in Spezialdisziplinen aufzuteilen, sollte die Sozialwissenschaft erkennen, daß sie überhaupt keine Wissenschaft ist, solange sie nicht zu einem natürlichen Teil der Aktivitäten des sozialen Menschen wird".

Der Beitrag der Psychologie zu der Verwissenschaftlichung der gesellschaftlichen Praxis und damit der Beitrag zu ihrem eigenen Fortschritt besteht darin, daß sie sich auf der einen Seite an die Menschen in einer Gesellschaft „weggibt", wie *Miller* (1970) dies gefordert hat, auf der anderen Seite muß die Psychologie aber auch die naiv alltäglichen Psychologien und das Wissen der psychologischen Praktiker „empfangen“, um in systematischer Weise, etwas an psychologischem Wissen „weggeben“ zu können. „Weggeben“ und „Empfangen“ sind zwei Seiten des Prozesses der Verwissenschaftlichung der gesellschaftlichen Praxis und damit der Entwicklung der gesellschaftlichen *Relevanz* der Psychologie.

6. Literaturverzeichnis

Albee, G. W., The uncertain future of clinical psychology. American Psychologist, **25**, 1071–1080 (1970)

Alinsky, S. D., The war on poverty – Political pornography. Journal of Social Issues, **21** (1), 41–47 (1965)

Allen, J. (Ed.), March 4. Scientists, students, and society. (Cambridge, Mass. 1970)

American Psychological Association, Ethical standards of psychologists. American Psychologist, **14**, 279–282 (1959)

American Psychological Association, Testimony before the subcommittee on constitutional rights of the committee on the judiciary; Testimony before house special subcommittee on invasion of privacy of the committee on government operations. American Psychologist, **20**, 888–988 (1965)

American Psychological Association, Ethical standards of psychologists. American Psychologist, **23**, 357–361 (1968)

American Psychological Association, Ethical principles in the conduct of research with human participants. (Washington, D.C. 1973)

Argyris, C., Unerwartete Folgen „strenger" Forschung. Gruppendynamik, **3**, 5–22 (1972)

Argyris, C., Dangers in applying results from experimental social psychology. American Psychologist, **30**, 469–485 (1975)

Argyris, C., & Schön, D., Theory in practice. (San Francisco 1974)

Autorenkollektiv Wissenschaftspsychologie, Materialistische Wissenschaft und Psychologie. (Köln 1975)

Bakan, D., Psychology can now kick the science habit. Psychology Today, 26ff, March (1972)

Bandura, A., Social learning theory. (New York 1971)

Bannister, D., Psychology as an exercise in paradox. In: *D. Schultz* (Ed.), The science of psychology: Critical reflections. 4–10 (New York 1970)

Baritz, L., The servants of power. A history of the use of social science in american history. (Middletown, Conn. 1960)

Barker, R. G., Ecological psychology: Concepts and methods for studying the environment of human behavior. (Stanford 1968)

Barker, R. G., Wanted: An eco-behavioral science. In: *E. P. Willems & H. L. Raush* (Eds.), Naturalistic viewpoints in psychological research. 31–43 (New York 1969)

Baron, J., Is experimental psychology relevant? American Psychologist, **26**, 713–716 (1971)

Baumrin, B. H., The immorality of irrelevance: The social role of science. In: *F. F. Korten, S. W. Cook & J. I. Lacey* (Eds.), Psychology and the problems of society. 73–83 (Washington, D. C. 1970)

Beach, F. A., The snark was a boojum. American Psychologist, **5**, 115–124 (1950)

Bellak, L., & Small, L., Kurzpsychotherapie und Notfallpsychotherapie. (Frankfurt a.M. 1972)

Benne, K. D., The philosopher and the scientific researcher in the study of education. Journal of Social Issues, **21** (2), 71–84 (1965)
Bennis, W. G., The failure and promise of the social sciences. Technology Review, **73** (1), 39–43 (1970)
Bennis, W. G., A funny thing happened on the way to the future. American Psychologist, **25**, 595–608 (1970)
Bergin, A. E., & Garfield, S. L. (Eds.), Handbokk of psychotherapy and behavior change. (New York 1971)
Bergin, A.E., & Strupp, H.H., Some empirical and conceptual bases for coordinated research in psychotherapy. International Journal of Psychiatry, **7**, 18–90 (1969)
Bergin, A. E., & Strupp, H. H., Changing frontiers in the science of psychotherapy. (Chicago 1972)
Bergin, A. E., & Suinn, R. M., Individual psychotherapy and behavior therapy. Annual Review of Psychology, **26**, 509–556 (1975)
Berkowitz, L., Theoretical and experimental approaches in experimental social psychology. In: *A. R. Gilgen* (Ed.), Contemporary scientific psychology. (New York 1970)
Bernal, J. D., Die Wissenschaft in der Geschichte. (Darmstadt 1961)
Bernal, J. D., The social function of science. (1939). (Cambridge, Mass. 1967)
Bevan, W., The welfare of science in an era of change. Science, **176**, 990–996 (1972)
Biddle, W. W., & Biddle, L. J., The community development process. The rediscovery of local initiative. (New York 1965)
Boneau, C. A., Paradigm regained? Cognitive behaviorism restated. American Psychologist, **29**, 297–309 (1974)
Bowers, K. S., Situationism in psychology: An analysis and a critique. Psychological Review, **80**, 307–336 (1973)
Breger, L., & McGaugh, J., Critique and reformulation of „learning theory" approaches to psychotherapy and neurosis. Psychological Bulletin, **63**, 338–358 (1965)
Breger, L., & McGaugh, J., Learning theory and behavior therapy: A reply to Rachman and Eysenck. Psychological Bulletin, **65**, 170–173 (1966)
Brim, O. G., Jr., American attitudes toward intelligence tests. American Psychologist, **20**, 125–130 (1965)
Brim, O. G., Jr., et al., Knowledge into action: Improving the nation's use of the social science. Report of the Special Commission on the Social Sciences of the National Science Board. National Science Foundation, (1969)
Briskman, L. B., Is a Kuhnian analysis applicable to psychology? Science Studies, **2**, 87–97 (1972)
Broadbent, D. E., In defense of empirical psychology. (London 1973)
Bromme, R., & Hömberg, E., Psychologie und Heuristik. (Darmstadt 1977)
Bromme, R., Hömberg, E., Schierenberg, M., Schmidt-Mummendey, A., & Stadler, M., Projekt „Massenkommunikation". Bericht über Theorie und Praxis eines Projektsstudiums. Hochschuldidaktische Arbeitspapiere, **6**, 25–55. (Hamburg 1975)

Brooks, M. P., The community action program as a setting for applied research. Journal of Social Issues, **21** (1), 29–40)1965)
Brown, G. S., Can universities fulfill the challenge of relevance? Technology Review, **73** (1), 25–31 (1970)
Brown, M. (Ed.), The social responsibility of the scientist. (New York 1971)
Bruner. J. S.. Personalitv dynamics and the process of perceiving. In: *R. R. Blake & G. Ramsey* (Eds.), Perception. An approach to personality. (New York 1951)
Brunswik, E., Perception and the representative design of psychological experiments. (Berkeley 1956)
Buchner, E. F., Psychological progress in 1907. Psychological Bulletin, **5**, 1–11 (1908)
Bühler, Ch., Basic theoretical concepts of humanistic psychology. American Psychologist, **26**, 378–386 (1971)
Bühler, K., Die Krise der Psychologie. (Jena 1927)
Bunge, M., Phenomenological theories. In: *M. Bunge* (Ed.): The critical approach. (New York 1964)
Bunge, M., Scientific research. Vol. I, II (Berlin 1967)
Bunge, M., The maturation of science. In: *I. Lakatos & A. Musgrave* (Eds.), Problems in the philosophy of science. (Amsterdam 1968)
Bunge, M., Method, model and matter. (Dordrecht 1973)
Bunge, M., Testability today. In: *M. Bunge*, Method, model and matter. (Dordrecht 1973a)
Bunge, M., Concepts of model. In: *M. Bunge*, Method, model and matter. (Dordrecht 1973b)
Burt, C., The concept of consciousness. British Journal of Psychology, **53**, 229–242 (1962)
Buss, A. R., The emerging field of the sociology of psychological knowledge. American Psychologist, **30**, 988–1002 (1975)
Cahn, E. S., & Passett, B. A. (Eds.), Citizen participation: Effecting community change. (New York 1971)
Campbell, D. T., Qualitative knowing in action research. Journal of Social Issues, im Druck
Campbell, D. T., & Stanley, J. C., Experimental and quasi-experimental designs for research on teaching. In: *N.L. Gage* (Ed.), Handbook of research on teaching. (Chicago 1963)
Cannon, W. B., The way of an investigator. (New York 1945)
Caplan, N., & Nelson, S. D., On being useful. The nature and consequences of psychological research on social problems. American Psychologist, **28**, 199–211 (1973)
Carlson, R., Where is the person in personality research? Psychological Bulletin, **75**, 203–219 (1971)
Cartwright, D., Determinants of scientific progress: The case of the risky shift. American Psychologist, **28**, 222–231 (1973)
Cartwright, R. D., Psychotherapeutic processes. Annual Review of Psychology, **19**, 387–416 (1968)
Cattell, R. B., Guest editorial: Multivariate behavior research and the integrative challenge. Multivariate Behavioral Research, **1**, 4–23 (1966)

Cattell, R. B., A new morality from science: Beyondism. (New York 1972)
Chassan, J. B., Research design in clinical psychology and psychiatry. (New York 1967)
Chein, I., The science of behavior and the image of man. (London 1972)
Christie, R., Experimental naiveté and experimential naiveté. Psychological Bulletin, **48**, 327–339 (1951)
Churchman, C. W., Philosophie des Management. Ethik von Gesamtsystemen und gesellschaftliche Planung. (Freiburg 1973)
CIBA-Foundation (Ed.), Civilization and science in conflict or collaboration? (Amsterdam 1972)
Cicourel, A. V., Methode und Messung in der Soziologie. (Frankfurt a.M. 1974)
Clark, K. B., Problems of power and social change: Toward a relevant social psychology. Journal of Social Issues, **21** (3), 4–2- (1965)
Clark, K. B., The pathos of power: A psychological perspective. American Psychologist, **26**, 1047–1057 (1971)
Colby, K. M., Discussion of papers on therapist's contribution. In: *H. H. Strupp & L. Luborsky* (Eds.), Research in psychotherapy, Vol. II, 95–101 (Washington, D. C. 1962)
Colby, K. M., Psychotherapeutic processes. Annual Review of Psychology, **15**, 347–370 (1964)
Cotgrove, S., Anti-science. New Scientist, 82–84 (1973)
Cowen, E. L., Social and community interventions. Annual Review of Psychology, **24**, 423–472 (1973)
Cronbach, L. J., The two disciplines of scientific psychology. American Psychologist, **12**, 671–684 (1957)
Cronbach, L. J., Beyond the two disciplines of scientific psychology. American Psychologist, **30**, 116–127 (1975)
Delgado, J. M. R., Physical control of the mind. (New York 1969)
Dember, W., Motivation and the cognitive revolution. American Psychologist, **29**, 161–168 (1974)
DiLoreto, A.O., Comparative psychotherapy: An experimental analysis. (Chicago 1971)
Dörner, D., Die kognitive Organisation beim Problemlösen. (Bern 1974)
Dumont, M., Social science and the survial of cities. Psychiatry and Social Science Review, **3** (10), 19–20 (1969)
D'Zurilla, T.J., & Goldfried, M. R., Problem solving and behavior modification. Journal of Abnormal Psychology, **78**, 107–126 (1971)
Ebbinghaus, H., Über erklärende und beschreibende Psychologie. Zeitschrift für Psychologie, **9**, 161–205 (1896)
Elms, A. C., Social psychology and social relevance. (Boston 1972)
Elms, A. C., The crisis of confidence in social psychology. American Psychologist, **30**, 967–976 (1975)
Estes, W. K., Of models and men. American Psychologist, **12**, 609–617 (1967)
Eysenck, H. J., Learning theory and behavior therapy. Journal of Mental Science, **105**, 61–75 (1959)
Eysenck, H. J., Behaviour therapy and the neuroses. (Oxford 1960)

Eysenck, H. J., Behavior therapy as a scientific discipline. Journal of Consulting and Clinical Psychology, **36**, 314–319 (1971)
Eysenck, H. J., Behavior therapy is behavioristic. Behavior Therapy, **3**, 609–613 (1972)
Eysenck, H. J., & Rachman, S., Neurosen – Ursachen und Heilmethoden. Einführung in die moderne Verhaltenstherapie. (Berlin 1967)
Farberow, N. L., The crisis is chronic. American Psychologist, **28**, 388–394 (1973)
Feigl, H., The "orthodox" view of theories: Remarks in defense as well as critique. In: *M. Radner & S. Winokur* (Eds.), Analyses of theories and methods of physics and psychology, 3–16 (Minneapolis 1970)
von Ferber, Ch., Der Werturteilsstreit 1909/1959. Versuch einer wissenschaftsgeschichtlichen Interpretation. In: *E. Topitsch* (Hrsg.), Logik der Sozialwissenschaften, 165–180 (Köln 1965)
Feyerabend, P. K., Kuhns Struktur wissenschaftlicher Revolutionen – ein Trostbüchlein für Spezialisten? In: *I. Lakatos & A. Musgrave* (Hrsg.), Kritik und Erkenntnisfortschritt, 191–222. (Braunschweig 1974)
Fiske, D. W., The limits for the conventional science of personality. Journal of Personality, **42**, 1–11 (1974)
Flores d'Arcais, G. B., Einflüsse der Gestalttheorie auf die moderne kognitive Psychologie. In: *L. Kemmler, S. Ertel & M. Stadler* (Hrsg.), Gestalttheorie in der modernen Psychologie, 45–57 (Darmstadt 1975)
Foppa, K., Lernen, Gedächtnis, Verhalten. Ergebnis und Probleme der Lernpsychologie. (Köln 1965)
Ford, D. H., & Urban, H. B., Systems of psychotherapy. (New York 1963)
Gadlin, H., & Ingle, G., Through the one-way mirror. The limits of experimental self-reflection. American Psychologist, **30**, 1003–1009 (1975)
Garai, L., The strength and weakness of psychological science. International Social Science Journal, **25**, 447–460 (1973)
Gergen, K. J., Social psychology as history. Journal of Personality and Social Psychology, **26**, 309–320 (1973)
Glass, G. V., The wisdom of scientific inquiry on education. Journal of Research in Science Teaching, **9**, 3–18 (1972)
Goering, J. M., & Cummins, M., Intervention research and the survey process. Journal of Social Issues, **26** (4), 49–55 (1970)
Goodwin, L., On making social research relevant to public policy and national problem solving. American Psychologist., **26**, 431–442 (1971)
Gordon, Th., Notes on white and black psychology. Journal of Social Issues, **29** (1), 87–95 (1973)
Gottschalk, L. A., & Auerbach, A. H., Methods of research in psychotherapy. (New York 1966)
Groeben, N., Vom behavioralen zum epistemologischen Subjektmodell: Paradigmawechsel in der Psychologie? Bericht aus dem psychologischen Institut der Universität Heidelberg, September 1975
Groeben, N., & Westmeyer, H., Kriterien psychologischer Forschung. (München 1975)
Guilford, J. P., Some lessons from aviation psychology. American Psychologist, **3**, 3–11 (1948)

Gutberlet, C., Die „Krisis in der Psychologie". Philosophisches Jahrbuch, **11**, 1–19; 121–146 (1898)
Guthrie, E. R., Association by contiguity. In: *S. Koch* (Ed.), Psychology: A study of a science. Vol. I, 158–195 (New York 1959)
Hanson, N. R., Patterns of discovery: An inquiry into the conceptual foundations of science. (Cambridge, Mass. 1958).
Hanson, N. R., Is there a logic of scientific discovery? In: *H. Feigl & G. Maxwell* (Eds.), Current issues in the philosophy of science. (New York 1961)
Hebb, D. O., What psychology is about. American Psychologist, **29** (2), 71–79 (1974)
Heckhausen, H., Naive und wissenschaftliche Verhaltenstheorie im Austausch. In: *L. Kemmler, S. Ertel & M. Stadler* (Hrsg.), Gestalttheorie in der modernen Psychologie, 106–112 (Darmstadt 1975)
Hedman, C. G., An anarchist reply to *Skinner* on „weak" methods of control. Inquiry, **17**, 105–111 (1974)
Heinze, Th., Müller, E., Stickelmann, B. & Zinnecker, J., Handlungsforschung im pädagogischen Feld. (München 1975)
Hempel, C. G., Fundamentals of concept formation in empirical science. International Encyclopedia of Unified Science, **2**, 7 (1952)
Hempel, C. G., On the „standard conception" of scientific theories. In: *M. Radner & S. Winokur* (Eds.), Analyses of theories and methods of physics and psychology, 142–163 (Minneapolis 1970)
Henry, W. E., Sims, J. H., & Spray, S. L., Public and private lives of psychotherapists. (San Francisco 1973)
von Hentig, H., Magier oder Magister? Über die Einheit der Wisenschaft im Verständigungsprozeß. (Stuttgart 1972)
Herrmann, Th., Psychologische Theorien – nicht als Aussagengefüge betrachtet. Berichte aus dem Institut für Psychologie der Philipps-Universität in Marburg/Lahn, Nr. 42. Marburg 1974
Herrmann, Th., Die Psychologie und ihre Forschungsprogramme. (Göttingen 1976)
Hersch, C., The discontent explosion in mental health. American Psychologist, **23**, 497–506 (1968)
Hilgard, E. R., & Bower, G. H., Theories of learning. 3rd edition. (New York 1966)
Holzkamp, K., Zum Problem der Relevanz psychologischer Forschung für die Praxis. Psychologische Rundschau, **21**, 1–22 (1970)
Holzkamp, K., Sinnliche Erkenntnis – Historischer Ursprung und gesellschaftliche Funktion der Wahrnehmung. (Frankfurt a.M. 1973)
Hoyos, C. G., Denkschrift zur Lage der Psychologie. (Wiesbaden 1964)
Hull, C. L., Principles of behavior. (New York 1943)
Israel, J., Stipulations and construction in the social sciences. In: *J. Israel & H. Tajfel* (Eds.), The context of social psychology, 123–211 (New York 1972)
Israel, J., & Tajfel, H. (Eds.). The context of social psychology. (New York 1972)

Jaeggi, E., Persönlichkeitstheoretische Implikationen verhaltenstherapeutischer Praxis. Das Argument 91, **17**, 423–439 (1975)
Jaroschewski, M. G., Psychologie im 20. Jahrhundert. (Berlin 1975)
Johnston, R. D., The internal structure of technology. In: *P. Halmos & M. Albrow* (Eds.), The sociology of science. (Keele 1972)
Joynson, R. B., The breakdown of modern psychology. Bulletin of the British Psychological Society, **23**, 261–270 (1970)
Kallòs, D., On educational scientific research. Report from the Institute of Eduction, University of Lund, No. 36. Lund 1973
Kamin, L. J., The science and politics of I. Q. (Potomac, Maryland 1974)
Kanfer, F. H., Vicarious human reinforcement: A glimpse into the black box. In: *L. Krasner & L. P. Ullmann* (Eds.), Research in behavior modification, 246–267 (New York 1965) (a)
Kanfer, F. H., Issues and ethics in behavior manipulation. Psychological Reports, **16**, 187–196 (1965) (b)
Kanfer, F. H., The maintenance of behavior by self-generated stimuli and reinforcement. In: *A. Jacobs & L. B. Sachs* (Eds.), The psychology of private events. 39–59 (New York 1971)
Kanfer, F. H., & Goldstein, A. P. (Eds.). Helping people change. (New York 1975)
Kanfer, F. H., & Grimm, L. G., Promising trends toward the future development of behavior modification: Ten related areas in need of exploration. In: *W. E. Craighead, A. E. Kazdin & M. J. Mahoney* (Eds.), Behavior modification: Principles, issues, and applications (Boston im Druck)
Kanfer, F. H., & Karoly, P., Self-control: A behavioristic excursion into the lion's den. Behavior Therapy, **3**, 398–416 (1972)
Kanfer, F. H., & Phillips, J. S., Lerntheoretische Grundlagen der Verhaltenstherapie. (München 1975)
Kaplan, A., The conduct of inquiry. (San Francisco 1964)
Katahn, M., & Koplin, J. H., Paradigm clash: Comment on „Some recent criticisms of behaviorism and learning theory with special reference to *Breger* and *McGaugh* and to *Chomsky*". Psychological Bulletin, **69**, 147–148 (1968)
Kavanau, J. L., Behavior: Confinement, adaption, and compulsory regimes in laboratory studies. Science, **143**, 490 (1964)
Kelman, H. C., Manipulation of human behavior: An ethical dilemma for the social scientist. Journal of Social Issues, **21** (2), 31–46 (1965)
Kelman, H.C., The human use of human subjects: The problem of deception in social psychological experiments. Psychological Bulletin, **67**, 1–11 (1967)
Kelman, H. C., A time to speak: On human values and social research. (San Francisco 1968)
Keupp, H. (Hrsg.)., Der Krankheitsmythos in der Psychopathologie. (München 1972)
Keupp, H. (Hrsg.)., Verhaltensstörungen und Sozialstruktur. Epidemiologie: Empirie, Theorie, Praxis. (München 1974) (a)
Keupp, H., Modellvorstellungen von Verhaltensstörungen: „Medizinisches Modell" und mögliche Alternativen. In: *C. Kraiker* (Hrsg.), Handbuch der Verhaltenstherapie. (München 1974) (b)

Kiesler, D. J., Some myths of psychotherapy research and the search for a paradigm. Psychological Bulletin, **65**, 110–136 (1966)
Kiesler, D. J., A grid model for theory and research in the psychotherapies. In: *L. D. Eron & R. Callahan* (Eds.), The relation of theory to practice in psychotherapy, 115–145. (Chicago 1969)
King, M. L., Jr., The role of the behavioral scientist in the civil rights movement. Journal of Social Issues, **24** (1), 1–12 (1968)
Kirsch, G., Systemanalytische Grundlagen der Forschungspolitik. (Düsseldorf 1972)
Kisiel, Th., & Johnson, G., New philosophies of science in the USA. Zeitschrift für allgemeine Wissenschaftstheorie, **5**, 138–191 (1974)
Klages, H., Freiheit und soziale Verantwortung der Wissenschaft. Kritische Bemerkungen zu einer aktuellen Diskussion. Soziale Welt, **16**, 113–132 (1965)
Kleiber, D., Rückmeldung im Forschungsprozeß. Diplomarbeit Psychologie. (Münster 1974)
Kleiter, G., Krise der Signifikanztests in der Psychologie. Jahrbuch für Psychologie, Psychotherapie und medizinische Anthropologie, **17**, 144–163 (1969)
Klix, F., Information und Verhalten. (Berlin 1971)
Koch, S., Behavior as "intrinsically" regulated: Work notes towards a pretheory of phenomena called "motivational". In: *M. R. Jones* (Ed.), Nebraska Symposium on Motivation, **4**, 42–86 (1956)
Koch, S., Epilogue. In: *S. Koch* (Ed.), Psychology: A study of a science. Vol. 3. (New York 1959)
Koch, S., Psychological science versus the science-humanism antinomy: Intimations of a significant science of man. American Psychologist, **16**, 629–639 (1961)
Koch, S. (Ed.)., Psychology: A study of a science. Study I, Vols. 1–3. (New York 1959) Study II, Vols. 4–6. (New York 1962–1963)
Koch, S., Psychology and emerging conceptions of knowledge as unitary. In: *T. W. Wann* (Ed.)., Behaviorism and phenomenology. Contrasting bases for modern psychology, 1–41. (Chicago 1965)
Koch, S., Psychology cannot be a coherent science. Psychology Today, **3**, 14, 64–68 (1969)
Koch, S., Theory and experiment in psychology. Social Research, **40**, 691–707 (1973)
Kramer, J. R., The social relevance of the psychologist. In: *F. F. Korten, S. W. Cook & J. I. Lacey* (Eds.), Psychology and the problems of society (Washington, D. C. 1970)
Krasner, L., The therapist's contribution. In: *H. H. Strupp & L. Luborsky* (Eds.), Research in psychotherapy, Vol. II. (Washington, D. C. 1962)
Krasner, L., The behavioral scientist and social responsibility: No place to hide. Journal of Social Issues, **21** (2), 9–30 (1965)
Krasner, L., & Ullmann, L. P., Behavior influence and personality. The social matrix of human action. (New York 1973)
Kroh, O., Mißverständnisse um die Psychologie. Deutschlands Erneuerung, **27**, 21–73 (1943)

Kroh, O., 40 Jahre Deutsche Gesellschaft für Psychologie. Zeitschrift für Psychologie, **156**, 183–189 (1944)
Kroh, O., Psychologie. In: *W. Schuder* (Hrsg.), Universitas litterarum. Handbuch der Wissenschaftskunde, 242–270 (Berlin 1955)
Krysmanski, H. J., & Marwedel, P. (Hrsg.). Die Krise in der Soziologie. (Köln 1975)
Kuhn, Th., Die Struktur wissenschaftlicher Revolutionen. (Frankfurt a.M. 1967)
Kuhn, Th., Postskript – 1969 zur Analyse der Struktur wissenschaftlicher Revolutionen. In: *P. Weingart* (Hrsg.), Wissenschaftssoziologie 1, 287 bis 319. (Frankfurt a.M. 1972)
Kuhn, Th., Logik der Forschung oder Psychologie der wissenschaftlichen Arbeit. In: *I. Lakatos & A. Musgrave* (Hrsg.), Kritik und Erkenntnisfortschritt, 1–24. (Braunschweig 1974)
Kunz, H., Über den Sinn und die Grenzen des psychologischen Erkennens. (Stuttgart 1957)
Kvale, S., The technological paradigm of psychological research. Journal of Phenomenological Psychology, **3**, 143–159 (1973)
Lachenmeyer, C. W., The essence of social research. A Copernican revolution. (New York 1973)
Lakatos, I., Falsifikation und die Methodologie wissenschaftlicher Forschungsprogramme. In: *I. Lakatos & A. Musgrave* (Hrsg.), Kritik und Erkenntnisfortschritt, 89–189 (Braunschweig 1974)
Lakatos, I. & Musgrave, A. (Hrsg.). Kritik und Erkenntnisfortschritt. (Braunschweig 1974)
Lambley, P., Authoritarian trends in contemporary psychology: The dominance of the paradigm. Psychological Reports, **27**, 575–582 (1970)
Lanfermann, H.-H., Die sozialökonomische Determination der Wissenschaft und die Diskussionen um die Anti-Science-Bewegung im staatsmonopolistischen Kapitalismus. Marxismus-Digest, Heft 4, Nr. 24, 54–60 (1975)
Laucken, U., Naive Verhaltenstheorien. (Stuttgart 1974)
Layton, E. T., The revolt of the engineers. Social responsibility and the American engineering profession. (Cleveland 1971)
Lazarus, A. A., Behavior therapy and beyond. (New York 1971)
Lazarus, A. A., Interview.: In: *A. E. Bergin & H. H. Strupp*, Changing frontiers in the science of psychotherapy, 184–188. (Chicago 1972)
Lazarus, A.A., Behavior therapy and clinical problems: A critical overview. In: *C.M. Franks & G.T. Wilson* (Eds.), Annual review of behavior therapy: Theory and practice, 9–36. (New York 1973)
Levin, H., Psychology to the powerless. In: *F. F. Korten, S. W. Cook & J. I. Lacey* (Eds.), Psychology and the problems of society, 121–127. (Washington; D. C. 1970)
Levine, M., Scientific method and the adversary model: Some preliminary thoughts. American Psychologist, **29**, 661–677 (1974)
Lewin, K., Der Übergang von der aristotelischen zu galileischen Denkweise in Biologie und Psychologie. Erkenntnis, **1**, 421–466 (1931)

Lipsey, M. W., Psychology: Preparadigmatic, postparadigmatic, or misparadigmatic? Science Studies, **4**, 406–410 (1974)
Locke, E. A., Is "behavior therapy" behavioristic? An analysis of Wolpe's psychotherapeutic methods. Psychological Bulletin, **76**, 318–327 (1971)
Lomow, B. F., Das Systemprinzip in der Psychologie. Sowjetwissenschaft/Gesellschaftswissenschaftliche Beiträge, **28**, 1021–1035 (1975)
London, P., Behavior control. (New York 1969)
London, P., The end of ideology in behavior modification. American Psychologist, **27**, 913–920 (1972)
Lord, F. M., A paradox in the interpretation of group comparison. Psychological Bulletin, **68**, 304–305 (1967)
Louch, A. R., Explanation and human action. (Berkeley 1969)
Lowe, C. M., Value orientations: An ethical dilemma. American Psychologist, **14**, 687–693 (1959)
Lykken, D. T., Statistical significance in psychological research. Psychological Bulletin, **70**, 151–159 (1968)
Lyons, J., On the psychology of the psychological experiment. In: *C. Scheerer* (Ed.), Cognition: Theory, research, promise. (New York 1964)
MacCorquodale, K., & Meehl, P. E., On a distinction between hypothetical constructs and intervening variables. Psychological Review, **55**, 95–107 (1948)
Machlup, F., Are the social sciences really inferior? Southern Economic Journal, **27**, 173–184 (1961)
Mackenzie, B. D., Behaviorism and positivism. Journal of the History of the Behavioral Sciences, **8**, 222–231 (1972)
Mackenzie, B. D., & Mackenzie, S. L., The case for a revised systematic approach to the history of psychology. Journal of the History of the Behavioral Sciences, **10**, 324–347 (1974)
Mahoney, M. J., Cognition and behavior modification. (Cambridge, Mass. 1974)
Maslow, A. H., Problem-centering vs. means-centering in science. Philosophy of Science, **13**, 326–331 (1946)
Masterman, M., Die Natur eines Paradigmas. In: *I. Lakatos & A. Musgrave* (Hrsg.), Kritik und Erkenntnisfortschritt, 59–88. (Braunschweig 1974)
Matarazzo, J. D., Psychotherapeutic processes. Annual Review of Psychology, **16**, 181–224 (1965)
Maxwell, G., Structural realism and the meaning of theoretical terms. In: *M. Radner & S. Winokur* (Eds.), Analyses of theories and methods of physics and psychology, 181–192. (Minneapolis 1970)
McGrath, J. E., & Altman, I., Small group research: A synthesis and a critique of the field. (New York 1966)
McGuire, W. J., Some impending reorientations in social psychology: Some thoughts provoked by Kenneth Ring. Journal of Experimental Social Psychology, **3**, 124–139 (1967)
McGuire, W. J., The yin and yang of progress in social psychology. Seven koan. Journal of Personality and Social Psychology, **26**, 446–456 (1973)
McKeachie, W. J., The psychology department and society. American Psychologist, **27**, 643–646 (1972)

Meehl, P. E., Second-order relevance. American Psychologist, **27**, 932 –940 (1972)
Metzger, W., Psychologie. Die Entwicklung ihrer Grundannahmen seit der Einführung des Experiments. 5. Auflage. (Darmstadt 1975)
Meyer, V., Application of learning theory to therapy. Proceedings of the XVI. International Congress of Applied Psychology, Amsterdam 1968, 118–127 (Amsterdam 1969)
Michaelis, A., & Harvey, H. (Eds.). Scientists in search of their conscience. (Berlin 1973)
Michels, P. M., Aufstand in den Ghettos. (Frankfurt a.M.: 1972)
Miller, G. A., Psychology as a means of promoting human welfare. American Psychologist, **24**, 1063–1075 (1969)
Miller, G. A., Assessment of psychotechnology. American Psychologist, **25**, 991–1001 (1970)
Miller, G. A., Galanter, E., & Pribram, K. H., Strategien des Handelns. Pläne und Strukturen des Verhaltens. (Stuttgart 1973)
Mischel, W. (Ed.)., Cognitive development and epistemology. (New York 1971)
Mischel, W., Toward a cognitive social learning reconceptualization of personality. Psychological Review, **80**, 252–283 (1973)
Mitroff, I. I., The myth of objectivity or why science needs a new psychology of science. Management Science, **18** (10), B613–B618 (1972)
Mottek, H., Wirtschaftsgeschichte Deutschlands. Bd. II. (Berlin 1972)
Mottek, H., Becker, W., & Schröder, A., Wirtschaftsgeschichte Deutschlands. Bd. III. (Berlin 1974)
Motulsky, A. G., Brave new world? Science, **185**, 653–663 (1974)
Myrdal, G., How scientific are the social sciences? Journal of Social Issues, **28**, 151–170 (1972)
Naftalin, A., The urban problem and action research. In: *F. F. Korten, S. W. Cook & J. I. Lacey* (Eds.), Psychology and the problems of society, 108–114. (Washington, D. C. 1970)
Nelson, B., Psychologists: Searching for relevance at APA meeting. Science, **165**, 1101–1104 (1969)
Neuberger, O., Experimentelle Untersuchungen von Führungsstilen. Gruppendynamik, **3**, 192–219 (1972)
Neumann, Th., Wissenschaft und Verantwortung. Blätter für deutsche und internationale Politik, **19**, 1044–1053; 1276–1284 (1974)
Newell, A., You can't play 20 questions with nature and win. In: *W. G. Chase* (Ed.), Visual information processing. (New York 1972)
Norman, D. A., & Rumelhart, D. F. et al. Explorations in cognition. (San Francisco 1975)
Ornstein, A. C., The limitations of research. A viewpoint. American Psychologist, **30**, 511–513 (1975)
Oppenheimer, J. R., Analogy in science. American Psychologist, **11**, 127 –135 (1956)
Orne, M. T., On the social psychology of the psychological experiment: With particular reference to demand characteristics and their implications. American Psychologist, **17**, 776–783 (1962)

Osgood, C. E., Method and theory in experimental psychology. (New York 1953)
Palermo, D. S., Is a scientific revolution taking place in psychology? Science Studies, **1**, 135–155 (1971)
Pask, G., The simulation of learning and decision-making behavior. In: *C. A. Muses* (Ed.), Aspects of the theory of artificial intelligence, 165–210. (New York 1962)
Patterson, C. H., The place of values in counseling and psychotherapy. Journal of Counseling Psychology, **5**, 216–223 (1958)
Paul, G. L., Insight vs. desensitization in psychotherapy. (Stanford, Cal. 1966)
Pereboom, A. C., Some fundamental problems in experimental psychology: An overview. Psychological Reports, **28**, 439–455 (1971)
Perl, M. L., The "New Critics" in American science. New Scientist, **46**, 63–65 (1970)
Piaget, J., Einführung in die genetische Erkenntnistheorie. (Frankfurt a.M. 1973)
Piaget, J., Biologie und Erkenntnis. (Frankfurt a.M. 1974)
Pilisuk, M., Fact and fiction in the utilization of social science knowledge. Journal of Social Issues, **29**, 123–132 (1973)
Politzer, G., Kritik der klassischen Psychologie. 1929. (Frankfurt a.M. 1974)
Popper, K. R., Logik der Forschung. (Tübingen 1966)
Popper, K. R., Die Normalwissenschaft und ihre Gefahren. In: *I. Lakatos & A. Musgrave* (Hrsg.), Kritik und Erkenntnisfortschritt, 51–57 (Braunschweig 1974)
Portes, A., On the emergence of behavior therapy in modern society. Journal of Consulting and Clinical Psychology, **36**, 303–313 (1971) (a)
Portes, A., Behavior therapy and critical speculation. Journal of Consulting and Clinical Psychology, **36**, 320–324 (1971) (b)
Prim, R., & Tilmann, H., Grundlagen einer kritisch-rationalen Sozialwissenschaft. (Heidelberg 1975)
Prinz, W., Geschichte der Psychologie im deutschen Sprachraum. Philosophie und Psychologie im 19. Jahrhundert. In: *R. W. Meyer* (Hrsg.), Grundriß der Geschichte der Philosophie. Reihe XII, Philosophie des 19. Jahrhunderts, hrsg. von *H. M. Sass*. (Basel im Druck)
Proshansky, H. M., The environmental crisis in human dignity. Journal of Social Issues, **29** (4), 1–20 (1973)
Rachman, S., & Eysenck, H. J., Reply to a "critique and reformulation of behavior therapy". Psychological Bulletin, **65**, 165–169 (1966)
Radner, M., & Winokur, S. (Eds.), Analyses of theories and methods of physics and psychology. Minnesota Studies in the Philosophy of Science, Vol. IV. (Minneapolis 1970)
Raeithel, A., Pädagogik und Mathematik. In: *B. Booss & K. Krickeberg* (Hrsg.), Mathematisierung der Einzelwissenschaften. (Basel 1976) (im Druck)
Rainwater, L., & Yancey, W. L., Black families and the white house. In: *N. K. Denzin* (Ed.), The values of social science (Chicago 1970)
Rammert, W., Die Bedeutung der Technik für Genese und Struktur der neuzeitlichen Wissenschaft. Diplomarbeit Soziologie. (Bielefeld 1973)

Rapoport, R. N., Drei Probleme der Aktionsforschung. Unter besonderer Berücksichtigung der Erfahrungen am Tavistock-Institut. Gruppendynamik, **3**, 44–61 (1972)
Rappaport, J., Davidson, W. S., Wilson, M. N., & Mitchell, A., Alternatives to blaming the victim or the environment. Our places to stand have not moved the earth. American Psychologist, **30**, 525–528 (1975)
Ravetz, J. R., Die Krise der Wissenschaft. (Neuwied 1973)
Razran, G., Mind in evolution – An east-west synthesis of learned behavior and cognition. (Boston 1971)
Reese, H. W., & Overton, W. F., Models of development and theories of development. In: *L. R. Goulet & P. B. Baltes* (Eds.), Life-span psychology: Research and theory. (New York 1970)
Reiter, L., Wissenschaftstheoretische Probleme der Psychotherapie. In: *H. Strotzka* (Hrsg.), Psychotherapie: Grundlagen, Verfahren, Indikationen, 7–31. (München 1975)
Riessman, F., & Miller, S. M., Social change versus the "psychiatric world view". American Journal of Orthopsychiatry, **34**, 29–38 (1964)
Rilling, R., Theorie und Soziologie der Wissenschaft. (Frankfurt a.M. 1975)
Ring, K., Experimental social psychology: Some sober questions about some frivolous values. Journal of Experimental Social Psychology, **3**, 113 –123 (1967)
Roback, H. B., The comparative influence of insight and non-insight psychotherapies on therapeutic outcome: A review of the experimental literature. Psychotherapy: Theory, Research, Practice, **8**, 23–25 (1971)
Rogers, C. R., Toward a science of the person. In: *T. W. Wann* (Ed.), Behaviorism and phenomenology. Contrasting bases for modern psychology, 109–133. (Chicago 1965)
Rogers, C. R., Freundliche und unfreundliche Bemerkungen über die Psychologen. Gruppendynamik, **2**, 67–70 (1971)
Rogers, C. R., In retrospect: Forty-six years. American Psychologist, **29**, 115–123 (1974)
Rogers, C. R., Psychologie als subversive Wissenschaft. Psychologie Heute, Juni 49–51 (1975)
Rose, S., & Rose, H., Social responsibility: The myth of the neutrality of science. Impact of Science on Society, **21**, 137–149 (1973)
Rosenthal, R., On the social psychology of the psychological experiment: The experimenter's hypothesis as unintended determinant of experimental results. American Scientist, **51**, 268–283 (1963)
Rosenthal, R., & Rosnow, R. L., (Eds.), Artifact in behavioral research. (New York 1969)
Rubinstein, S. L., Prinzipien und Wege der Entwicklung der Psychologie. (Berlin 1963)
Rupp, E., Zur Kritik der Wissenschaftsforschung. Wissenschaftslogik – Wissenschaftsforschung. (Düsseldorf 1973)
Sander, F., Wandlungen der deutschen Psychologie. Deutschlands Erneuerung, **27**, 14–21 (1943)

Sanford, N., Social science and social reform. Journal of Social Issues, **21** (2), 54–70 (1965)
Sanford, N., Research with students as action and education. American Psychologist, **24**, 544–546 (1969)
Sanford, N., Whatever happened to action research? Journal of Social Issues, **26**, 3–23 (1970)
Schmaltz, L. W., (Ed.), Scientific psychology and social concern. (New York 1971)
Schofield, W., Psychotherapy: The purchase of friendship. (Englewood Cliffs, N. J. 1964)
Schulte, D., Psychodiagnostik zur Erklärung und Modifikation von Verhalten. In: *K. Pawlik* (Hrsg.), Diagnostik der Diagnostik. (Stuttgart 1976) (im Druck)
Schultz, D. P., The nature of the human data source in psychology. In: *D. P. Schultz* (Ed.), The science of psychology: Critical reflections. (New York 1970)
Scriven, M., Psychology without a paradigm. In: *L. Breger* (Ed.), Clinical-cognitive psychology. Models and integrations, 9–24. (Englewood Cliffs, N. J. 1969)
Segal, E. M., & Lachman, R., Complex behavior or higher mental process: Is there a paradigm shift? American Psychologist, **27**, 46–55 (1972)
Seickert, H., Produktivkraft Wissenschaft im Sozialismus. (Berlin 1974)
Selg, H. & Bauer, W., Forschungsmethoden der Psychologie. (Stuttgart 1971)
Sells, S. B., Ecology and the science of psychology. Multivariate Behavioral Research, **1**, 131–144 (1966)
Sève, L., Marxismus und Theorie der Persönlichkeit. (Frankfurt a.M. 1972)
Shaffer, L. F., Of whose reality I cannot doubt. American Psychologist, **8**, 608–623 (1953)
Shapere, D., The paradigm concept. Science, **172**, 706–709 (1971)
Shapere, D., Scientific theories and their domains. In: *F. Suppe* (Ed.), The structure of scientific theories. (Urbana, Ill. 1973)
Sherif, M., If the social scientist is to be more than a mere technician . . . Journal of Social Issues **24** (1), 41–61 (1968)
Shils, E., Anti-science. Minerva, **9**, 441–450 (1971)
Sidman, M., Tactics of scientific research. Evaluating experimental data in psychology. (New York 1960)
Siegel, A., The youth culture and the socially concerned scientist. Science and Public Affairs/Bulletin of the Atomic Scientists, **28** (9), 16–21 (1972)
Silverman, I., Crisis in social psychology: The relevance of relevance. American Psychologist, **26**, 583–584 (1971)
Simon, H. A., The sciences of the artificial. (Cambridge, Mass. 1969)
Singer, B. F., Toward a psychology of science. American Psychologist, **26**, 1010–1015 (1971)
Skinner, B. F., Behaviorism at fifty. In: *T. W. Wann* (Ed.), Behaviorism and phenomenology. Contrasting bases for modern psychology, 79–97. (Chicago 1965)
Skinner, B. F., Beyond freedom and dignity. (New York 1972)

Skinner, B. F., The steep and thorny way to a science of behavior. American Psychologist, **30**, 42–49 (1975)
Skowronek, H. (Hrsg.), Umwelt und Begabung. (Stuttgart 1973)
Sloane, R. B. et al., Short-term analytically oriented psychotherapy vs. behavior therapy. (Cambridge, Mass. 1974)
Smirnow, V. A., Wissensebenen und Etappen des Erkenntnisprozesses. In: Studien zur Logik der wissenschaftlichen Erkenntnis, 36–71. (Berlin 1967)
Smith, M. B., Editorial. Journal of Abnormal and Social Psychology, **63**, 461–465 (1961)
Smith, M. B., Is psychology relevant to new priorities? American Psychologist, **28**, 463–471 (1973)
Smith, M. B., & Hobbs, N., The community and the community mental health center. (Washington, D. C. 1966)
Snijders, J. Th., Interaction of theory and practice. Proceedings of the XVI. International Congress of Applied Psychology, Amsterdam 1968. XXXIII-XL. (Amsterdam 1969)
Snow, C. P., The moral un-neutrality of science. Science, **132**, 33 (1961)
Snow, R. F., Representative and quasi-representative designs for research in teaching. Review of Educational Research, **44**, 265–291 (1974)
Spaner, F. E., The psychotherapist as an activist in social change: A proponent. In: *F. F. Korten, S. W. Cook, & J. I. Lacey* (Eds.), Psychology and the problems of society, 58–62. (Washington, D. C. 1970)
Stegmüller, W., Theoriestrukturen und Theoriedynamik. Probleme und Resultate der Wissenschaftstheorie und Analytischen Philosophie. Band II, 2. Halbband. (Berlin 1973)
Stegmüller, W., Theoriedynamik und logisches Verständnis. In: *W. Diederich* (Hrsg.), Theorien der Wissenschaftsgeschichte. Beiträge zu einer diachronen Wissenschaftstheorie, 167–209 (Frankfurt a.M. 1974)
Steiner, H., Vergesellschaftung der Wissenschaft und wissenschaftlich-schöpferische Tätigkeit. In: Wissenschaft im Sozialismus, 65–125. (Berlin 1973)
Stölting, E., Wissenschaft als Produktivkraft. (München 1974)
Stolz, S. B., Wienckowski, L. A., & Brown, B. S., Behavior modification. A perspective on critical issues. American Psychologist, **30**, 1027–1048 (1975)
Strupp, H. H., An objective comparison of Rogerian and psychoanalytic technigues. Journal of Consulting Psychology, **19**, 1–7 (1955)
Tajfel, H., Experiments in a vacuum. In: *J. Israel & H. Tajfel* (Eds.), The context of social psychology. (New York 1972)
Thomas, C. W., Psychologists, psychology, and the black community. In: *F. F. Korten, S. W. Cook, & J. I. Lacey* (Eds.), Psychology and the problems of society, 259–267 (Washington, D. C. 1970)
Thomas, C. W., The system-maintenance role of the white psychologist. Journal of Social Issues, **29** (1), 57–65 (1973)
Tolman, E. C., Purposive behavior in animals and men. (New York 1932)
Tolman, E. C., Principles of purposive behavior. In: *S. Koch* (Ed.), Psychology: A study of a science. Vol. 2, 92–157. (New York 1959)

Treppenhauer, A., Emanzipatorische Psychologie. (Frankfurt a.M. 1976)
Tyler, L. E., Design for a hopeful psychology. American Psychologist, **28**, 1021–1029 (1973)
Volpert, W., Die Lohnarbeitswissenschaft und die Psychologie der Arbeitstätigkeit. In: *P. Groskurth & W. Volpert*, Lohnarbeitspsychologie. (Frankfurt a. M. 1975)
von Hornbostel, E.M., & Wertheimer, M., über die Wahrnehmung der Schallrichtung. Sitzungsberichte der preußischen Akademie der Wissenschaften, **20** (1920)
Wade, N., Science and its critics: Must rationality be rationed? Science, **185**, 598–599 (1974)
Wahle, R., Über den gegenwärtigen Zustand der Psychologie. Zeitschrift für Psychologie und Physiologie der Sinnesorgane, **16**, 241–263 (1898)
Walker, E. I., Experimental psychology and social responsibility. American Psychologist, **24**, 862–868 (1969)
Walker, E. L., Relevant psychology is a snark. American Psychologist, **25**, 1081–1086 (1970)
Warren, N., Is a scientific revolution taking place in psychology? Doubts and reservations. Science Studies, **1**, 407–413 (1971)
Watson, G., Moral issues in psychotherapy. American Psychologist, **13**, 574–576 (1958)
Watson, J. B., & Rayner, R., Conditioned emotional reactions. Journal of Experimental Psychology, **3**, 1–14 (1920)
Webb, E. J., Campbell, D. T., Schwartz, R. D., & Sechrest, L., Unobtrusive measures: Nonreactive research in the social sciences. (Chicago 1968)
Wegener, B., Zur Frage einer Methodologie „angewandter" Psychologie. In: *L. H. Eckensberger & U. S. Eckensberger* (Hrsg.), Bericht über den 28. Kongreß der Deutschen Gesellschaft für Psychologie. Band 1. (Göttingen 1974)
Weimer, W. B., The history of psychology and its retrieval from historiography. I. The problematic nature of history. Science Studies, **4**, 235 bis 258 (1974); II. Some lessons for the methodology of scientific research. Science Studies, **4**, 367–396 (1974)
Weimer, W. B., & Palermo, D. S., Paradigms and normal science in psychology. Science Studies, **3**, 211–244 (1973)
Weinmann, R., Die erkenntnistheoretische Stellung des Psychologen. Zugleich ein Beitrag zur Begründung der realistischen Denkweise als einzig möglicher. Zeitschrift für Psychologie und Physiologie der Sinnesorgane, **17**, 215–252 (1898)
Weitzman, B., Behavior therapy and psychotherapy. Psychological Review, **74**, 300–317 (1967)
Wellek, A., Der Rückfall in die Methodenkrise der Psychologie und ihre Überwindung. 2. Auflage. (Göttingen 1970)
Wendt, H., Der Überführungsprozeß von Gesetzesaussagen in (technische) Handlungsvorschriften – seine Struktur und seine Probleme, 366–379. In: Wissenschaft und Forschung im Sozialismus. (Berlin 1974)

Wenke, H., Gesetz und Ordnung der Seele. In: Das Problem der Gesetzlichkeit. Herausgegeben von der J. Jungius Gesellschaft der Wissenschaft. Band 1, 223–238 (Hamburg 1949)
Westmeyer, H., Kritik der psychologischen Unvernunft. Probleme der Psychologie als Wissenschaft. (Stuttgart 1973)
Westmeyer, H., Möglichkeiten und Probleme einer theoretischen Fundierung der Verhaltenstherapie. Manuskript 1974.
Wexler, D. A., & Rice, L. N., Innovations in client-centered therapy. (New York 1974)
Wiesner, J. B., The need for social engineering. In: *F. F. Korten, S. W. Cook, & J. I. Lacey* (Eds.), Psychology and the problems of society, 85–95. (Washington, D.C. 1970)
Wiest, W. M., Some recent criticisms of behaviorism and learning theory with special reference to *Breger* and *McGaugh* and to *Chomsky*. Psychological Bulletin, **67**, 214–225 (1967)
Willems, E. P., & Raush, H. L. (Eds.), Naturalistic viewpoints in psychological research. (New York 1969)
Willy, R., Die Krisis in der Psychologie. Vierteljahresschrift für wissenschaftliche Philosophie, **21**, 79–96; 226–249; 332–353 (1897)
Willy, R., Die Krisis in der Psychologie. (Leipzig 1899)
Wohlwill, J. F., The study of behavioral development. (New York 1973)
Wolman, B. B., Does psychology need its own philosophy of science? American Psychologist, **26**, 877–886 (1971)
Wolpe, J., Psychotherapy by reciprocal inhibition. (Stanford 1958)
Wolpe, J., The practice of behavior therapy. (New York 1969)
Wolpe, J., & Lazarus, A. A., Behavior therapy techniques. (New York 1966)
Yates, A. J., Behavior therapy. (New York 1970
Zax, M., & Cowen, E. L., Abnormal psychology: Changing conceptions. (New York 1972)

Sachverzeichnis

PSYCHOLOGIE UND GESELLSCHAFT

Herausgegeben von Prof. Dr. *Michael Stadler*, Münster i.W.

Band 2: **Psychologie und Heuristik**
Probleme der systematischen Effektivierung von Erkenntnissen

Von Dipl.-Psych. *Rainer Bromme*, Bielefeld und Dipl.-Psych. *Eckhard Hömberg*, Münster i. W.
X, 180 Seiten, mit 11 Abbildungen, Kunststoffeinband ca. DM 25,80

Inhalt:

Band 3: **Psychische und gesellschaftliche Bedingungen der Leistungsmotivation**

Von Dipl.-Psych. Dr.phil.*Susanne Offe*, Siegen
X, 135 Seiten, mit 4 Tabellen, Kunststoffeinband ca. DM 25,80

Inhalt:

GPSR Compliance

The European Union's (EU) General Product Safety Regulation (GPSR) is a set of rules that requires consumer products to be safe and our obligations to ensure this.

If you have any concerns about our products, you can contact us on ProductSafety@springernature.com

In case Publisher is established outside the EU, the EU authorized representative is:

Springer Nature Customer Service Center GmbH
Europaplatz 3
69115 Heidelberg, Germany

Batch number: 10809468

Printed by Printforce, the Netherlands